Siegfried Lichtenstaedter
Nilpferdpeitsche und Kultur

Über dieses Buch

Diese Streitschrift erschien 1897 unter dem Titel »Kultur und Humanität. Völkerpsychologische und politische Untersuchungen«. Unter dem Decknamen Dr. Mehemed Emin Efendi geißelte Siegfried Lichtenstaedter mit antikolonialer Verve und feinem Rechtsempfinden den Humanitätsbegriff des christlichen Abendlands als »große Lüge«. Genau besehen, führe der europäische Imperialismus für die angeblich unzivilisierten Völker überall zum Ruin ihrer Kulturen: »Prügeln, Rauben, Schänden, Brennen, Morden nehmen einen großen Teil der Arbeitskraft europäischer Beamter, Offiziere, Kaufleute und Forschungsreisender in Anspruch.«

Siegfried Lichtenstaedter

Nilpferdpeitsche und Kultur

Eine Streitschrift aus dem Jahr 1897 über die Zivilisierung der Kolonien

Vorwort von Götz Aly

Comino Verlag

Die Originalausgabe erschien unter dem Titel
Kultur und Humanität.
Völkerpsychologische und politische Untersuchungen
von
Dr. Mehemed Emin Efendi

Verlag und Druck der Stahel'schen K. Hof- und Universitäts-
Buch- und Kunsthandlung.
Würzburg 1897

Neu herausgegeben und mit Erläuterungen
und einem Vorwort versehen
von Götz Aly

Siegfried Lichtenstaedter um 1900
Regionalmuseum Žatec, Slg. Eduard Glaser, Av 11/7, 50a

Inhaltsverzeichnis

Vorwort von Götz Aly 9

I. Begriff der Kultur 29
II. Begriff der Humanität 37
III. Verhältnis der Kultur zur Humanität –
Die Humanität der Europäer im Verkehr
mit der übrigen Menschheit 47
IV. Die natürlichen Grundlagen und Grenzen
der Humanität 79
 1. Im Allgemeinen – Begriffe der Gegensätze 79
 2. Die Arten der Gegensätze: 98
  a) Die Gegensätze der Rasse 98
  b) Die Gegensätze der Sprache 106
  c) Die Gegensätze der Religion 112
  d) Die Gegensätze der Klasse 116
  e) Andere Gegensätze 123
 3. Die äußeren Erscheinungen und Formen
  der Gegensätze 125
 4. Die Grade der Gegensätze 163
 5. Die Wirkungen der Gegensätze 176
 6. Verhältnis der einzelnen Gegensätze zueinander 186
 7. Verhältnis der Gegensätze zu den
  individuellen Gefühlen 192
 8. Politische und andere Schlussfolgerungen 194
V. Betrachtungen und Ahnungen über die
europäische Kultur 201

Register 221

Schriften Lichtenstaedters 224

Götz Aly

Dr. Emin Efendi Lichtenstaedter, ein Meister der politischen Analyse

Siegfried Lichtenstaedter kam am 8. Januar 1865 im mittelfränkischen Baiersdorf zur Welt. Im Humanistischen Gymnasium Erlangen übersprang er drei Klassen. Anschließend studierte er orientalische und indogermanische Sprachen sowie Rechtswissenschaften in Erlangen, Leipzig, Berlin und München. Da ihm als Juden die akademische Karriere verschlossen war, wurde er bayerischer Staatsbeamter. Nachdem ihn seine deutsch-arischen Landsleute gründlich enteignet hatten, ermordeten sie ihn am 6. Dezember 1942 im KZ Theresienstadt.

Das hiermit unter verändertem Titel neu aufgelegte Buch »Kultur und Humanität« hatte er 1897 veröffentlicht. Als geistig nicht recht ausgelasteter Assessor der bayerischen Finanzverwaltung benutzte er dafür den Tarnnamen Dr. Mehemed Emin Efendi. Im Türkischen bedeutet das substantivierte Adjektiv *emin*: Wahrheitsliebender, Ehrlicher, Klartext Sprechender. Nicht zuletzt steckt auch im bürgerlichen Namen des Autors das Licht, das Erhellende, das mitunter grell Beleuchtende.

Das Pseudonym klingt gleichermaßen orientalisch und gelehrt, zudem verweist es auf die nicht-europäische Perspektive eines Außenstehenden. Und tatsächlich lebte der bayerische Staatsbürger Lichtenstaedter in zweierlei Weise als Fremder im eigenen Land – als Jude und als Homosexueller. Beides verfeinerte sein Sensorium für die Doppelbödigkeit christlich-abendländischer Moral, Humanität und Zivilisation.

Minutiös beobachtete er die Anzeichen der Ressentiments gegen Minderheiten, des Überlegenheitsdünkels, der moralisch bemäntelten (imperialen) Interessenpolitik und des weit verbreiteten, typischerweise verborgenen Neides zwischen sozialen, religiösen und nationalen Großgruppen. Lichtenstaedter verfügte über die Gabe, zunächst kaum sichtbare gesellschaftliche Krankheitssymptome zu diagnostizieren und den künftigen Verlauf zu prognostizieren. Vor den Schranken seines dem logischen Denken verpflichteten Geistes schonte er niemanden und nichts: seien es Imperialisten, pelzbehangene christliche oder jüdische Damen, laute oder leise Antisemiten, Freunde der proletarischen Revolution, assimilierte Juden, die ihre Herkunft tunlichst verbargen, und viele und vieles mehr. 1935 schrieb Arthur Aaron Cohen, bis 1933 Professor für Staatswissenschaft an der Technischen Hochschule München, in einer Notiz zum 70. Geburtstag der »eigenartigen literarischen Persönlichkeit« namens Lichtenstaedter, dieser stoße mit der »Rigorosität seiner Forderungen« nicht wenige vor den Kopf; »Mahnworte, Scheltworte sind eben im Allgemeinen nicht beliebt«, zumal dann, »wenn sie ausgiebig nach allen Seiten erteilt werden«.[1]

1935 teilte der nunmehr rassisch Verfolgte dem Herausgeber der »Jüdischen Nationalbiographie« mit, warum er sich früher hinter Pseudonymen verborgen hatte: »Als aktiver Beamter, noch dazu Jude, konnte ich meine Werke unmöglich unter meinem bürgerlichen Namen veröffentlichen.«[2] Neben zwei anderen (bekannten) Pseudonymen verwendete er in seinen 43 von mir nachgewiesenen Werken bevorzugt den Decknamen Mehemed Emin Efendi – allerdings nur bis 1932. Nachdem er als Oberregierungsrat der Bayerischen Rechnungskammer in Ehren pensioniert worden war, verzichtete er – auch angesichts der bedrohlichen politischen Umstände auf weitere Mimikry.

---

1 Bayer. Israelitische Gemeindezeitung 11(1935), Nr. 1, S. 7.
2 Zur Biographie Lichtenstaedters: Götz Aly, Ein Bayer, hellwach und jüdisch, in: Siegfried Lichtenstaedter, Prophet der Vernichtung, hrsg. v. Götz Aly, Frankfurt a. M. 2019, S. 7–45; Salomon Wininger (Hrsg.): Grosse Jüdische National-Biographie mit nahezu 13000 Lebensbeschreibungen namhafter jüdischer Männer und Frauen aller Zeiten und Länder. Ein Nachschlagewerk für das jüdische Volk und dessen Freunde unter Mitwirkung von zahlreichen Fachmännern aus allen Weltteilen, Bd. 7 (Ergänzungsband), Cernăuți 1936, S. 254 f.

Da Lichtenstaedter über großartige satirische Fähigkeiten und jüdischen Witz verfügte und die fließenden Übergänge zwischen eindeutigen, spöttischen, dezent ironischen oder sarkastischen Sätzen liebte, genoss er auch die Eulenspiegelei des am Rande Stehenden (und dorthin Gedrängten). Über den Verriss, der 1897 in einer bedeutenden französischen Zeitschrift erschien und ungewollt die Thesen seines Werkes »Kultur und Humanität« bestätigte, wird er schallend gelacht haben. Darin hieß es unter der Überschrift »Un ennemi de L'Europe«, der Autor sei ein »unzivilisierter«, »muselmanischer Schriftsteller« und »seltsamer Prophet«, dem es nicht zukomme, über die abendländische Zivilisation zu urteilen. Jenseits dessen bescheinigte ihm der Rezensent »feurige Leidenschaft und geschliffene Ironie«.[3] Auch für den heutigen Leser empfiehlt sich gelegentlich die stille Frage: Wie herum meint der Autor das denn?

»Die gräulichen Schandtaten« des Kolonialismus

Für den jungen Lichtenstaedter bildete die Auseinandersetzung mit den kolonialen Verbrechen, mit der bigott-verlogenen Selbsterhebung Europas zum Kulturheiland des gesamten Erdballs den zentralen Ausgangspunkt, an dem er seine Kritik entwickelte. 1895 ließ er eine erste, wenige Seiten umfassende Flugschrift drucken, betitelt »Die armenischen Greuel und die englische Humanität. Offenes Schreiben an Herrn Gladstone«.

Der völlig unbekannte deutsche Autor wandte sich an William Gladstone, einen der wichtigsten britischen Politiker in der zweiten Hälfte des 19. Jahrhunderts, der 27 Jahre dem Kabinett angehört hatte, zwölf davon als Premierminister. Gladstone antwortete ihm am 7. Juli 1895 ausweichend, worauf Lichtenstaedter

---

3 Théodore de Wyzewa, in: Revue des Deux Mondes, 142 (1897), S. 459–468.

1896 mit einem zweiten Offenen Schreiben antwortete.[4] Den
»Reinertrag« dieser Broschüre wollte er, wie es in der Vorbe-
merkung heißt, unter der »durch den armenischen Bürgerkrieg
geschädigten Bevölkerung – je zur Hälfte für Christen und
Muselmanen – « verteilen lassen. In dieser Flugschrift warnte er
eindringlich vor der Einmischung des christlichen Europas in
die inneren Konflikte der Türkei. Er sah die Gefahr, dass solche
Interventionen dort für einzelne Minderheiten, insbesondere die
christlichen, tödlich enden könnten.[5]

Im folgenden Jahr erschien »Kultur und Humanität«. Als
»charakteristisches Beispiel« für die moralische Verkommenheit
und rücksichtslos-gewalttätige Profitsucht der Europäer führte
er darin den sogenannten Opiumkrieg an, den England 1840
gegen China geführt hatte (hier S. 146). Vom abendländischen
Sendungsbewusstsein sowie von den üblichen kolonialistischen
Beschönigungen und Lügen wenig beeindruckt, analysierte
Lichtenstaedter diese Schandtat: »Grausamere und ungerechtere
Kriege sind zweifellos schon oft geführt worden – unwürdigere
selten.« Der britische Staat, »der sich mit seinem Christentum,
seiner Humanität und Sittlichkeit brüstet«, bekriegte den Staat
China, »weil dieser ein Gift«, nämlich Opium, »von seinen Untertanen fernhalten« wolle. In sehr persönlichem, damals höchst
unüblichem Ton fuhr der junge Autor fort: »Ich möchte einmal
gerne den Wortlaut der Predigten erfahren, welche damals englische Feldprediger an die Truppen richteten. Was mögen sie
wohl gesprochen haben? ›Ihr kämpft für eine heilige und gute

---

4 Siegfried Lichtenstaedter (Dr. Mehemed Emin Efendi): Die armenischen Greuel und die englische Humanität. The Armenian Atrocities and
the English Humanity, Offenes Schreiben an Herrn Gladstone, Würzburg
1895; nachgedruckt und kommentiert in: Götz Aly (Hrsg.), Siegfried Lichtenstaedter (2019), S. 108–115); Siegfried Lichtenstaedter (Dr. Mehemed
Emin Efendi): Die armenischen Greuel und die englische Humanität,
II. Offenes Schreiben an Herrn Gladstone, Würzburg 1896 (Universitätsbibliothek Bern, Sig. H. Varia 4206).
5 Lichtenstaedter, Die armenischen Greuel (1896), S. 5.

Sache! Ihr verteidigt die heiligsten Rechte Eures Vaterlandes, die höchsten Güter der Menschheit. Ihr streitet für Christentum und Kultur, Humanität und Moral usw.‹«

Was solche Ansprachen beinhalteten, lässt sich an der berühmt-berüchtigten Hunnenrede ermessen, die der allerchristlichste deutsche Kaiser Wilhelm II. sechs Jahre später hielt. Damals verabschiedete er in Bremerhaven die Soldaten, die an einem europäisch-japanischen Rachefeldzug gegen die aufständischen sogenannten Boxer in China mitwirken sollten: »Kommt ihr vor den Feind, so wird derselbe geschlagen! Pardon wird nicht gegeben! Gefangene werden nicht gemacht! Wer euch in die Hände fällt, sei euch verfallen! Wie vor tausend Jahren die Hunnen unter ihrem König Etzel sich einen Namen gemacht, der sie noch jetzt in Überlieferung und Märchen gewaltig erscheinen lässt, so möge der Name Deutscher in China auf tausend Jahre durch euch in einer Weise bestätigt werden, dass es niemals wieder ein Chinese wagt, einen Deutschen scheel anzusehen!«[6]

Knapp deutete der junge Autor an, mit welchen »großen Menschenschlächtereien« Russland die Freiheitsgelüste der Tataren und anderer muslimischer Völker niedergesäbelt und -geschossen habe, mit welch »gräulichen Schandtaten« die Franzosen ihre Herrschaft in der nordvietnamesischen Provinz Tonkin befleckten, wie Russen und christliche Bulgaren um 1877 »wohl mehr als 100 000 friedliche Türken und bulgarische Muselmanen« niedergemetzelt oder mit welch blutigen Methoden die Niederländer ihre Herrschaft über die malaiischen Völker gefestigt hatten. Kurz: »Die Vernichtung der [menschlichen] Arten ist eine der bemerkenswertesten Erscheinungen der Kultur, namentlich der modernen Kultur.« (hier S. 64, 215)

Die selbstgerechte Einbildung, die angeblich »zivilisierte Welt« befände sich auf der Sonnenallee allgemeiner Humanität, erhabenster zwischenmenschlicher Kultur und ständiger

---

6 https://de.wikipedia.org › wiki › Hunnenrede.

Verfeinerung des Gewissens, teilte Lichtenstaedter niemals. Angesichts der mörderischen britischen, belgischen, russischen, niederländischen, französischen und italienischen Eroberungs-, Kolonial- und Interventionsexzesse erschien ihm all das abgrundtief verlogen. Dagegen rechnete er fest mit dem Primat nationaler Interessen. Richteten sie sich erpresserisch oder kriegerisch gegen andere, mussten sie – zur Wahrung des schönen Scheins – mit Motiven der Notwehr, der humanitären Intervention und der Gerechtigkeit legitimiert werden. Marokko, Algerien und Tunesien, Libyen, Ägypten, Syrien, Kreta und Mazedonien musste das christliche Abendland eben aus den Klauen angeblich unzivilisierter Osmanen »befreien«. In ihren Kolonien begingen die europäischen Mächte fürchterliche Massaker – regelmäßig gerechtfertigt als »zivilisatorische Missionen«.

Am Beispiel der imperialen Machenschaften und Kriegszüge gegen das Osmanische Reich demonstrierte der Autor, wie diese Eingriffe Spannungen zwischen Minderheiten und Mehrheiten hervorriefen. Das Thema beschäftigte ihn immer wieder, speziell in seinem nächsten, 1898 veröffentlichten Buch »Die Zukunft der Türkei«. Darin analysierte er das Machtvakuum und die von den europäischen Großmächten gezielt angeheizten christlich-muslimischen Zerwürfnisse innerhalb des Osmanischen Reichs. Die separatistischen Bestrebungen der vom europäischen Nationalismus angesteckten und vielfach geförderten »armenischen Revolutionäre« hatten 1895/96 dazu geführt, dass »die Türken gegen die Armenier große Metzeleien verübten«. Immerhin bestand für »das türkische Volk« die nach Lichtenstaedters Beobachtungen berechtigte Angst, es werde »der Herrschaft der Russen, der Armenier oder der Griechen unterworfen«. Jedenfalls führte er die nationalen und religiösen Spannungen in der Türkei mit einigem Recht auf »Einflüsterungen europäischer Theoretiker« zurück und auf die interessierten imperialistischen Mächte, namentlich Russland und Großbritannien, Frankreich und Italien.

Lichtenstaedter beobachtete die Pogrome, Gegenreaktionen und Racheakte zwischen den christlichen Minderheiten und der türkischen Mehrheitsbevölkerung genau. Wegen der Gefahr weiteren Blutvergießens regte er 1896 als praktische Alternative an, Armeniern und Griechen unverzüglich »an einem anderen Orte ein neues Vaterland zu gründen«, etwa in Amerika oder Australien, wo sie von christlichen Nachbarn umgeben seien. Zwar werde man seine »Vorschläge inhuman nennen«, schrieb er, dennoch riet er zur Eile: »In zwanzig Jahren wird es hierfür zu spät sein.«[7]

Es dauerte von diesem 1898 veröffentlichten Warnruf nur 17 Jahre bis zum Genozid: Nachdem die Türkei 1915 von Großbritannien und Russland in einen Mehrfrontenkrieg verwickelt worden war, vollzogen Türken (und Kurden) den Völkermord an den armenischen Christen.

Anders als in dem Buch »Die Zukunft der Türkei« begriff sich Lichtenstaedter in »Kultur und Humanität« nicht als Mahner, sondern als einer, der die Selbstbeweihräucherung der Europäer anklagt, der den humanitär, zivilisatorisch, christlich und kulturell aufgeblasenen Dünkel aufs Korn nimmt. Rhetorisch geschliffen klang das so (hier S. 122):

»Man fragt [bezüglich der Kolonien]: ›Wie ist es möglich, dass Menschen in diesem Grad zu Bestien werden?‹ Ihr Menschenfreunde, betrachtet doch genauer die Taten Eurer Volksgenossen in Afrika! Jene Expeditionsführer, Offiziere, Beamten etc., die – im Namen der Kultur – auf friedliche Eingeborene schießen, was sind sie besser als die anarchistischen Verbrecher, die der Humanität nach ihren Begriffen zu dienen glauben? Die einen sind vom Rassenhass, die anderen vom Klassenhass beseelt. Ungleich mutiger sind wohl zweifellos die Anarchisten, die, der

---

7 Siegfried Lichtenstaedter (Dr. Mehemed Emin Efendi): Die Zukunft der Türkei. Ein Beitrag zur Lösung der orientalischen Frage, Berlin und Leipzig 1898, S. 7, 14, 25 f., 29.

Regel nach sich der Folgen wohl bewusst, mit ihrem Leben für ihre Verbrechen einstehen; die Gefahr für die Kulturlümmel [in den Kolonien] ist ungleich geringer, da den Eingeborenen in der Regel die Macht fehlt, sie zu bestrafen, die Justiz der europäischen Staaten aber niemals die Absicht hat, Verbrechen gegen die Eingeborenen genügend zu sühnen.«

Ein Meister der politischen Prognose

In der Enge einer überbelegten sogenannten Judenwohnung, in die Lichtenstaedter 1938 in München zwangsweise »umgesiedelt« worden war, schloss er 1941 sein letztes Werk ab, und das in einer für ihn gewiss unbefriedigenden Form. Angekündigt hatte er diese Studie sechs Jahre zuvor als »noch nicht vollendete«, »großangelegte Arbeit, die ziemlich gründlich die Völkerethik behandelt«. Im Exemplar der Bayerischen Staatsbibliothek finden sich auf den 205 Seiten des eng gesetzten Bandes Dutzende Korrekturen und Ergänzungen von der Hand des Autors. Der Titel lautet: Dr. S. Lichtenstaedter, Sprachenpolitik (Forschungen und Forderungen), Verlag Lämmle & Müllerschön, Winnenden bei Stuttgart. Dass dieses Buch eines Juden 1941, wenn auch in kleiner Auflage, in Nazideutschland erscheinen konnte, zeugt von dem ausgesprochen starken Willen des Autors, eine letzte Botschaft an die Nachwelt zu senden. Ich kenne kein zweites Beispiel.

Lebensgeschichtlich bildet das unter extrem bedrückenden Umständen abgeschlossene Werk »Sprachenpolitik« den 1920 begonnenen Teil II von »Kultur und Humanität«. Angekündigt hatte Lichtenstaedter es bereits 1909: »Wenn mir ein gütiges Geschick noch etwa 20 Lebens- und Arbeitsjahre schenkt, so hoffe ich, mein Werk über Völker-Ethik vollenden zu können.« Dieses Buch sollte »von Pflichten gegenüber den Menschen als Gesamtheit« handeln, vom Widerstand gegen die vielen, die danach trachten, Menschen und Natur zu vernichten. Siegfried Lichtenstaedter setzte sich damals dieses so simpel erscheinende, jedoch schwer erreichbare Ziel: »Schonung der Individuen desselben Volkes, Schonung anderer Völker, Schonung der außermenschlichen Natur.«[8]

Auch in seiner letzten Schrift folgte der Autor weiterhin jenem Leitgedanken, den er schon in seinem ersten Buch formuliert hatte (hier S. 90): »Wer die […] Gegensätze der Rasse, der Sprache, der Religion und der Klasse nicht begreift, wird auch nie die innere und äußere Geschichte der Völker vollkommen verstehen können, wird nie viel aus der Geschichte lernen.« Das nunmehr wieder greifbare Buch »Kultur und Humanität« reicht weit über eine zeitgenössische Kritik des Kolonialismus hinaus, weiter als der neue, auf die aktuelle Diskussion über den Kolonialismus gerichtete Titel »Nilpferdpeitsche und Kultur« vermuten lässt. Das Buch eröffnet nämlich den Blick auf zahlreiche Minderheitenprobleme der Moderne, auf die Fragen und Folgen der nationalen und internationalen Arbeitsteilung und der zunehmenden Klassenkämpfe, des neu entstehenden Rassenhasses und der sich verstärkenden religiösen Unduldsamkeit. Lichtenstaedter ordnet den Kolonialismus und die fortgesetzten Gewalttaten der Europäer in »ihren« Kolonien in eine sozioökonomische Analyse seiner Gegenwart ein – in das Panorama der Doppelzüngigkeit, des Bösen und der menschlichen Niedertracht.

Methodisch bewegte er sich ungezwungen durch die Gärten der Möglichkeiten. Er kombinierte soziologische, demographische, ökonomische und politikwissenschaftliche Untersuchungen mit zeitdiagnostischen, historischen und völkerpsychologischen Erkenntnissen. Das so gewonnene Material gewichtete er dann – nicht zuletzt mit Hilfe seiner Alltagsbeobachtungen und Erfahrungen – und synthetisierte es dann in seinem hellwachen Kopf zu Ergebnissen. Ferner zeichnete ihn eine Fähigkeit aus, über die jeder Historiker und jeder Politikwissenschaftler verfügen sollte,

---

8 Siegfried Lichtenstaedter (Dr. Mehemed Emin Efendi): Natur und Kultur. Ein psychologisch-ethischer Versuch, Leipzig 1909, S. 98 f.

mit der aber nur wenige gesegnet sind: die Kunst, sich in andere Menschen, Verhältnisse, Ideen- und Moralgebäude hineinzudenken. Auf diesen Wegen gelangen ihm bewundernswert exakte Prognosen – Geschichtsvorhersagen, wie er sie nannte. Zum Beispiel die folgende, die er 1903 in einen fiktionalen Zeitungsartikel verpackte, der soeben unter dem Datum vom 23. Juni 1939 in einer von Lichtenstaedter erfundenen »Ostdeutschen Rundschau« in Wien erschienen sei. Der Bericht handelt von einer »herrlichen Sonnwendfeier der Deutschen Hochschülerschaft«:

Die nahe Wien im Garten des Gasthauses »Zum deutschen Blitz« versammelten Studenten durchdringt ein »deutsch-volkliches Gefühl« dermaßen stark, dass sie all jene von der Feier ausschließen, die dem »veralteten welsch-jüdisch-weibischen« Denken verhaftet geblieben sind. Bald tobt »echtdeutsches« Treiben, das sich zu »unbeschreiblichem Jubel« steigert, als »das neueste deutsche Trutzlied ›Wenn Wanzenvölker uns bedrohen‹« angestimmt wird. Dem nationalistischen Gejohle folgt die Tat – einige tschechische und slowenische Lümmel, die zufällig vorbeikommen und frech grinsen, werden »in gebührender Weise bestraft«.[9]

Lichtenstaedter bezeichnete solche Realphantasien auch als Zukunftsgeschichtsschreibung und am Ende des vorliegenden Buches fragte er 1897, also auf dem Höhepunkt europäisch-kolonialer Selbstgewissheiten: »Was wird das 20. Jahrhundert bringen?« Er prognostizierte »das ungeahnte Wachsen und Erstarken des russischen Reiches«. Ferner rechnete er mit einem »Ringkampf« zwischen den europäischen und ostasiatischen Völkern. Dabei würden auch die Kräfte anderer Völker mobilisiert werden und »schwer in die Waagschale fallen« – »unter Umständen sogar« die Kräfte »der geringst geachteten Rassen,

---

9 Siegfried Lichtenstaedter (Dr. Mehemed Emin Efendi): Das neue Weltreich (Ein Beitrag zur Geschichte des 20. Jahrhunderts), II. Theil: Von der Eroberung Konstantinopels bis zum Ende Österreich-Ungarns, Leipzig 1903, S. 67–69.

deren Bestimmung bisher lediglich darin zu bestehen scheint, von Europa ausgebeutet zu werden« (hier S. 220).

Unser Autor lebte in einem Zeitalter gewaltiger materieller Fortschritte. Die europäischen Massen wurden mobilisiert, verloren im Handumdrehen die Sicherheiten der alten Ordnung, wurden entwurzelt und buchstäblich haltlos gemacht. Zur Beruhigung entstanden imperiale, soziale und nationale Heilsversprechen – Utopien, die sich bald zu besonders virulenten Hybriden weiterentwickelten. Sie hießen dann Nationalsozialismus, Herrenrasse, Nationalbolschewismus; allerdings gehörte nach Lichtenstaedter auch der nationale, mit Zollschranken und umfassender staatlich organisierter Wohlfahrt für das eigene Volk bewehrte Kapitalismus dazu. Letztere Variante war damals in Europa aktuell und ist es heute in vielen Staaten der Welt.

Den Weg des nach innenpolitischer Opportunität gezügelten Kapitalismus prägten in Deutschland besonders zwei Zeitgenossen Lichtenstaedters: zum einen der späte Bismarck, der sich 1879 von den Prinzipien des liberalen Freihandels abgewandt und damit auch seine frühere Skepsis gegenüber dem Kolonialismus aufgegeben hatte; zum anderen der national-liberale Friedrich Naumann, heute noch bekannt als der Namensgeber der FDP-nahen Parteistiftung. Dieser bis heute vielgeehrte spätere Mitbegründer der Weimarer Republik veröffentlichte 1897, also im selben Jahr, in dem auch Lichtenstaedters Streitschrift »Kultur und Humanität« erschien, sein programmatisches Bekenntnisbuch »National-sozialer Katechismus«. In gut protestantisch-belehrender Art kommt dieses politische Programm als Abfolge von 268 Fragen und Antworten daher. Naumann ist im bürgerlichen Beruf bis 1894 Pfarrer gewesen. Zum kolonialistisch unterfütterten, innenpolitisch immer wieder auf Umverteilung bedachten Kapitalismus liest man bei ihm beispielsweise:

»Warum nennt ihr euch nationalsozial? Weil wir überzeugt sind, dass das Nationale und das Soziale zusammengehören.

Warum ist ein internationaler Sozialismus aussichtslos? Weil die Kulturstufe der verschiedenen Völker sehr verschieden und der Fortschritt eines Volkes vom Rückgang eines anderen abhängig ist.

Aus welchem Grund muss also die arbeitende Menge national sein? Aus Selbsterhaltungstrieb.

Was für eine Politik ist demnach zu fordern? Eine Politik der Macht nach außen und der Reform nach innen.

Was fordert ihr hinsichtlich der Flotte? Angemessene Vermehrung der deutschen Kriegsflotte.

Genügen die bisherigen deutschen Kolonien euren Anforderungen? Nein, aber sie sind besser als gar keine Kolonien und müssen deshalb festgehalten werden.

Was für Kolonien sind zu erstreben? Kolonien in gemäßigtem Klima, wo deutsche Ansiedlungen möglich sind.

Bei welchen Gelegenheiten können solche Kolonien gewonnen werden? Bei Friedensschlüssen nach glücklichen Seekriegen.«[10]

Den hier in durchaus repräsentativer Weise von Friedrich Naumann nationalliberal und nationalsozial ausformulierten, stets auf der Anwendung von Gewalt basierenden Zukunftsperspektiven setzte Siegfried Lichtenstaedter Pessimismus entgegen. Er wurde zum Meister der realen Dystopie. Während die Utopisten ihren nach Millionen zählenden Anhängerschaften verschiedenartige Aussichten auf ewiges Glück vorgaukelten, führte er seine kleine Schar von Lesern zu jenen Aussichtspunkten, von denen aus sich die höchst modern ausgerüsteten, von Menschen betriebenen Höllenschlünde beobachten ließen. 17 Jahre vor dem Ersten und 42 Jahre vor dem Zweiten Weltkrieg

---

10 Friedrich Naumann, National-sozialer Katechismus. Erklärung der Grundlinien des National-Sozialen Vereins, Berlin 1897, Fragen 1, 21, 37, 38, 59, 66, 68. (Wer die historischen Zusammenhänge zwischen Sozialstaat, Kolonialismus und Nationalsozialismus besser verstehen möchte, lese zur Einführung dieses Manifest. Siehe auch: Götz Aly: Warum die Deutschen? Warum die Juden? Gleichheit, Neid und Rassenhass, Frankfurt a. M., S. 109–143.)

beschrieb er den inneren Zusammenhang zwischen Imperialismus und der dann folgenden europäischer Selbstzerfleischung (hier S. 199 f.):

Dass die Kriege zwischen europäischen Völkern selbst so sehr selten geworden sind, erklärt sich wohl zum großen Teil daraus, dass materielle Interessen zu derartigen Kriegen nicht drängen; dieses hinwiederum verdanken die europäischen Völker dem Umstand, dass sie ihre überschüssige Bevölkerung in Kolonien anderer Erdteile auf Kosten der dortigen Eingeborenen unterbringen können; es ist dies eine gewisse Ablenkung des Kampfes ums Dasein nach entlegenen Erdteilen. Dass diese Ablenkung ihre Grenze einmal erreichen wird, bedarf keiner weiteren Ausführung. Sobald die europäische Auswanderung nach anderen Erdteilen nicht mehr möglich sein wird, muss der Kampf ums Dasein in Europa selbst sicherlich ungleich schwieriger und heftiger werden. Gesetzt nun, dieser Kampf träte nicht in Kriegen zwischen verschiedenen Völkern zutage, so wird – und hiermit kommen wir zum zweiten Punkte – die Möglichkeit nicht außer Acht gelassen werden können, dass dafür der Bürgerkrieg zwischen verschiedenen Klassen an die Stelle treten würde, und ob damit der sogenannten Humanität wesentlich genützt würde, darf doch wohl bezweifelt werden.

Das 20. Jahrhundert brachte dann alles: Die Nationalitäten-, Klassen- und Rassenkriege und schließlich die Befreiungskriege in den Kolonien, denen häufig innere Kriege folgten. Im Jahr 1909 hielt es Lichtenstaedter für eine durchaus offene Frage, worüber und wie die Repräsentanten größerer europäischer Bevölkerungsgruppen in absehbarer Zeit entscheiden würden: »Soll man die Juden in Odessa totschlagen? Soll man den Eingeborenen der afrikanischen Kolonien ihren Grundbesitz rauben? Wollen wir ein Gesetz schaffen, wonach das Vermögen der Anhänger der früheren Regierung konfisziert wird?« Für unseren Autor stand eben infrage, ob sich unter bestimmten situativen Umständen das »bessere Ich« oder der »primäre Trieb« des Bösen durchsetzen werde.[11] Anders als in den Selbstbespiegelungen der

---

11 Lichtenstaedter, Natur und Kultur (1909), S. 25 f.

Belle Époque ging er davon aus, dass man nicht an der Spitze der menschlichen Zivilisation und Kultur lebe und die zweifellos vorhandenen zivilen, rechtlichen und kulturellen Errungenschaften hochgradig gefährdet seien – nicht zuletzt deshalb, weil sie von Europäern in ihren Kolonien ohne Unterlass mit Füßen getreten wurden.

An einer Stelle dieses Buches dokumentiert der Autor (hier S. 151) seine Selbsterfahrung als Jude in einer Zeit, die nach dem Holocaust immer wieder als Ära einer angeblichen »deutsch-jüdischen Symbiose« schöngeredet wurde. Ohne moralischen Augenaufschlag konstatierte der Zeitgenosse Lichtenstaedter 1897, wie sehr »die Abneigung gegen die Juden« in den vorangegangenen Jahren zugenommen habe. Zwar werde nicht »der einzelne Jude, der ruhig über die Straße geht«, ohne weiteren Anlass bedroht oder beleidigt, allerdings sei das anders, wenn Juden in der Öffentlichkeit als Gruppe aufträten: Beginnen diese »laut zu sprechen (vielleicht gar mit jüdischer Akzentuierung oder in jüdischem Jargon) und sich sonst auffällig zu benehmen, so ist dies unter Umständen geradezu als Leichtsinn zu bezeichnen, der leicht recht unangenehme Folgen nach sich ziehen kann«.

Die förmliche Korrektheit gegenüber dem einzelnen Fremden, aber die unterschwellige und schließlich bösartige Aggression gegen eine gestikulierende, laute Gruppe von Fremden, die in einer heute so bezeichneten Parallelkultur leben – das kennen wir doch aus unserer Gegenwart und in leichten Formen von uns selbst. Die damaligen Lebensumstände der jüdischen Minderheit in Deutschland bezeichnete er als einen zwar »nicht glücklichen, so doch erträglichen Zustand«. Werde der noch verdeckte und gebändigte Gegensatz aber infolge gravierender äußerer Ereignisse »akut«, dann werde »den deutschen Juden kaum etwas anderes übrigbleiben als die Auswanderung« (hier S. 170).

In seinem Buch »Sprachenpolitik« tauschte er 1941 das Wort Minderheit gegen Fremdkörper aus. Wie in seinen früheren Arbeiten bezog er Zeiten ein, in denen die Unterschiede – und

damit die Konflikte – »riesenhaft oder auch so winzig sein können, dass sie fast nicht wahrgenommen, geschweige denn empfunden werden«. Deshalb definierte er den Begriff (rassischer,
sprachlicher oder religiöser) Fremdkörper (= Minderheit) als
»relativ, pendelnd, wie Ebbe und Flut den stärksten Schwankun-
gen unterworfen«. Begründend führte er an, es handle sich dabei
eben nicht um eine objektive, sondern um die rein volkspsycho-
logische Frage: Inwieweit wird eine Minderheit »von den anderen, aber auch von sich selbst als Fremdkörper gefühlt«?

Auf seine höchst bedrohliche Gegenwart bezogen konstatierte
Lichtenstaedter 1941: Gäbe es ein Instrument, mit dem sich der
Fremdheitsgrad messen ließe, »würde man staunen, welcher
Wechsel hier möglich ist«, und feststellen, dass die deutschen
Juden »in den 70er-Jahren des 19. Jahrhunderts durchschnittlich zu einem Zehntel, seit dem 5. März 1933 bis heute dagegen
durchschnittlich zu acht oder sogar neun Zehntel als Fremdkörper empfunden werden«. Jenseits des wechselnden allgemeinen Empfindens »sind und bleiben sie ›die anderen‹« – »wobei
man natürlich zwischen dem chronischen, latenten, schlafenden
Gegensatz und den akuten Ausbrüchen der Volksleidenschaft
unterscheiden muss«. Ob eine Minderheit als nützlich oder
unnütz empfunden werde, entscheide allein die Mehrheit. Fälle
sie das Urteil »unnütz«, könne das schnell zum »Vernichtungskrieg gegen die Minderheiten« führen.[12]

Nach Siegfried Lichtenstaedter wird das Problem Mehrheit – Minderheit (=Fremdkörper) bestehen, so lange, wie es
Menschen gibt. Wir können es nicht abschaffen. Wir können nur
geduldig versuchen, die Formen der immer wieder aufbrechen-
den, konkurrenz- und vorurteilsbehafteten Reibereien, Aufwal-
lungen und Gewaltausbrüche zu mäßigen, um das Schlimmste –
»den Vernichtungskrieg gegen die Minderheiten« – zu verhüten.
Dazu dienen Erziehung, Gesetze, Menschenrechtskonventionen

---

12 Lichtenstaedter, Sprachenpolitik (1941), S. 144–148.

und Verfassungsgrundsätze – nötigenfalls müssen empfindliche Strafen verhängt, die Polizei und auch das Militär eingesetzt werden. All das ist nur möglich, sofern und solange eine starke und prinzipienfeste gesellschaftliche Mitte besteht und gemeinsam handelt. Sicher ist das nie.

Hinweise zur Lektüre

Den Text Lichtenstaedters haben wir den derzeit gültigen orthographischen Regeln angepasst und einzelne Fehler stillschweigend korrigiert. Das Wort muhamedanisch haben wir durchgehend in mohammedanisch umgewandelt, das Wort muselmanisch entspricht dem Original. Ferner haben wir das von Lichtenstaedter vielfach verwendete, heute altmodisch oder feierlich klingende Dativ-e in den meisten Fällen gestrichen. Es heißt also nicht im Tale, sondern im Tal. Den zahlreichen Fußnoten Lichtenstaedters habe ich erklärende Fußnoten hinzugefügt, denen zur Unterscheidung die Abkürzung Hrsg. vorangestellt wurde. Erklärende Einfügungen in eckigen Klammern stammen ebenfalls von mir.

Siegfried Lichtenstaedter benutzte die üblichen Begriffe seiner Zeit. Sofern er Wörter wie *Neger* oder *Indianer* gebrauchte, verwendete er sie in beschreibender, nicht in herabsetzender Bedeutung, so wie er auch die Kollektivbegriffe *Europäer, Jude, Brite* oder *weißer Mann* einsetzte.

Das Wort *Rasse* gebrauchte Lichtenstaedter ebenfalls wertneutral, so wie es zum Beispiel Bertolt Brecht in seinem Solidaritätslied von 1930 nutzte: »Schwarzer, Weißer, Brauner, Gelber! / Endet ihre Schlächterei'n! / Reden erst die Völker selber, / werden sie schnell einig sein.« Lichtenstaedter definiert Rasse als »sinnlich wahrnehmbare Verschiedenheiten«, nicht entfernt als rassistisch-abwertendes Kriterium.

Die Begriffe *Kultur* und *Zivilisation* verwendet Lichtenstaedter teils positiv, teils ironisch, teils sarkastisch, wenn er zum Beispiel an 15 Stellen in den Kolonien tätige Europäer als *Kulturlümmel* bezeichnet und weiße Kolonialisten meint, die sich auf ihre vermeintliche Kultiviertheit etwas einbilden und sich zivilisatorisch überlegen dünken. Der in keinem deutschen Wörterbuch verzeichnete Begriff *Kulturlümmel* ist zweifellos dem Schimpfwort Judenlümmel nachgebildet – ein seinerzeit sehr geläufiges »Schimpfwort für einen flegelhaften Juden«, wie es im 1877 erschienenen Band 10 des Deutschen Wörterbuchs von Jakob und Wilhelm Grimm heißt.

Wie differenziert Lichtenstaedter den Begriff Kultur verwendet, zeigen die beiden folgenden Bemerkungen in diesem Buch: »Im Westen von Afrika z. B. nimmt die Kultur von der Küste zum Innern zu, dagegen die Kulturtünche, d. h. die Anklänge an die europäischen Äußerlichkeiten, ab.« Lichtenstaedter unterschied also zwischen den Jahrhunderte alten westafrikanischen *Kulturen* und der diese gefährdenden europäischen *Kulturtünche*.

Wer sich näher für das Leben und die Werke Lichtenstaedters interessiert, nehme die von mir herausgegebene kleine Werkausgabe zur Hand: Siegfried Lichtenstaedter: Prophet der Vernichtung. Über Volksgeist und Judenhass (S. Fischer Verlag 2019). Der konkrete Anlass für mich, »Kultur und Humanität« zur Neuausgabe zu empfehlen, war jedoch der, dass mich nicht zuletzt dieses Werk dazu angeregt hat, einen Bereich des deutschen Kolonialismus zu erforschen und darüber zu schreiben. Das Ergebnis findet sich in meinem Siegfried Lichtenstaedter gewidmeten Buch »Das Prachtboot. Wie Deutsche die Kulturschätze der Südsee raubten« (S. Fischer Verlag 2021).

Die größte Sammlung der Schriften Lichtenstaedters besitzt die Bayerische Staatsbibliothek, die diese 2019 komplett digitalisiert zugänglich gemacht hat. Mit den Suchbegriffen *Lichtenstaedter* und *MDZ* hat man sie sofort vor Augen und kann darin lesen.

KULTUR und HUMANITÄT.

VÖLKERPSYCHOLOGISCHE UND POLITISCHE UNTERSUCHUNGEN

VON

Dr. Mehemed Emin Efendi.

WÜRZBURG.

VERLAG UND DRUCK DER STAHEL'SCHEN K. HOF- UND UNIVERSITÄTS-
BUCH- UND KUNSTHANDLUNG.

1897.

I. Begriff der Kultur

Die Überlegenheit Europas über die anderen Erdteile gründet sich zweifellos auf seine höhere Kultur. Das 19. Jahrhundert überragt alle früheren Zeiten weitaus an Kultur. Auf nichts ist das christliche Europa des 19. Jahrhunderts so stolz wie auf seine Kultur.

Die Kultur ist der modernen europäischen Menschheit geradezu das höchste Ideal, das kostbarste Gut auf Erden. Die Frage nach der Bestimmung des Menschen wird nicht selten mit »Kultur« beantwortet. Fühlt sich ein Volk Europas von einem anderen beleidigt, so glaubt es keinen stärkeren Vorwurf seinem Gegner ins Gesicht schleudern zu können als den »Mangel an Kultur«.

Selbst zur Rechtfertigung gewisser Verstöße gegen Sittengesetze beruft man sich auf die Kultur. Wenn »wilden Völkern« ihr Grund und Boden abgenommen wird, Mord, Raub, Brandstiftung in gewissen überseeischen Ländern verübt werden, so muss das Interesse der höheren Kultur alles dies decken. Nichtsdestoweniger gilt die Kultur, sagen wir es kurz, als der Inbegriff alles Guten und Schönen.

Was versteht man unter Kultur? Kultur oder Zivilisation, wie eine andere Bezeichnung lautet, wird, wir wiederholen es, als das höchste Ideal, das kostbarste Gut erachtet.

Kein Wunder, dass das Wort gerne missbraucht wird. Begriffe des Guten oder Schlechten, des Lobenswerten oder Tadelnswerten müssen häufig gegenüber ihren Bezeichnungen bescheiden in den Hintergrund treten.

Daher ist es natürlich, dass sich auch des Wortes »Kultur« gerne die tendenziöse Definition bemächtigt, und dass der Begriff oft einseitig oder ganz falsch aufgefasst, namentlich Wesentliches mit Unwesentlichem verwechselt wird.

Ein berühmter Chemiker, um ein bekanntes Beispiel zu geben, erklärte einmal die Menge des Verbrauchs an Seife als besten

Maßstab für die Kultur eines Volks. Hiernach würden also wohl die Türken und andere muselmanische Völker den meisten europäischen, die Kaffern[1] den Buren[2] in Südafrika usw. an Kultur bedeutend überlegen sein.

Ein Anhänger der Frauen-Emanzipation hinwiederum meint, der beste Kulturgradmesser sei die Stellung des Weibes.

Es ist nicht notwendig, auf derartige Einseitigkeiten und Voreingenommenheiten weiter einzugehen.

Sehr gewöhnlich ist die Anschauung oder wenigstens die Behauptung, die Kultur (oder vielmehr die »wahre« Kultur) bestehe in der *Sittlichkeit*. Natürlich; denn jeder Mensch und jedes Volk empfindet es zeitweise als das dringendste Bedürfnis, die Sittlichkeit als das höchste Gut darzustellen. Treffend wurde hierauf schon erwidert, dass nach dieser Anschauung die Eingeborenen mancher Südseeinsel die Pariser Bevölkerung weitaus an Kultur überragen. Nichts anderes als eine tendenziöse Definition ist es also, wenn deutsche Puristen das Wort »Kultur« mit »Gesittung« übersetzen.

Im Großen und Ganzen freilich herrscht keine verschiedene Auffassung über den Begriff der Kultur. Fassen wir die Reihenfolge auf der Stufenleiter der Kultur ins Auge, so ist es ziemlich unbestritten, dass die Bevölkerung des Deutschen Reiches den österreichisch-ungarischen Bevölkerungen, diese hinwiederum dem russischen Volk, letzteres den Türken, diese den Arabern usw. usw. an Kultur überlegen sind. Kultur ist also ein intellektueller Begriff. Die Kultur eines Volkes bedeutet den Inbegriff seines geistigen Könnens und Wissens (die Kultur eines Landes

---

1 Hrsg.: Kaffern (v. arab. *kafir*, dt. Ungläubiger), zu den Bantuvölkern gehörige Völkerfamilie, die im Osten Südafrikas vom Sambesi bis zur Südspitze wohnt.

2 Hrsg.: Buren (v. holl. *Boers*, dt. Bauern), Name der Bevölkerung niederländischen Ursprungs, die seit der Mitte des 17. Jahrhunderts rund um das Kap der guten Hoffnung, also im heutigen Südafrika, siedelte.

ist im Wesentlichen das Produkt des Könnens und Wissens eines Volkes).

Das Können und Wissen der einzelnen Völker ist der Natur der Sache nach, sowohl was die Art als auch was die Menge betrifft, außerordentlich verschieden. Die größte Summe des Könnens und Wissens in der ganzen Menschheit nennen zurzeit unbestrittenermaßen die europäischen Völker und deren Tochtervölker oder wenigstens ein Teil derselben ihr eigen.

Wer vermöchte alle Teile des unermesslichen und unübersehbaren Gebiets dieser Kenntnisse, unter denen namentlich die *Naturwissenschaften* ihres praktischen Nutzens wegen die erste Stelle einnehmen, auch nur aufzuzählen? Ackerbau und Bergbau, Gewerbe und Handel, die Kriegskunst, die Wissenschaft in ihren unzähligen Zweigen, von der Astronomie bis zur Physiologie, von der Geschichte bis zur Sprachwissenschaft, die Kunst in ihren verschiedenen Gattungen, das Verkehrswesen zu Land, zu Wasser und in der Luft, das Sportwesen in seinen vielen Arten, das Labyrinth der modernen Staatsverwaltung und wie viele andere Dinge, in einer Ausdehnung, von der frühere Zeiten nichts geahnt, geschweige denn gewusst hatten: Sie alle sind Teile der modernen Kultur.

So ist es wohl verzeihlich, dass die Europäer ihre Kultur als »die Kultur« schlechthin bezeichnen. »Wir tragen nach Afrika die Kultur«. (Auf den Wert dieser Behauptung werden wir sogleich zu sprechen kommen.)

So blickt ein zwölfjähriger Knabe auf den Bildungsgrad, der ihn noch vor einem Jahr mit Stolz erfüllte, heute geringschätzend herab und wird in einem Jahr auf den Bildungsgrad, der ihn heute mit Stolz erfüllt, geringschätzend herabblicken.

Wir haben die Kultur als den Inbegriff des geistigen Könnens und Wissens definiert. Diese Begriffsbestimmung bedarf in zweierlei Richtung der Ergänzung:

1) Können und Wissen werden sowohl *erworben* als auch *betätigt* durch *Arbeit*.

2) Können und Wissen und die Arbeit ist für den Menschen nicht Selbstzweck, sondern ein Mittel zum Zweck. Der Zweck ist die Befriedigung der verschiedensten Bedürfnisse oder die Erzeugung der verschiedenartigen Genüsse. Die Bedürfnisse und Genüsse können leiblicher oder geistiger Natur sein.

Können und Wissen kann nur durch Arbeit errungen werden, und hinwiederum kann nur durch Arbeit der Zweck des Könnens und Wissens erreicht werden. »Kultur ist Arbeit!« In diesem Ausdruck liegt eine große Wahrheit: Arbeit zum Zweck des Genusses. Genuss, Annehmlichkeit des Lebens, Verringerung oder Beseitigung aller Unannehmlichkeiten, Schmerzen, Leiden ist das Ziel der menschlichen Arbeit. Die Früchte der Arbeit anderer zu *genießen* ist nicht Kultur.

So wenig derjenige, der einem Musikautomaten Töne entlockt, ein Tonkünstler zu nennen ist, so wenig ein Bauer dadurch ein Ägyptologe wird, dass er den Inhalt alter ägyptischer Inschriften lernt, ebenso wenig kann ein Negerstamm, der moderne Schusswaffen zu benützen versteht, Branntwein trinkt und sich in englische Baumwollstoffe kleidet, zivilisiert genannt werden, wenn er auch einen »zivilisierteren« Eindruck macht als ein Volksstamm, der mit Pfeil und Bogen bewaffnet ist und sich in selbstgefertigte Rindenstoffe kleidet. Mit der *Kultur* ist daher nicht schlechthin die *Kulturtünche* zu verwechseln. Im Westen von Afrika z. B. nimmt die Kultur von der Küste zum Innern zu, dagegen die Kulturtünche, d. h. die Anklänge an die europäischen Äußerlichkeiten, ab.

Was man bei dem Einzelnen *innerhalb* einer Volksgemeinschaft *Bildung* nennt, d. h. ein gewisses Maß von Können und Wissen, das nennt man bei einer Volksgesamtheit Kultur. Dass man an eine Gesamtheit einen anderen Maßstab anlegt als an einzelne Individuen, ist selbstverständlich. Bei der Bemessung der Kulturhöhe eines Volkes pflegt einerseits die *Menge* der *Individuen*, welche Bildung besitzen, und das *Maß* der *Bildung*, welches die Menge besitzt, andererseits aber auch die *Menge* der

Bildung, welche den *geistigen Spitzen* des Volkes eigen ist, und der hohe Grad der geistigen Leistungen derselben in Betracht gezogen zu werden; in erster Reihe die letztere. Eine Anzahl berühmter Gelehrter vermag einem Staat mehr den Kulturnimbus zu verleihen als ein höherer Prozentsatz der Schreib- und Lesekundigen. Das russische Volk z. B. gilt für »zivilisierter« als das türkische, obwohl letzteres wahrscheinlich einen geringeren Prozentsatz von Analphabeten zählt. Vergleicht man die Kultur mit einer Pyramide, so richtet sich der Blick zuerst auf die Höhe der Spitze, hernach auf die Breite der Basis.

Es ist nicht ausgeschlossen, dass ein Volk, dessen große Masse in völliger Unwissenheit dahinlebt, dennoch einen hohen Kulturgrad besitzt. Denn eine der wichtigsten Bedingungen für die Kultur ist gerade die *Arbeitsteilung*; wenn ein kleiner Teil des Volkes im Wesentlichen nur mit dem Gehirn, der größere im Wesentlichen nur mit den Händen arbeitet und arbeiten kann und sich die körperlich arbeitende große Masse der Führung der geistig arbeitenden Minderzahl anvertraut, so ist kein Grund vorhanden, weshalb dieses Volk nicht im Stande sein soll, vorzügliche Leistungen hervorzubringen.

Ja, bei der Gestaltung der Kultur, die es noch nicht zu einer Weltkultur gebracht hat, ist es geradezu notwendig, dass ein Teil, und zwar der größere Teil des Volkes verhältnismäßig ungebildet ist. Was wären die großen europäischen Kulturstaaten, wenn die Millionen Bauern und Arbeiter sich der Wissenschaft widmen würden? Von einer gewissen Grenze an ist also die Bildung, oder wie man sagen könnte, die »Individualkultur« mit der »Kultur«, d. i. die »Nationalkultur«, unverträglich; wie wichtig es ist, diese Grenze richtig zu bestimmen und die Einhaltung derselben zu sichern, scheint von den Regierungen allmählich mehr begriffen zu werden. Ein »gebildetes Proletariat« ist unter Umständen gefährlicher als eine ungebildete Aristokratie.

Mit dem steigenden Verkehr bildet sich eine Arbeitsteilung aus, die über den Rahmen des Volkes hinausgeht. Die *internationale*

Arbeitsteilung, die mit dem internationalen Handel in engster Verbindung steht, gehört zum Wesen der *Weltkultur*.

Kultur ist Arbeit. Während die Nationalkultur ein in sich abgeschlossenes Ganzes bildet, ein Zustand, in dem ein Volk in seiner eigenen Mitte alle Kenntnisse und alle Leistungen findet, deren es zur Befriedigung seiner materiellen und ideellen Bedürfnisse nicht entbehren kann, arbeitet im Zustand der Weltkultur eine Anzahl Völker – wenn wir es uns ideal vorstellen, die ganze Menschheit – derart miteinander und füreinander, dass das Wissen und Können des einen Volkes (d. h. der betreffenden Teile des einen Volkes) die fehlenden Kenntnisse des anderen oder der anderen Völker ersetzen.

In der Wirklichkeit sind beide Zustände völlig ausgebildet nicht zu finden. Wenigstens ist der Zustand der reinen Nationalkultur nur bei sehr niedrig zivilisierten Völkern, deren Bedürfnisse sehr gering sind, möglich; bei höher zivilisierten schon deswegen nicht, weil diese selbst den Verkehr mit anderen Völkern – die Schranken der Natur oft kraftvoll überwindend – suchen. Sogar dem alten Volk der Ägypter war der internationale Handel nicht fremd.

Ebenso wenig ist die Weltkultur derart völlig ausgebildet, dass sich *ein* System der Arbeitsteilung über die ganze Erde oder auch nur über einen Teil derselben erstreckte, dass die einen Völker für einen beträchtlichen Teil ihrer Bedürfnisse ausschließlich auf die Leistungen anderer Völker angewiesen wären. Nur Ansätze und Anläufe zu letzterem Zustand, mit welchem eine eigentliche sich selbst genügende Nationalkultur nicht mehr vereinbar ist, sind vorhanden. Die natürliche Entwicklung, die der Arbeitsteilung überhaupt günstig gesinnt ist, fördert auch die – als Arbeitsteilung im allergrößten Maßstabe zu charakterisierende – Weltkultur. Man denke an das Verhältnis zwischen England und orientalischen oder Tropenländern. Ersteres liefert Fabrikate, letztere – durch die Natur begünstigt – Rohprodukte.

Wie bei der Nationalkultur dem ungebildeteren Individuum, so ist bei der Weltkultur dem unzivilisierteren Volk ein bescheidener Platz eingeräumt – im Wesentlichen der der körperlichen Arbeit.

Wie innerhalb eines Volkes durch die Arbeitsteilung die Fähigkeiten des Einzelnen beschränkt werden, so wird durch die Weltkultur oder den internationalen Handel die Nationalkultur der niedriger zivilisierten Völker gehemmt und eingedämmt und zwar umso mehr, je größer der Abstand der Kulturstufe ist.

Ein europäischer Fabrikarbeiter auf einer unbewohnten Insel ist im Vergleich mit einem »unzivilisierten« Menschen ein hilfloses Geschöpf. Mit der Kulturentwicklung eines afrikanischen Volkes ist es vorbei, sobald es Beziehungen mit Europäern anknüpft.

Der viel gebrauchte Satz, »der Handel ist ein kulturförderndes Element«, »der Handel bringt Kultur nach Afrika« ist in dieser Form eine grobe Unwahrheit. Der Handel lehrt den Neger, neue Bedürfnisse zu kennen, und gibt ihm die Mittel, seine Bedürfnisse besser zu befriedigen. Aber das ist, wie wir eben gesehen haben, nicht Kultur.

Tatsächlich hat der Handel, wenn der Abstand in der Kulturstufe sehr groß ist, für die »unzivilisierten« Völker regelmäßig die Zerstörung oder doch den Rückgang ihrer Kultur zur Folge. Kultur ist Arbeit. Die Arbeit der einheimischen Handwerker und Künstler vermag den Kampf mit den ungleich billigeren, oft auch besseren Erzeugnissen, die der Handel herbeibringt, nicht zu bestehen. Die Handwerke und Künste, aber auch die Ansätze der Wissenschaft verfallen und gehen zu Grunde und die geringen neu erlernten Fertigkeiten bieten einen sehr fragwürdigen Ersatz.

Der oben erwähnte Satz »der Handel ist ein kulturförderndes Element« hat dagegen eine Berechtigung, wenn man unter Kultur entweder die Weltkultur oder die Nationalkultur der *höher* zivilisierten Volksgesamtheit versteht. In diesem Sinne jedoch wird der Satz wohl kaum gebraucht, und es ist ein charakteristisches Zeichen für die tiefe Unaufrichtigkeit der europäischen öffentlichen Meinung, dass eine Entwicklung, bei der die Eingeborenen viele nützliche Kenntnisse verlernen, wenige neue erlernen, als »Kulturfortschritt« bezeichnet wird.

Die Weltkultur verhält sich zur Nationalkultur also ähnlich wie die Nationalkultur zur Individualkultur (Bildung des Einzelnen). Bis zu einem gewissen Grad sind sie miteinander unvereinbar.

Deshalb wird die Entwicklung der Nationalkultur zum Bestandteil einer Weltkultur vielfach durch Verkehrsbeschränkungen zu hindern gesucht.

Den in der Neuzeit so wichtigen Kampf zwischen *Freihandel* und *Schutzzoll* könnte man wohl als Kampf der Neigungen und Interessen zwischen Nationalkultur und Weltkultur bezeichnen.

Der Freihandel kann sich auf die Gesetze der natürlichen Entwicklung, die man nicht ohne guten Grund und nicht in plumper Weise stören darf, berufen; der Schutzzoll dagegen hat mehr Verständnis für die ungeheure Bedeutung, welche der Arbeit als solcher – ohne Beziehung zum Genuss – zuzuerkennen ist, und berücksichtigt mehr die Vorteile, die eine Arbeitsteilung innerhalb des Volkes, bei der alle oder wenigstens möglichst zahlreiche Arbeitsarten innerhalb eines Volkes vertreten sind, für das Volkswohl hat.

Zur *Natur* steht die *Kultur* im scharfen Gegensatz, wobei freilich nicht zu übersehen ist, dass der Natur des Menschen der Fortschritt in der Kultur entspricht.

Wenn eine sehr hohe Kultur die »Rückkehr zur Natur« als Ideal preist, so ist wohl zu beachten, dass diese Rückkehr zur Natur eben nicht – Natur, sondern Kultur ist.

II. Begriff der Humanität

Neben der *Kultur* ist es die *Humanität*, die im Leben der europäischen Völker eine gewaltige Rolle spielt, auf welche denn auch Europa außerordentlich stolz ist.

Während Asien und die übrigen Erdteile von Haus aus »inhuman«, »barbarisch« oder gar »bestialisch« sind und es ohne Europas Hilfe stets bleiben werden, ist Europa *human*. Nicht von jeher. In früheren Jahrhunderten war auch Europa inhuman. Erst in neuerer Zeit, ob seit der Französischen Revolution oder seit einem früheren Zeitpunkt, weiß ich nicht genau, hat Europa einzusehen begonnen, dass es gut ist, human zu sein, und ist deshalb human geworden.

Humanität ist nach der Lehre der Europäer mit der *Kultur* eng verbunden. Eine Kultur – will sagen: eine *echte, wirkliche* Kultur (denn auch die alten Griechen hatten ja eine Art Kultur) – ist ohne Humanität nicht möglich. Freilich entschuldigt man auch wiederum, worauf wir an einem anderen Ort noch zurückkommen werden, sonderbarerweise Verfehlungen gegen die Humanität, wenigstens soweit »wilde« Völker in Betracht kommen, mit dem Interesse der Kultur, indem man hier wohl den vielverlästerten Satz gelten lassen will: Der Zweck heiligt die Mittel.

Was versteht man unter Humanität?

In seiner früheren Bedeutung (ungefähr: Alles das, was den Menschen zum Menschen macht, was ihn namentlich vor dem Tier auszeichnet), in der das Wort z. B. von Herder gebraucht wurde, pflegt dasselbe wohl in keiner Sprache der jetzigen Kulturvölker mehr angewendet zu werden.

Die moderne Bedeutung, die der Ausdruck (und ebenso das deutsche »Menschlichkeit«), namentlich auch in den vielgebrauchten Wortverbindungen »Kultur und Humanität«, »Humanität und Kultur«, »Zivilisation und Humanität«, »Gesittung und Menschlichkeit« usw. hat, ist viel eingeschränkter.

Im heutigen Sprachgebrauch bezeichnet Humanität die Sittlichkeit im Verhältnis zu den Mitmenschen, soweit deren wichtige Lebensinteressen in Frage kommen; wir können noch, da auch der *Tierschutz* zu den Pflichten der Humanität gezählt wird, hinzufügen: und im beschränkteren Maß auch gegen die – nicht ganz niedrig organisierten – Tiere.

Die Sittlichkeit gegen die Mitmenschen pflegt man gewöhnlich in der Vorschrift auszudrücken: »Was du willst, dass man dir nicht tun soll, tue auch anderen nicht«[3], wobei man sich die Einschränkung hinzudenken muss: sofern kein zwingender oder wenigstens genügender Grund vorliegt.

Die Humanität ist ein Teil und zwar der wichtigste Teil der Sittlichkeit gegen die Mitmenschen (und die Tiere); sie bezweckt die Schonung *wichtiger Lebensinteressen*.

Ein Mord oder eine schwere Körperverletzung wird als Verbrechen gegen die Humanität aufgefasst, eine geringfügige Beleidigung oder ein kleiner Diebstahl gegen einen reichen Mann gilt dagegen nach dem modernen Sprachgebrauch nicht als Verletzung der Humanität.[4]

---

3 Auf die positive Seite der Humanität gehen wir nicht näher ein, da – abgesehen davon, ob der Ausdruck Humanität, wie er gewöhnlich wenigstens bis in die neueste Zeit gebraucht zu werden pflegt, eine weitere Bedeutung hat als die Pflicht, die wichtigen Lebensinteressen der Mitmenschen nicht zu verletzen – die Sittlichkeitsbegriffe in dieser Richtung viel weniger scharf und bestimmt entwickelt sind, und gerade die modernen Kulturvölker, denen unsere Abhandlung vorzugsweise gilt, auf die positive Seite der Humanität weniger Gewicht zu legen pflegen. Die humanitären *Gefühle* in dieser Beziehung sind im Allgemeinen wohl nicht feiner entwickelt als bei manchen älteren oder modernen orientalischen Völkern; teilweise sogar im Gegenteil: Auf die Pflicht der Mildtätigkeit und des Almosengebens schauen z. B. die modernen Kulturvölker wohl kaum anders als mit vornehmer Geringschätzung herab, wenn auch nicht geleugnet werden soll, dass die *Technik* der Armen- und Krankenpflege bei den modernen Kulturvölkern außerordentlich hoch entwickelt ist.
4 Wohl aber würde es als Verletzung der Humanität gelten, wenn etwa der Grundsatz aufgestellt würde, dass der Diebstahl oder leichte Körperverletzungen einer gewissen Gruppe von Menschen gegenüber – sagen wir

Aus unserer Begriffsbestimmung geht sofort hervor, dass es eine einheitliche Humanität nicht geben kann. Was »wichtige Lebensinteressen« sind, darüber gehen die Anschauungen verschiedener Zeiten und Völker weit auseinander, noch mehr aber über die *zwingenden Gründe,* die die Überschreitung des erwähnten Gebotes zu rechtfertigen vermögen.

Der gegenwärtigen Abhandlung werden wir naturgemäß nur die Anschauungen der neuesten Zeit zu Grunde legen.

Die wesentlichsten Gebote der Humanität, welche man gleichsam als »die Grundrechte der Menschheit« bezeichnen könnte, sind nach den modernen Anschauungen – hoffentlich sind dieselben beim Erscheinen dieses Buches im Wesentlichen noch unverändert – ungefähr folgende:

1) Das *Leben* des Menschen ist heilig und unverletzlich.

2) Die *Ehre* des Menschen ist unverletzlich; teilweise im Zusammenhange damit:

3) Die Erregung *körperlichen Schmerzes*[5] (und anderer unangenehmer Gefühle, wie Hunger, Kälte etc.) ist dem Mitmenschen gegenüber unbedingt verboten; desgleichen die körperliche Verstümmelung, die Erregung von Krankheiten etc. Auch die Tiere sollen nicht ohne hinreichenden Grund körperlich gequält werden.

4) Die *Freiheit* des Menschen ist unantastbar. *Leibeigenschaft* und *Sklaverei* dürfen daher unter keinen Umständen geduldet werden.

5) Der *Glaube* (die religiöse Überzeugung) des Menschen ist frei.

6) Das *Eigentum* des Menschen ist unverletzlich.

Das Gebiet der genügenden oder zwingenden Gründe, die eine Verletzung des Grundsatzes: »Was Du nicht willst etc.«

---

z. B. Juden – gestattet sei, weil eben die Existenzgrundlagen dieser Gruppe dadurch stark gefährdet würden.

5 Ausgenommen etwa als Züchtigungsmittel gegen Kinder (weil diese noch keine volle Ehre haben) und bis in die neuere Zeit auch wohl gegen Ehefrauen und Dienstboten.

rechtfertigen, ist ziemlich genau abgegrenzt, ebenso die Punkte, *bis zu welchen* diese Verletzung stattfinden darf.

Diese Gründe beruhen der Hauptsache nach auf dem Grundsatz, dass das öffentliche Wohl oder das Wohl der Gesamtheit dem Wohl des Einzelnen und namentlich dem Wohl des Tieres, das Wohl des eigenen Volkes aber jenem eines anderen Volkes, vorzugehen habe.[6]

Die wichtigsten hier in Betracht kommenden Gründe sind die folgenden:[7]

a) Gewisse *Missetaten*, die gewöhnlich vom Gesetz genau bezeichnet werden, werden im Interesse des durch dieselben gefährdeten Gemeinwohles mit *Strafen*, welche ebenfalls durch das Gesetz bezeichnet zu werden pflegen, in der Richtung *gegen den Missetäter* geahndet.

Die Strafe trifft nur den Missetäter, nicht etwa auch dessen Familienangehörige, Freunde oder Stammesgenossen. Als Strafe ist auch die Todesstrafe[8] in beschränktem Maße zulässig, dagegen die *Erregung körperlichen Schmerzes* unbedingt unstatthaft.

Die Art und Weise, wie gegen einen Missetäter vorgegangen werden darf, ist bis ins Kleinste geregelt. Den größten Nachdruck legt die moderne Humanität mit Recht auf ein wohlgeordnetes Strafprozessverfahren.

Als Hauptgrundsätze der strafprozessualen Humanität können folgende gelten:

---

6 Von verschiedenen anderen Fällen, in denen die Not den Einzelnen zur Verletzung wichtiger Lebensinteressen anderer berechtigt (Notstand etc.) können wir hier absehen.

7 Auf die minder wichtigen, übrigens nicht zahlreichen Gründe können wir hier nicht näher eingehen. Hierher würde z. B. die Expropriation gehören, welche gegen den Grundsatz der Unverletzlichkeit des Eigentums verstößt. Da indessen in solchen Fällen stets eine Geldentschädigung zu gewähren ist, so kommt nach europäischen Begriffen ein wichtiges Lebensinteresse hier wohl überhaupt nicht in Frage.

8 Die Beseitigung der Todesstrafe ist von der Humanitätsmode wohl für lange Zeit aufgegeben.

α) Die Strafen werden verhängt von Organen der öffentlichen Gewalt (Richtern). Als solche können nur *unparteiische* und unbefangene Männer fungieren.

β) Dem Angeklagten muss, soweit tunlich, die Möglichkeit gelassen werden, sich in tatsächlicher und rechtlicher Beziehung gegen die Anklage zu verteidigen und auch durch kundige Personen seine Sache mit Wort und Schrift vertreten zu lassen.

γ) Die Missetaten müssen durch vollgültige Beweise festgestellt werden. Die *Folter* zur Erzwingung eines Geständnisses ist, wie die Erregung körperlichen Schmerzes zu jedem sonstigen Zweck, unbedingt verboten. Auf den bloßen Verdacht hin, etwa unter Anstellung einer Wahrscheinlichkeitsberechnung, eine Strafe zu verhängen (»Verdachtstrafen«) ist unzulässig; ist daher die Schuld zweifelhaft, so muss der Angeschuldigte entweder als zweifellos schuldig bestraft oder als zweifellos unschuldig straflos belassen werden, je nachdem der Richter seine Überzeugung ausspricht.

δ) Die Strafen werden in *maßvoller Weise*, worüber die eingehendsten Vorschriften bestehen (angeblich schmerzlose Methode der Todesstrafe, Gefängnishygiene etc.), und nur von *Organen der Staatsgewalt* vollstreckt.

Nach diesen Grundsätzen ist also z. B. die Blutrache höchst inhuman; dass sie dennoch in manchen europäischen Ländern noch gebräuchlich ist, kann nur dadurch erklärt werden, dass die betreffenden Völker (Korsen etc.) die Theorien der modernen Humanität noch nicht genügend studiert haben.

Auch die sogenannte *Lynchjustiz* wird man hiernach als unbedingt inhuman verurteilen müssen.

b) Im Fall des *Krieges* müssen die Humanitätsgrundsätze ebenfalls suspendiert werden, wohl auch im Falle des *Bürgerkrieges*, welch letzterer freilich von der Humanität nicht als berechtigt anerkannt wird. Das Maß der Verletzung wichtiger Rechte und Interessen kann hier zwar nicht genau abgegrenzt werden, namentlich kann die Erhaltung des Lebens, auch die

Verhütung körperlichen Schmerzes niemandem verbürgt werden; dennoch haben die europäischen Mächte in anerkennenswerter Weise durch internationale Abmachungen (Genfer Konvention etc.) den Grundsatz aufgestellt und so weit als möglich zu verwirklichen gesucht, dass die Gräuel des Krieges auf das zur Erreichung des Zweckes unbedingt notwendige Maß beschränkt werden sollen.

Vielfach wird in neuerer Zeit das Bestreben laut, auch den Krieg aus der Humanitätsmode zu entfernen.

Welche Aussichten die Idee des »ewigen Friedens« auf Verwirklichung hat, soll an anderer Stelle angedeutet werden.

c) Die Tierquälerei ist im Interesse der Menschen im weitesten Umfange gestattet; das Interesse kann in der Förderung der Wissenschaft (Vivisektion) oder im Vergnügen (z. B. Treibjagden) bestehen; je nach der Wertschätzung des Interesses bestimmen sich in diesem Falle die Gebote der Humanität; in Deutschland z. B. gelten *Stierkämpfe* als inhuman, in Spanien, wo das Volk derselben nicht entbehren zu können glaubt, würde das Verbot der Stierkämpfe als inhuman gelten.

In sonstigen Fällen wird die Verletzung des Einzelnen, selbst im Interesse der Gesamtheit, wohl nicht für zulässig erachtet.

So wäre es z. B. unstatthaft und inhuman, an einem Menschen tödliche oder schädliche medizinische Experimente vorzunehmen, auch wenn dieselben geeignet sind, vielen Tausenden anderer Menschen das Leben zu erhalten oder zu verlängern.

Wie weit diese Regel gilt, lässt sich wohl nicht sicher bestimmen, da in Folge der Seltenheit der Fälle sich wohl nicht bestimmte Grundsätze bilden können.

Gesetzt z. B.: Durch die Vernichtung eines kostbaren, völlig *unersetzlichen* Kunstwerkes ließe sich das – andernfalls unrettbar verlorene – Leben eines Menschen retten, der Besitzer dieses Schatzes verweigerte aber seine Zustimmung zur Vernichtung: Wäre letztere erlaubt?

Man setze den Fall, dass das Leben dieses Menschen ein ziemlich wertloses, dass der Mensch schlecht, alt, blödsinnig sei. Auf der anderen Seite setze man den Fall, dass es die Rettung von tausend oder noch mehr kostbaren Menschenleben gilt.

In diesen Fällen wird die Entscheidung der öffentlichen Meinung ziemlich sicher und einstimmig sein.

Wo aber die Grenze zu ziehen ist, darüber werden die Meinungen weit auseinandergehen; ein mitleidloser Künstler wird hier anders entscheiden als ein weichherziger Moralist.

Die vorerwähnten Grundsätze der modernen Humanität sind noch durch folgende zu ergänzen:

1) Alle Menschen haben vor dem Forum der Humanität gleiche Rechte und Pflichten. Namentlich darf der Unterschied der Rasse, Klasse, Religion oder Nationalität keinen Unterschied in dem sittlichen Verhalten gegen einen Menschen begründen.

2) Besondere Rücksicht gebührt den Frauen und Kindern (auch den Greisen), deren Tötung im Kriege als die größte Grausamkeit verabscheut wird.

3) Was wichtige Lebensinteressen sind, darüber herrscht naturgemäß in den meisten Fällen Übereinstimmung zwischen den Menschen; wo diese Übereinstimmung fehlt, da entscheidet in erster Linie nicht das berechtigte Individuum oder Volk, sondern – die jeweils herrschende Theorie der europäischen Völker.

So ist die *Religion*, die im Allgemeinen als eines der höchsten Güter der Menschen gilt, nur insoweit heilig und unverletzlich, als der Europäer ein Verständnis für deren Inhalt hat und ihr nicht vollständig fremd gegenübersteht. Daher sind außer der christlichen wohl bis zu einem gewissen Grad noch andere höhere Religionen, z.B. die jüdische oder der Islam, von der modernen Humanität respektiert.

Die Religionen der »Naturvölker« können dagegen niemals als berechtigte Einrichtungen berücksichtigt werden. Einem

Negerstamm seine Tempel zerstören, seine Fetische wegnehmen, verstößt nicht im Mindesten gegen die Humanität, mag auch der Negerstamm darin eine Verletzung teurer Empfindungen erblicken.

Umgekehrt dagegen ist die Sklaverei stets unbedingt inhuman. Ob die Sklaven gut oder schlecht behandelt werden, ist ziemlich gleichgültig. Mögen die Sklaven mit ihrer Lage auch zufrieden sein, mögen sie vor dem Gedanken zittern, durch die Veränderung ihres Verhältnisses in Not und Elend zu geraten, so ist dies von geringem Belang. Die Humanität (wir haben hier fortwährend die Theorie im Auge) sagt: Ihr *müsst* frei werden, ob Ihr nun die Wohltat zu schätzen wisst oder nicht; wenn auch die Grundlagen Eurer Existenz dadurch erschüttert werden sollten, Ihr *müsst* die Wohltat annehmen und mir, der Humanität, dafür dankbar sein.

Die Anschauungen der antiken Welt, neuerer asiatischer und anderer Völker über das, was wir Humanität nennen, sind von den Anschauungen der modernen Kulturmenschheit sehr verschieden.

Aber es ist verkehrt, die eine oder andere Sitte oder Anschauung derselben schlechthin als unmenschlich zu bezeichnen. Die *Menschenopfer*, die bekanntlich bei vielen sehr hoch kultivierten Völkern üblich waren, gründeten sich auf die Anschauung, dass das Interesse der Gesamtheit derartige Opfer für die Götter erfordere; die qualvollen Todesstrafen und fürchterlichen Kerker schienen nicht minder – im Interesse der Gesamtheit – zur Abschreckung der Missetäter unerlässlich als unsere modernen angeblich schmerzlosen Hinrichtungsarten oder milden Gefängniseinrichtungen, basierten also – nach den jeweiligen Anschauungen – ebenfalls auf einer zwingenden Notwendigkeit.

Wenn der Europäer nun seine Humanität schlechthin als »Humanität« überhaupt bezeichnet, ebenso wie er seine Kultur als »Kultur« überhaupt betrachtet, so führt dies mitunter zu recht sonderbaren Folgen. Da z. B. das Alte Testament Erzählungen und Vorschriften enthält, die mit den modernen Humanitätstheorien zweifellos in Widerspruch stehen, das Alte Testament aber nach jüdischer und christlicher Lehre göttlichen Ursprungs ist, so glaubt man, gleichsam die Gottheit selbst gegen den Vorwurf der Inhumanität schützen zu müssen, sei es durch mutige Interpretation der für anstößig geltenden Stellen, teils – in vernünftigerer Weise – durch den Hinweis darauf, dass die Welt damals noch nicht so human war wie jetzt.

Immerhin ist diese europäische Anschauung wohl verzeihlich und erklärt sich hauptsächlich daraus,

1) dass die Gründe, welche eine Verletzung wichtiger Lebensinteressen rechtfertigen, bedeutend eingeschränkt sind im Vergleich zu anderen Völkern,[9] namentlich den Naturvölkern oder den alten Kulturvölkern,

2) dass die Verletzung wichtiger Lebensinteressen da, wo sie unerlässlich erscheint, in viel milderer und maßvollerer Weise zu erfolgen hat, als es bei anderen Völkern der Fall war oder ist.

In dieser Beziehung fallen zwei Momente ganz besonders auf: die große Wertschätzung des Lebens oder, mit anderen Worten, die große Furcht vor dem plötzlichen Tod; ferner die große Scheu vor körperlichen Schmerzen, namentlich vor einem schmerzhaften Tod.

Europa ist auf diese Gefühle außerordentlich stolz und betrachtet sie als zweifellose höhere moralische Empfindung, als »Fortschritt« der Humanität. Ob man darin nicht auch einen Ausfluss der allgemeinen Nervenschwäche und Degeneration der modernen Kulturvölker erblicken könnte?

3) dass, was in so weitgehendem Maß noch in keiner früheren Zeit und bei keinem Volk proklamiert wurde, aller Wohltaten

---

9 Auszunehmen ist hierbei wohl der Tierschutz, der bei muselmanischen Völkern weit höher entwickelt ist als bei den modernen europäischen Völkern.

der Humanität die gesamte Menschheit ohne Unterschied der Rasse, Religion, Nationalität und Klasse teilhaftig ist.

Zugegeben muss freilich werden, dass diese letztere Theorie keineswegs ganz feststehend ist, sondern dem Bedürfnis gemäß auch wechselt. So z.B. ist zwar nach der regelmäßigen Humanitätstheorie der Neger aller Grundrechte des Menschen teilhaftig; er dürfte also nicht auf einen bloßen Argwohn hin hingerichtet, auch nicht geprügelt werden etc. Geschieht dies aber dennoch und *lässt es sich auf keine Weise ableugnen*, so formt man wohl auch die Humanitätstheorie etwas um, indem man sagt: In Afrika herrschen eben andere Verhältnisse, dort kommt man mit europäischen Humanitätsbegriffen nicht durch etc. Natürlich wird diese Theorieabänderung nur in dem Staat, in dessen Kolonie ein Humanitätsvergehen nachgewiesen wird, vorgenommen. Im übrigen Europa dagegen pflegt man in diesem Falle die Humanitätszügel nur umso straffer anzuziehen, um dem lieben Mitarbeiter am Humanitätswerk einen Hieb versetzen zu können.

III. Verhältnis der Kultur zur Humanität –
Die Humanität der Europäer im Verkehr
mit der übrigen Menschheit

Nach der allgemein herrschenden Anschauung sind, wie wir in den vorhergehenden Abschnitten erörtert haben, Kultur und Humanität eng verbundene Begriffe. Die Humanität im modernen Sinne steht nach dieser Anschauung zur Kultur im Verhältnis eines Teils zum Ganzen, welches ohne diesen Teil etwas Unvollständiges, ja Unmögliches sein würde.

Ist nun diese Anschauung begründet?

Nach der Definition, die wir von der Humanität gegeben haben, ist es sofort klar, dass mit dieser Frage die alte Streitfrage in ihrem wichtigsten Teil zusammenfällt: Ist die Kultur unter allen Umständen geeignet, die Sittlichkeit zu fördern?

Zweifelhafter würde vielleicht manchem die Frage werden, wenn man sie statt auf Völker, auf Individuen richten würde: Ist der Gebildete humaner oder sittlicher als der Ungebildete?

Bildung *kann* die Sittlichkeit heben; sie *kann* aber auch, die Unsittlichkeit verhüllend und verfeinernd, beschönigend und rechtfertigend, in jeder Weise raffinierter gestaltend, namentlich aber neue Arten der Unsittlichkeit lehrend, die Todfeindin der Sittlichkeit sein; es gibt Tugenden, welche wenigstens der Regel nach von der Bildung oder Kultur erzeugt, aber auch solche, welche von derselben erstickt und zerstört werden.

Von welchen Umständen es abhängt, ob die Bildung des Verstandes auf die Sittlichkeit einen überwiegend wohltätigen oder einen entgegengesetzten Einfluss ausübt, darauf können wir hier nicht näher eingehen.

Es wäre eine widersinnige Annahme, dass die *Natur* unsittlich sei und nur die Entfernung von der Natur zur Sittlichkeit führe.

Die Natur ist weder sittlich noch unsittlich; das *Tier* ist weder gut noch schlecht; das Kind wird in dem Maß gut oder schlecht, je mehr es aus dem Naturzustand heraustritt.

Selbst eine oberflächliche historisch-ethnographische Probe hinsichtlich der sogenannten Humanität führt uns zum gleichen Ergebnis. Die Ansichten über Menschentum und Menschenrechte in den alten Kulturstaaten, die gerade die größte Bewunderung der christlich-europäischen Welt erregen, schlagen allen modernen Humanitätstheorien ins Gesicht.

Die strafprozessualen Qualen für den Angeschuldigten in hoch entwickelten Kulturstaaten, die Menschenopfer im vorderen Asien oder bei den Etruskern, die Tierkämpfe und die Sklavenverfütterung an Fische im alten Rom: Würde sie nicht der gebildete Europäer, könnte er sich der historischen Kenntnisse einen Augenblick entledigen, mit Entsetzen als das untrügliche Merkmal der allerrohesten Unkultur (Barbarei) deuten?

Wie ist es nur möglich, dass der Europäer des 19. Jahrhunderts die Frage der Zusammengehörigkeit der Kultur und Humanität mit einer solchen Sicherheit und Leichtigkeit bejaht, und dieses nicht etwa als Ergebnis scharfsinniger, langwieriger Untersuchungen, sondern als ob es etwas Zweifelloses und Selbstverständliches wäre?

Die entgegengesetzte, in ihrer Art ebenso einseitige Anschauung, die in dem berühmten »Wir Wilde sind doch bessere Menschen«[10] gipfelt, ist für den heutigen Europäer ein überwundener Standpunkt.

Eine scheinbare Bestätigung erfährt die Anschauung von der Zusammengehörigkeit der Kultur und Humanität durch die geistige Entwicklung der europäischen christlichen Völker.

Innerhalb des europäischen Völkerkreises ist, wie wir bereits in den vorhergehenden Abschnitten erörtert haben, nicht nur die Kultur weit höher entwickelt, sondern es sind auch die Humanitätstheorien im Allgemeinen, etwa mit Ausnahme der Pflichten

------

10 Hrsg.: Zitat aus Johann Gottfried Seumes 1793 veröffentlichtem Gedicht »Der Wilde«: »Seht, ihr fremden klugen weißen Leute, / Seht, wir Wilden sind doch bess're Menschen!«

gegen die Tierwelt, stärker und strenger ausgebildet als innerhalb der übrigen Menschheit.

Aber hierbei dürfen wir nicht stehen bleiben, wenn wir das Verhältnis der Kultur zur Humanität mit Bezug auf den europäisch-christlichen Völkerkreis untersuchen wollen, sondern wir müssen prüfen, inwieweit die humanitären Anschauungen mit den humanitären *Taten* übereinstimmen. Dies ist namentlich notwendig mit Bezug auf die humanitären Grundsätze, die dem Europäer am teuersten und bewundernswertesten erscheinen.

Eine richtige Würdigung der erhabenen Lehren von der Heiligkeit der Menschenrechte, der Gleichheit und Brüderlichkeit der ganzen Menschheit, der Negation aller Rechtsungleichheit, ist nicht möglich, wenn wir nicht prüfen, wie diese Humanitätsgrundsätze vom europäisch-christlichen Völkerkreise der übrigen Menschheit gegenüber durch die Tat verwirklicht werden. Was den Begriff »europäisch-christlicher Völkerkreis« betrifft, so ist hier als bekannt vorauszusetzen, dass diese Zusammengehörigkeit durch das zweifache Band der Rasse (kaukasische Rasse) und der Religion (Christentum) gebildet wird, – vielleicht müssen wir noch als drittes Band die indogermanische (arische) Sprachfamilie erwähnen –; dass auch einige Enklaven in diesem Völkergebiete ganz oder teilweise zur christlich-europäischen Menschheit oder »Kulturmenschheit« gerechnet werden (z.B. Juden), von welchen wir übrigens an anderen Orten zu sprechen haben werden, kommt hier nicht weiter in Betracht.

An Stoff für unsere Betrachtungen in dieser Beziehung fehlt es natürlich nicht; im Gegenteil würde die Arbeitskraft von 100 Forschern für die Menge des Stoffes nicht ausreichen. Denn der Verkehr und die Beziehungen der Europäer mit der übrigen Menschheit sind reger und umfassender, als sie je andere Rassen miteinander gepflogen haben.

Das Jahr 1492, in welchem die großartige, früher nie geahnte Erweiterung dieser Beziehungen angebahnt wurde, darf wohl als das verhängnisvollste, unglücklichste der ganzen Weltgeschichte bezeichnet werden.

Die eine Hälfte der Menschheit der Vernichtung preisgegeben, ohne dass die andere Hälfte der Menschheit dadurch glücklicher (im Gegenteil!) geworden wäre – das ist das Ergebnis der vielgepriesenen Entdeckung Amerikas, die zu dem Zweck erfolgte, der heidnischen Menschheit das Christentum zu bringen und das Gold zu nehmen; und es bietet eine schwache Genugtuung, dass der »edle Dulder«[11] zum Lohn für das Unheil, das er den arglosen, gastfreundlichen Inselbewohnern zufügte, wenigstens selbst im Elend verkommen musste.

Wäre die Entdeckung Amerikas zwei Jahrhunderte früher erfolgt, da die Kräfte der entdeckenden und der entdeckten Rasse noch weniger ungleich waren, so wären die Folgen für die letztere wohl nicht so furchtbar gewesen. So aber bedeutete die Ankunft der Fremden für die Eingeborenen in den meisten Fällen den Untergang.

Die Vorgänge, die der Entdeckung der ersten Insel Guanahani[12] folgten, dürfen wohl in gewissem Sinne als typisch für die meisten Entdeckungen – auch in der neuesten Zeit – gelten.

Freundlicher Empfang der Fremden durch die gutmütigen, gastfreundlichen Eingeborenen, bald darauf Übergriffe, Gewalttaten, Grausamkeiten der Fremden, namentlich abscheuliche Misshandlungen gegen die Weiber, in Folge deren Streitigkeiten und Kämpfe, Unterdrückung oder Ausrottung der eingeborenen Bevölkerung.

33 Jahre nach der Entdeckung Guanahanis waren die letzten Eingeborenen der Bahamas verschwunden.

Schrecklich war die Blutarbeit der Spanier in den altamerikanischen Kulturstaaten. Mögen die Zahlen der getöteten Menschen

---

11 Hrsg.: Anspielung auf ein 1885 erschienenes Gedicht von Karl Gerok über den Tod von Kolumbus, in dem Kolumbus der »edle Dulder« ist.
12 Hrsg.: Hier betrat Kolumbus erstmals den Boden Amerikas. Die Insel gehört heute zum Inselstaat Bahamas.

noch so sehr übertrieben sein – nach Las Casas[13] hätten die
Spanier allein in Peru 40 Millionen Menschen umgebracht – so
ist jedenfalls nicht zu bezweifeln, dass durch Jahrzehnte und
Jahrhunderte hindurch ein grausiges Vernichtungswerk vollführt wurde, von dem selbst die lebhafteste Phantasie auch nur
ein annähernd zutreffendes Bild zu entwerfen nicht vermag.

Was die Spanier begonnen, haben andere europäische Völker
getreulich fortgesetzt. Die englischen Einwanderer und deren
Nachkommen (die »angelsächsische Rasse«) hat kein religiö-
ses oder sittliches Bedenken davon abgehalten, gegenüber den
Ureinwohnern Nordamerikas das Recht des Stärkeren in der
brutalsten, grausamsten Weise zu gebrauchen. In Nordamerika,
wenigstens in den Vereinigten Staaten, lassen sich die Beziehungen der Weißen zu den Eingeborenen bis in die Neuzeit in dem
einen Wort: *Todeskampf* zusammenfassen. Die indianische Rasse
liegt dort in den letzten Zügen.

Wie schmählich hat man im 19. Jahrhundert die ehemaligen Besitzer des Landes ihres Besitztums beraubt, von einem
Flecken nach dem anderen getrieben, jeden Widerstand, den die
Unglücklichen der Vergewaltigung ihrer Rechte entgegensetzten,
durch die entsetzlichsten Grausamkeiten bestraft.

Man wies ihnen nach der Vertreibung von einer Gegend
anderes Land an, unter den feierlichsten Versprechungen, sie

---

13 Hrsg.: Bartolomé de Las Casas (1484–1566), spanischer Dominikaner
und Schriftsteller, erster Bischof der Provinz Chiapas im heutigen Mexiko.
Als Augenzeuge der spanischen Conquista beschrieb er detailliert die
damit einhergegangenen Verbrechen und trat in seinen Schriften für die
Rechte der Indigenen ein. Bereits 1571 erschien außerhalb Spaniens sein
»Kurzgefasster Bericht von der Verwüstung der westindischen Länder«,
der – wie auch seine anderen Werke – noch heute gelesen wird. Im von
Alfred Bertholet begründeten »Wörterbuch der Religionen« heißt es über
ihn: »Fürsprecher der Indianer, zu deren Entlastung er seit 1517 die Einführung von Negersklaven nach Amerika durchsetzte und damit ungewollt
das Negerproblem heraufbeschwor.« (Alfred Kröner Verlag, Stuttgart 1962,
S. 108).

wenigstens dort für alle Zeiten im ruhigen Besitz zu lassen: Sobald das Land fruchtbar zu sein oder Mineralschätze zu bergen schien, waren die Zusicherungen vergessen, die heiligsten Versprechungen, die feierlichsten Verträge gebrochen.

Wie feierlich hatte man den Indianerstämmen, die man in das »Indianerterritorium« versetzte, versprochen, dass sie dort ein unantastbares, unverletzliches Heimatland besitzen sollten.

»Wenn irgendeine Verpflichtung der Regierung heiliger ist als andere, so ist es die, dass diesen Völkern dort eine ständige Heimat erhalten werden muss«.[14]

Heute rüstet man sich, das letzte Drittel dieses Landes – zwei Drittel sind bereits verschlungen – für die Einwanderung der Weißen in Besitz zu nehmen …

Als Ersatz für das geraubte Land pflegt den Indianern zweierlei gegeben oder wenigstens versprochen zu werden: Entweder anderes, entfernteres und für wertlos geltendes Land; ist dies Land tatsächlich schlecht und vermögen die Indianer dort nicht zu existieren, so gilt dies eben als Beweis, dass sie nicht existenzfähig und von der Natur zum Untergange bestimmt sind; stellt sich dagegen das neugegebene Land als fruchtbar dar, hat die Urbarmachung desselben Fortschritte gemacht, fangen die Indianer dortselbst an, zu gedeihen, und ist die Flut der weißen Einwanderung bis in die Nähe vorgedrungen, dann – beginnt dasselbe Spiel von neuem: Wegnahme der Ländereien, Gewährung oder wenigstens Zusage anderer Ländereien.

Oder – je nach Lage der Sache ist die folgende Entschädigung auch mit der erstgenannten verbunden – man gibt bzw. verspricht den Beraubten Geld und Geldeswert.

---

14 Ratzel: Politische Geographie der Vereinigten Staaten von Nordamerika, S. 231. [Hrsg.: Friedrich Ratzel (1844–1904): Die Vereinigten Staaten von Nord-Amerika, Bd. 2: Politische Geographie der Vereinigten Staaten von Amerika. Unter besonderer Berücksichtigung der natürlichen Bedingungen und wirtschaftlichen Verhältnisse, München 1893, Reprint 2019].

Die Organe, die zur Ausführung derartiger Verpflichtungen bestellt sind, sind die berüchtigten Indianer-Agenten, teilweise Schurken der schlimmsten Sorte, deren einziges Bestreben darauf gerichtet ist, möglichst bald reich zu werden und die deshalb die armen Indianer auf die unwürdigste und schmählichste Weise betrügen und übervorteilen. Man weiß dieses recht gut in Washington, ohne dass man wohl je ernstlich daran gedacht hätte, den Beschwerden der armen Opfer gegen die Betrüger gerecht zu werden; denn für einen Präsidenten der Vereinigten Staaten ist es natürlich von größerem Interesse, seine Kreaturen, die er mit fetten Posten versehen hat, reich werden zu sehen, als den Jammer der dem Untergang geweihten Völker zu mildern.

Die Folgen dieser fürchterlichen Misshandlungen sind nur allzu natürlich. Verheerende Krankheiten treten unter den vertriebenen, von einem Ort zum anderen gehetzten und dem Elend preisgegebenen Stämmen auf; massenweise verfallen sie der Trunksucht und anderen Ausschweifungen, die ihren Untergang beschleunigen. Und gerade darin findet der Amerikaner seinen Trost und eine Beruhigung seines Gewissens; denn die Amerikaner sind ein humanes, frommes, christliches Volk.

Man sagt: Diese Stämme werden nicht von uns zu Grunde gerichtet, sondern die Natur ist es, die ihnen den Untergang bereitet: Sie sterben *vor der Kultur* aus; wir sind unschuldig.

Setzen sich aber die Indianer gegen diese Vergewaltigung ihrer Rechte mit dem Mut der Verzweiflung zur Wehr, so muss ein solcher »Aufstand« natürlich unterdrückt werden, und bei dieser Unterdrückung geht es nie ohne die grausamsten Menschenschlächtereien ab, von denen auch die Weiber und Kinder der Indianer nicht verschont bleiben.

Neben dieser *offiziellen Ausrottungspolitik* gehen die *privaten* Verbrechen, für welche man das Volk und die Regierung der Yankees nicht ohne Weiteres oder doch nur in dem Sinn verantwortlich machen kann, dass die Rechtspflege diese Verbrechen begünstigt.

Ein Heer von Missetätern, der Abschaum der Bevölkerung Nordamerikas, aber auch – und das ist charakteristisch – wackere, angesehene Bürger, geachtete Ansiedler haben im Laufe des Jahrhunderts im »fernen Westen« Gräueltaten verübt, die jedenfalls nur zum geringsten Teile bekannt geworden sind, aber auch in dem geringen Teil das unauslöschliche Entsetzen und den Abscheu der gebildeten Welt und die unvergängliche Scham des neuenglischen Volkes erregen müssten, wenn die weiße Rasse der Gerechtigkeit gegen die übrige Menschheit fähig wäre. Fast wie wilde Tiere sind die ehemaligen Herren des Landes von ihren weißen Feinden unter der stillschweigenden Duldung oder offenen Unterstützung der amerikanischen Behörden ausgerottet worden.

Für typisch halte ich einen Vorfall, den der amerikanische Dichter Joaquin Miller in seinem Buch *Meine eigene Geschichte* aus den Beziehungen der Weißen zu den Indianern erzählt.

Ich glaube, die Schilderung, die in mehrfacher Beziehung außerordentlich lehrreich ist, nebst den angefügten Bemerkungen des Dichters hier ihrem Wortlaut nach wiedergeben zu dürfen.[15]

Noch schlimmer wurde die Lage durch eine Bande von Landstreichern der elendesten Art, die des Nachts um die Hütten der Indianer schwärmten, ihnen Schnaps gaben und sie um ihre Pelze, ihre Bogen und Pfeile betrogen. Vielleicht gaben die armen Teufel ihre Waffen hin, weil ja das Wild fort war und Bogen und Pfeile ihnen nichts mehr nutzen konnten. Wer weiß, ob sie dieselben nicht verkauften, um Brot für ihre verhungernden Kinder zu schaffen? Wie viele Geschichten von treuer Liebe, Selbstverleugnung und Opferwilligkeit, Geschichten gerade so rein, so treu und schön, wie sie der weiße Mann nur je erlebt, mögen hier mit

---

15 Und zwar nach einer Übersetzung, die in Nr. 127 der Kölnischen Zeitung vom 15. Februar 1891 erschien. [Joaquin Miller (1837–1913): My own story, Belford-Clarke, Chicago 1890].

dem Staub dieses traurigen, schweigsamen Volkes an dem Gestade des tobenden Flusses schlummern?

So standen die Dinge um die Mitte des Winters. Der Schnee war tief und hatte eine harte Kruste, die ganze Natur schien tot und erstarrt. Da gab es einen Mord. Die Indianer waren losgebrochen! Das oft prophezeite Blutbad hatte begonnen!

Ermordet von den Indianern! Die Neuigkeit lief wie ein Telegramm durch unser Lager. Die Nachricht war verwirrt und unzusammenhängend, aber sie gewann an Kraft und Gestalt, als sie von Zunge zu Zunge flog, bis sie eine entsetzliche Gestalt angenommen hatte. Ein Mann war von den Indianern erschlagen worden. An dem Kerl war zwar nichts. Und er war im Indianerlager erschlagen worden, zu einer Zeit, wo er daheim im Bette hätte sein sollen oder wenigstens in Gesellschaft von seinesgleichen. So dachten die Goldgräber und zögerten ein wenig, nachdem sie sich hastig versammelt hatten mit ihren langen Kentucky-Büchsen[16], ihren Pistolen mit den aufgesetzten Zündhütchen, mit ihren Bowie-Messern[17] in den Gürteln.

Schon sollte der Sturm, der die Indianer von der Erde wegfegen sollte, sich entfesseln, da fragten sich die ehrlichen Goldgräber: ob der Tod des Elenden Grund genug sei, die Rothäute zu überfallen. In kleinen Gruppen standen sie da, an ihren Büchsen lehnend, und sannen hin und her. Und zu ihrem ewigen Ruhme fanden sie, dass der Anlass zu einem Blutbad nicht genügend sei. Paarweise machten sie kehrt, gingen zu ihren Hütten zurück, hängten ihre Büchsen an die Wand und widmeten sich wieder ihren eigenen Geschäften, die braven Männer.

Aber die Landstreicher unserer Goldstadt waren außer Rand und Band. ›Ein Mann ist erschlagen worden!‹, schrien sie. ›Ein Mann ist von den Wilden ermordet worden! Man wird uns alle abschlachten, skalpieren, verbrennen!‹ In einem der Saloons unserer Goldgräberstadt erhob sich eines Abends ein wichtiger Kerl mit einer frischen Hiebwunde über dem Auge und hielt eine Rede. ›Brüder‹, rief er, ›einer der unsern ist von den verräterischen Wilden umgebracht worden! Auf gegen den Feind! Lasst uns einen Schluck trinken und dann den Feind angreifen. Stellt

---

16 Hrsg.: Ein in Nordamerika bis etwa 1900 bei der Jagd und im Krieg eingesetztes Gewehr, dessen sehr langer Lauf eine hohe Treffgenauigkeit ermöglichte.

17 Hrsg.: Nach dem Pionier und Soldaten James ›Jim‹ Bowie (1796–1836) benanntes, im sogenannten Wilden Westen legendäres Jagd- und Kampfmesser mit einer sehr großen und breiten Klinge.

euch um mich her. Schart euch um die Bar (Schanktisch) und nehmt jeder einen Schluck, alles auf meine Kosten!‹ Der Mann hinter der Bar wagte einen milden Widerspruch gegen diese großartige Freigebigkeit, denn er wusste, dass der Redner keinen roten Cent in der Tasche hatte. Aber der Glanz auf dem stahlblauen Lauf eines Revolvers, der ihm plötzlich aus nächster Nähe ins Auge fiel, machte ihn zum Nachgeben bereit. Mit einem unterdrückten Seufzer stellte er seine Flaschen auf den Tisch und machte sich zum bankrotten Mann.

Das war der Anfang des Feldzugs. Die Schar zog von Saloon zu Saloon. Sie wurde immer größer, und bald ging es zum Fluss hinunter auf das Indianerlager zu, das etwa zwei Meilen weit entfernt war. Es waren ihrer fünfzig oder sechzig Auswürflinge, bewaffnet mit Revolvern, Büchsen, Messern und Beilen. Der Weg führte zu einer kleinen Anhöhe, von der aus man die Hütten der Indianer sehen konnte. Sie lagen zusammengedrängt an einer Stelle des Ufers, der da eine Biegung machte. Die Wasser kochten und brodelten in dem Halbkreis, den ihnen Schnee und Treibeis streitig machten. Die Indianer lagerten an der inneren Seite der Uferbiegung, die Schar ihrer Mörder kam von außen. Die Rothäute waren in einem Netz. Sie hatten nur die Wahl zwischen zwei Todesarten: Tod durch Ertrinken oder Tod von den Händen ihrer erbarmungslosen Feinde.

Es war beinahe Nacht. Kalt und scharf blies der Wind den Strom herauf und die Schneeflocken flogen umher wie Federn. Kein Indianer war zu sehen. Über den Hütten stieg in dünnen Fetzen blauer Rauch auf, langsam, als fürchte er sich, die Wigwams zu verlassen. Auch der Indianerhund war nirgends zu sehen oder zu hören, der wegen seiner Wachsamkeit und Treue berühmte Gefährte des roten Mannes. Die betrunkene Bande stürzte auf das Lager zu. Jetzt, als sie von den Hütten noch einen halben Pistolenschuss entfernt waren, stießen sie ein Geschrei aus und erhoben ihre Waffen. Alte Squaws kamen aus den Hütten – bang! bang! bang! Schuss um Schuss, und die Weiber fielen oder wandten sich zur Flucht. Jetzt – schreiend, heulend, kreischend – waren die Weißen zwischen den Hütten und schossen auf Armeslänge alles nieder, Männer, Weiber und Kinder. Einige versuchten es, sich zum Fluss zu retten, denn ich sah nachher Blutlachen auf dem Eis. Aber niemand entkam, niemand verteidigte sich. Es war gar schnell vorüber. Zuletzt hörte man nur noch vereinzelte Schüsse in den Hütten, und da wurde verwundeten Männern und Weibern der Garaus gemacht.

Die wenigen überlebenden Kinder – fast alle waren ja hungers gestorben – hatten sich unter Tierhäute und umgeworfene Zelte geflüchtet, wie junge Katzen es tun, wenn sie alt genug sind zu spucken und zu zischen. Die Kinder wurden hervorgeholt und erschossen. Nicht alle die Kerle in dem Pack, so schlecht sie auch waren, taten das. Es waren ihrer aber genug, um, soweit es auf sie ankam, nichts Lebendes in dem Lager zu lassen.

Die Kinder schrien nicht. Kein Winseln, kein Ton. Die ermordeten Männer und Weiber, in den wenigen Minuten des Todeskampfes, ließen nicht einmal einen Seufzer hören. Ein Kerl, den man ›Shon‹ zu nennen pflegte – ich kannte keinen anderen Namen für ihn – hielt ein Kind bei einem Bein empor, ein nacktes, knochiges Dingelchen, das er unter einem Zelt hervorgezogen hatte. Er hielt es mit der Linken empor, und mit der Rechten schoss er ihm das Köpfchen in Stücke. Dieser ›Shon‹ verließ bald darauf unser Lager und wurde später von dem Vigilanten-Komitee bei Lewiston, im Territorium Idaho, gehängt. Er winselte um sein Leben wie ein junger Hund, und er starb als der elende Feigling, der er war. Ich verzeichne diese Tatsache mit einem Gefühl des Behagens.

Das Werk der Vernichtung war nun vollbracht. Nichts lebte mehr als zwei oder drei Indianer, die nicht sterben wollten, obwohl man immer wieder auf sie geschossen hatte. Sie lagen unten am Rande des Flusses im blutigen Schnee. Fast nackt waren sie und wahre Skelette, das lange schwarze Haar in Knoten oder Strängen auf dem weißen und blutigen Schnee oder auf ihrem braunen Rücken oder über der knochigen Brust. Da lagen ihre dunklen Gestalten, stolz und unüberwunden, die blutlosen Lippen fest aneinandergepresst, und blau, kalt und starr wie Stahl. In Haufen lagen die Toten um uns, Glieder mit Gliedern verflochten im Kampfe mit dem Tod. Eine Mutter, ihren Knaben in den Armen. Dort ein Arm um einen Hals gewunden – als ob diese Wilden das Lieben verständen wie das Sterben.

In unserm Dorfe behaupteten einige weiße Männer, sie hätten allerlei gestohlene Dinge gefunden. Ich weiß nicht, ob das Wahrheit oder Lüge war. Ich wünschte, dass es wahr gewesen; so gäbe es doch einen Schatten von Entschuldigung für all die grausamen Morde, welche diese entsetzliche Tragödie ausmachten, einer Tragödie, die wahrer ist als neun Zehntel der Geschichte und der amtlichen Berichte, in welchen von den Indianern die Rede ist. Und ich bin bereit, jedem, den die Sache angeht, Namen, Daten und jegliche Einzelheit zu liefern.

Man möge mich nicht missverstehen. Ein Indianer ist nicht besser als ein Weißer. Fehlt er, so bestrafe man ihn. Aber ich protestiere gegen den Brauch, in jedem Fall zu seinem Nachteil und zu Gunsten des Weißen Recht zu sprechen, immer nur auf das Zeugnis des Weißen hin, und sei dieser Brauch auch noch so alt. Der weiße und der rote Mann sind einander sehr ähnlich, mit einem großen Unterschied, den ihr dem roten Mann zugute schreiben werdet, ihr möget wollen oder nicht: Der Indianer will kein Vermögen machen. Er hat kein Verlangen, Reichtümer aufzuhäufen. Wenn ›Geiz die Wurzel alles Übels ist‹, wie Salomo sagt, so hat der Indianer kein Übel oder keine Wurzel davon und trägt auch keinerlei Verlangen darnach. Diese Wurzel ist das Monopol der Weißen. Wenn ein Indianer dich liebt, wenn er dir vertraut, dann wird er dir dienen, dich durch das Land führen, dir in die Schlacht folgen, für dich kämpfen, er und seine Söhne und alle seine Verwandten – und er wird nie an Bezahlung oder Nutzen denken. Er würde es, böte man ihm dergleichen an, mit Verachtung zurückweisen. Er nimmt höchstens kleine Geschenke, Andenken, Schmuck oder ganz gewöhnliche Gebrauchsartikel. Man darf den echten Indianer auch nie mit dem Renegaten vergleichen, der in beständigem Verkehr mit den Weißen lebt und von ihnen den Gebrauch des Geldes und die Kunst des Lügens gelernt hat.

Auch *Brunnenvergiftung* hat man als Mittel zur Ausrottung des roten Mannes nicht verschmäht …

Noch *andere fremde Menschenrassen* wohnen im Gebiet der Vereinigten Staaten, an denen die edlen Yankees ihre humanen Theorien verwirklichen könnten.

Die *Neger* befinden sich trotz der theoretischen Gleichheit seit der Aufhebung der Sklaverei in einem Zustande tiefer Unterdrückung und sind jeder Art von Misshandlung, selbst Tötung seitens des weißen Pöbels ziemlich schutzlos ausgesetzt. Von einer wirklichen Gleichberechtigung mit den Weißen ist nicht die Rede.

Man lässt es stillschweigend zu, dass die Gesetze für beide anders ausgelegt werden und nicht bloß vom Richter Lynch. Neger und im Westen noch mehr Indianer werden massenhaft hingerichtet, während auf die Weißen die strengen Gesetze der Vereinigten Staaten viel seltener Anwendung finden. Nur Weiße füllen die Bänke der Geschworenen … Die politischen Rechte sind für den Neger nur ein hohles Wort geblieben … Selten ist ein Neger zu mittleren Beamtungen zugelassen worden ... Von den Wahlurnen hat man sie in den kampfreichen Jahren 1870/80 mit Gewalt und später durch Betrug oder Gesetze, endlich durch Einschüchterung ferngehalten.[18]

Fast noch schlimmer ist die Lage der *Chinesen*, die schon den scheußlichsten Metzeleien ausgesetzt waren, auf Schritt und Tritt den Bedrohungen und Verfolgungen seitens der weißen Arbeiter ausgesetzt sind und vor den Gerichten der amerikanischen Union fast niemals ihr Recht finden können.

Ebenso wenig werden in anderen Erdteilen von den Tochtervölkern der Europäer die humanitären Theorien gegen die Eingeborenen verwirklicht.

Die grässlichsten Kämpfe werden wohl auf dem *australischen Kontinent* gegen die eingeborene schwarze Bevölkerung seitens der weißen Ansiedler geführt. Die »Schwarzenjagd« *(the black fellow shooting)* ist vielfach eine Art Sport, den selbst fromme Engländer am Sonntage nach Rückkehr vom Gottesdienste zu treiben pflegen. Auch Arsenik und Strychnin werden in geschickter Weise angewandt, um die Eingeborenen von ihrem elenden Dasein zu befreien.

Nicht viel höher wird vom kräftigen Volk der Buren in *Südafrika* das Leben der dortigen Eingeborenen geschätzt, sofern sich diese nicht durch ihre Arbeit ihnen unentbehrlich machen.

Welchen Einfluss haben nun in neuester Zeit die modernen Humanitätstheorien auf das Verhalten Europas gegen fremde Menschenrassen ausgeübt?

Sehen wir von Amerika usw. ab, wo die von den Europäern erzeugten Völker selbstständig geworden sind und es den Traditionen ihrer Vorfahren schuldig zu sein glauben, den einmal begonnenen Kampf bis zur Vernichtung der Eingeborenen fortzusetzen: Hat wenigstens das alte Europa bei seinen neuen kolonialen Erwerbungen sich von den Humanitätstheorien wesentlich beeinflussen lassen?

---

18 Ratzel: Politische Geographie der Vereinigten Staaten, S. 283.

In Europa behauptet man es und glaubt es teilweise sogar.

Das großartigste Feld der modernen Kultur- und Kolonial-bestrebungen bietet gegenwärtig der »dunkle Erdteil« – Afrika. Nachdem die amerikanischen Staaten zu Grunde gerichtet, die meisten asiatischen derart ausgeplündert sind, dass nicht mehr viel dort zu holen ist, nachdem überdies in Amerika und Australien Tochtervölker Europas sich eingewurzelt haben und die Rechte der Autochthonen beanspruchen, blieb dem alten Europa als ausgiebiges Feld noch Afrika übrig.

In wilder Hast stürzten sich in der neuesten Zeit die europäischen Kulturstaaten auf diesen Erdteil, sodass gegenwärtig die Teilung Afrikas unter die europäischen Völker in der Hauptsache vollendet erscheint. Diese Besitzergreifung soll aber – weit entfernt davon, den Untergang und das Verderben der Eingeborenen herbeizuführen – diesen vielmehr nützlich und heilsam sein.

Die wichtigste Wohltat, die Europa den Eingeborenen bringt, ist die *Kultur*.

Im 19. Jahrhundert, sagt man, unternimmt es Europa, die noch in der Nacht der Barbarei schmachtende Menschheit zu befreien, ihr die Segnungen der *Kultur* (auch: der christlichen Kultur, Gesittung, Humanität und Kultur usw.) zu bringen.[19]

---

19 Ein deutscher Jugendschriftsteller (Falkenhorst: Amerikanische Staatengründer und Zerstörer, 1891) [Carl Falkenhorst (1855–1913)] tischt seinen Lesern folgende Sätze auf: »Wieder rüstet sich das alte Europa, einen neuen Erdteil zu erschließen. Es gründet wiederum Staaten in Afrika, aber es sendet keinen Verfolgten dahin. Seine besten Söhne, der Stolz seiner Wissenschaften, wirken im dunklen Weltteil und sie wirken unter der Fahne der edelsten Humanität. Wenn die Gräuel in Mexiko und Peru, wenn die Ausrottung der Rothäute in Nordamerika als ein Makel der weißen Rasse anhaftet, so wird dieser vollauf getilgt durch die Wohltaten, die sie im Begriff steht (sic!), dem Neger zu erweisen. Millionen roher Stämme sucht sie mit Opfern an Gut und Blut für die Zivilisation zu gewinnen. Sie führt Kriege, aber nicht gegen den schwarzen Mann, sondern gegen dessen Unterdrücker.« Usw., usw.

Dies ist wohl der Hauptunterschied: Die Konquistadoren des 15. und 16. Jahrhunderts zogen aus, um der Menschheit das *Christentum*, jene des 19. Jahrhunderts, um der Menschheit die *Kultur* zu bringen.

Das uneigennützige Europa säumt also nicht, das Beste, das Allerbeste, das es besitzt, der übrigen Menschheit zu bringen. Gegen Ausgang des Mittelalters war es das Christentum, heute ist es die Kultur.

Dass Europa für dieses uneigennützige Werk eine Belohnung beansprucht: Wer möchte dies beanstanden? Für die Konquistadoren war diese Belohnung: Gold (d. h. *viel* Geld); heutzutage nimmt Europa bescheidenerweise auch andere Dinge gerne als Belohnung an: nicht nur Gold, sondern auch Steinkohlen, Elfenbein, Gummi, Kautschuk, sogar Silber, wenn der Abbau desselben nur einigermaßen lohnt, oder irgendwelche andere wertvolle Naturschätze oder auch geldwerte Vorteile (gewinnbringender Handel etc.); ganz besonders aber *Land* (wo es sich zur Besiedelung durch Europäer eignet).

Wo nur immer eine europäische Spürnase Gold oder Steinkohlen wittert, wo ein guter Boden und gutes Klima Europäern eine Existenz zu verbürgen scheint, da müssen den Eingeborenen die Segnungen der Kultur gebracht werden. Das Geschäft war und ist also für Europa kein schlechtes. [20]

Leider kann man dasselbe von den Eingeborenen nicht behaupten.

Die »Segnungen der Kultur«!

Was davon zu halten ist, geht schon aus den Betrachtungen unseres ersten Abschnittes hervor.

Wenn es wahr ist, dass die Kultur eines Volkes ein kostbares Gut für dasselbe ist, so muss die Handlungsweise Europas, durch

---

20 Wenigstens hoffen die Kolonialvölker gute Geschäfte mit der Kultur zu machen. In allen Kolonialstaaten vertreten die Kolonial-Kulturfreunde zugleich die Anschauung, dass der Edelmut, mit welchem den Eingeborenen die Kultur gebracht wird, durch reichen Gewinn belohnt werden wird.

Koloniengründungen und Handel die Kultur nach Afrika zu bringen, geradezu als ein schweres Unrecht gegen die dortigen Eingeborenen bezeichnet werden.

Denn die von Europa nach Afrika gebrachte Kultur kann doch nur die *Weltkultur* sein und diese muss die niedrigen *National*kulturen schwächen oder gar zerstören. Rücksichtslos und unersättlich strebt Europa danach, seinen Handel zu fördern und seiner hoch entwickelten Industrie immer weitere Absatzgebiete zu sichern, ohne sich darum zu bekümmern, dass dies nur auf Kosten der Kulturen anderer Völker geschehen kann, die hierdurch ihre bescheidenen Kenntnisse verlernen müssen, deren Industrie hierdurch den Todesstoß erleiden muss.

Und nun die Wohltaten der *Humanität* …

Am schlimmsten geht es vielleicht im *Kongostaat* zu, der charakteristischerweise »zur Förderung humanitärer Interessen« gegründet wurde, in dem die Belgier aber eine Schand- und Schreckensherrschaft eingerichtet haben, welche jeder Beschreibung spottet.[21]

Nach den Schilderungen, welche belgische, französische, deutsche und englische Reisende, Missionare usw. von den Verhältnissen in diesem merkwürdigen Staatengebilde entworfen haben (z. B. Monsignore Augouard, Bischof von Sinita und apostolischer Vikar von Ubanghi im Pariser »Univers« im Oktober 1894)[22] entbehren dort die Eingeborenen so ziemlich jeglichen Rechtsschutzes gegenüber den Weißen. Mutwilligerweise morden, schänden, brennen und plündern die weißen Beamten nach

---

21 Hrsg.: Hundert Jahre später machte der amerikanische Journalist und Historiker Adam Hochschild mit einem Bestseller darauf aufmerksam: King Leopold's Ghost. A Story of Greed, Terror and Heroism in Colonial Africa, New York 1998; dt.: Schatten über dem Kongo. Die Geschichte eines der großen, fast vergessenen Menschheitsverbrechen, Stuttgart 2000.
22 Hrsg.: Prosper Philippe Augouard war in der Region am kongolesischen Ubanghi-Fluss als französischer Missionar tätig und wurde später Bischof von Brazzaville; L'Univers war eine katholische Tageszeitung.

Herzenslust; freudiger Stolz schwellt die Brust dieser Helden, wenn sie von ihren Raubzügen, die sie im Auftrag oder auch ohne Auftrag der Regierung vollführt, zurückkehrend als Beute viel geraubtes Elfenbein, als Trophäen hunderte von abgeschlagenen Menschenhänden vorweisen können.

Vielleicht wird es in keiner anderen afrikanischen Kolonie so schlimm getrieben. Der Natur der Sache nach lässt sich freilich nicht leicht feststellen, in welchem Maße und in welchem Grad sich die Gräueltaten der Europäer in Afrika häufen.

In der Regel bleiben die Missetaten in Europa unbekannt. Es kann dies auch nicht anders sein. Abgesehen davon, dass die großen Publikationsmittel, die in Europa den Verfolgten und Bedrückten zur Verfügung zu stehen pflegen, die Presse, öffentliche Gerichtsverhandlungen etc. den Eingeborenen Afrikas selbstverständlich fehlen, sind die letzteren in der Regel auch zu sehr eingeschüchtert, als dass sie selbst da, wo sie Gelegenheit dazu hätten, die Anklagen gegen ihre Bedrücker zu erheben wagten. Und selbst wenn sie Anklagen erheben, so wird ihnen, wie wir an anderer Stelle noch erörtern werden, in der Regel kein Glauben geschenkt.

Nur da, wo ehrliche Europäer selbst Zeugen der europäischen Scheußlichkeiten sind und den Mut und Anstand besitzen, sie ans Tageslicht zu ziehen, erfährt die Öffentlichkeit bisweilen etwas hiervon. Eine ausreichende Sühne finden aber auch in diesem Falle die Untaten wohl niemals.

Ein schreckliches Beispiel europäischer Verworfenheit wurde z.B. im Jahre 1891 von der italienischen Kolonie Massaua[23] bekannt, wo ein Teil der italienischen Polizeibeamten eine förmliche Räuberbande gebildet und eine sehr große Anzahl der schändlichsten Raub- und Mordtaten verübt hatten. Trotzdem ein großer Teil der italienischen Presse so ehrlich und anständig war, eine genügende Sühne für diese Verbrechen – welche im

---

23 Hrsg: Hafenstadt am Roten Meer im heutigen Eritrea.

Wesentlichen erwiesen und eingestanden waren – zu fordern, so wurden doch die Verbrecher vom italienischen Gerichtshof in Massaua aus den nichtigsten, kläglichsten Gründen anfangs des Jahres 1892 freigesprochen.

Es kann hier natürlich nicht unsere Absicht sein, das Treiben jedes europäischen Volkes fremdartigen Völkern gegenüber einer näheren Würdigung zu unterziehen.

Wollten wir dies, so könnten wir – ganz abgesehen von den großen Menschenschlächtereien weiter zurückliegender Zeiten, durch welche *Russland* die Freiheitsgelüste der Tataren und anderer muselmanischer Völker dämpfte, die *Niederlande* ihre Herrschaft über malaiische Völker fest begründeten usw. – auch nicht die furchtbaren Verfolgungen der Muselmanen in Bulgarien durch Russen und Bulgaren in den Jahren 1877 ff. übergehen, denen wohl mehr als 100 000 friedliche Türken und bulgarische Muselmanen zum Opfer fielen. Wir müssten die gräulichen Schandtaten, durch die die *Franzosen* ihre Herrschaft in Tonkin[24] beflecken, und noch so viel anderes in den Kreis unserer Betrachtungen ziehen, dass diese weit über Gebühr ausgedehnt würden.

Im Allgemeinen wird man ohne Übertreibung von sehr vielen Kolonien, namentlich in Afrika, Folgendes behaupten können:

Prügeln, Rauben, Schänden, Brennen, Morden nehmen einen großen Teil der Arbeitskraft europäischer Beamter, Offiziere, Kaufleute und Forschungsreisender in Anspruch.

Berücksichtigen muss man freilich, dass die Elemente, die als Vertreter der europäischen Völker in Afrika auftreten, zum großen Teile von Hause aus von recht bedenklichem Charakter sind. Jeder Abenteurer, der sich in seiner europäischen Heimat vielleicht schon längst unmöglich gemacht hätte oder gemacht

---

24 Hrsg.: Heute der nördliche Teil Vietnams, seinerzeit Teil von Französisch-Indochina, in dem damals zwischen sieben und zehn Millionen Menschen lebten.

hat, hält sich in Afrika für einen Kulturträger, für einen »Pionier der Kultur«, fühlt sich wohl gar berufen, die Eingeborenen zu »züchtigen« (als ob in Afrika irgendeine Bevölkerungsklasse der Züchtigung mehr bedürfte als die europäischen Eindringlinge!). Nach glaubwürdigen Angaben soll es in afrikanischen Kolonien nichts Seltenes sein, dass »Pioniere der Kultur« im Zustande viehischer Betrunkenheit auf öffentlichen Plätzen gräulichen Unfug verüben.

Die einfachsten Pflichten der Wahrheit und der Billigkeit müssten den europäischen Regierungen, deren Mund von Humanität und Wohlwollen für Afrikas Völker trieft, gebieten, die Beamten, Expeditionsführer usw., die zu den Eingeborenen in Afrika entsendet werden sollen, zunächst sorgfältig auf ihren sittlichen Charakter zu prüfen, »Niemand sollte dort Herr sein« sagt ein deutscher Kolonialschriftsteller treffend, »der nicht die schwierigere Kunst, sich selbst zu beherrschen, innehat.«

Aber bis in die neueste Zeit geschah nur allzu oft das Gegenteil oder vielmehr: die Prüfung erfolgte zwar, aber in einem für die armen Eingeborenen höchst unerwünschten Sinn. In rücksichtslosem Egoismus schickten die europäischen Regierungen in die Kolonien nicht selten gerade ausgesucht schlechte Beamte, schiffbrüchige Existenzen, in der Meinung, dass diese für »die Wilden« immer noch gut genug seien; denn für die Heimat ist es natürlich stets angenehm, schlechte Elemente in die Ferne ziehen zu sehen. In größerem Maßstab wurde und wird teilweise noch jetzt dieser Grundsatz durch die »Strafkolonien« bestätigt, durch die der eingeborenen Bevölkerung verschiedener Länder schon ungeheurer Schaden zugefügt wurde.

Mit den modernen Humanitätstheorien steht das Verfahren der Europäer in krassem, unversöhnlichem Widerspruch. Indessen, wenn auch die Ausschreitungen durch die Humanitätstheorien nicht verhindert werden können, so werden doch auch andrerseits – und damit mag sich wohl das humane Europa trösten – die Humanitätstheorien durch die

Ausschreitungen nicht umgestoßen, sondern bleiben unbeschädigt fortbestehen.

Aber wie verträgt sich – fragen wohl Idealisten – ein derartiges Verfahren mit der Ehre der europäischen Völker? Die da so sprechen, haben eine höchst mangelhafte, ja geradezu verkehrte Auffassung vom Begriff der Ehre.

Es kann hier natürlich nicht unsere Aufgabe sein, auf den Begriff der Ehre näher einzugehen. Nur so viel sei erwähnt, dass als oberstes Gesetz der Ehre im Verkehr der Völker miteinander – ähnlich wie in gewissen Beziehungen im Verkehr der Individuen – der Grundsatz gilt: »Lieber zehnmal Unrecht tun, als einmal Unrecht erdulden«.

Eine Unbill gegen die Eingeborenen Afrikas kann also nicht wohl die Ehre europäischer Völker verletzen, wohl aber wähnt man diese verletzt, wenn die Eingeborenen zur Notwehr greifen. Wird ein Europäer in Afrika schuldiger- oder unschuldigerweise von den Eingeborenen geprügelt oder gar totgeschlagen, so ist die Ehre der betreffenden europäischen Nation schwer verletzt und erheischt strenge »Bestrafung« der Eingeborenen.

Ist die »Strafe« darauf vollzogen, d. h. sind eine Anzahl Eingeborene getötet, Weiber geschändet, Dörfer niedergebrannt, Vieh erbeutet, Felder verwüstet, so ist die europäische Ehre (nicht befleckt, sondern) wiederhergestellt.

Ob diese Ehre das köstliche Gut ist, als welches sie die Idealisten preisen, haben wir hier natürlich nicht zu erörtern. Der Wahrheit gemäß müssen wir jedoch hier erwähnen, dass die »afrikanischen« Kulturlümmel auch den idealeren Ehrbegriffen nach besten Kräften Rechnung tragen, indem sie ihre Schandtaten möglichst zu vertuschen suchen[25], womit den Eingeborenen Afrikas freilich wenig genützt wird.

---

25 Natürlich gilt dies nur von der Öffentlichkeit. Bei einer Flasche Wein oder einem Glas Bier – soweit angängig, selbst in Damengesellschaft – wird renommiert, unter Umständen mit Taten, die man gemeiniglich schwere Verbrechen zu nennen pflegt.

Auch die europäischen *Regierungen* betrachten es in erster Linie als Ehrensache, die afrikanischen Gräuel zu *vertuschen*. »Skandale müssen vermieden werden«, »die Autorität soll nicht erschüttert werden«, so lautet gewöhnlich die Rechtfertigung dieses Verfahrens. Soweit eine Vertuschung nicht möglich ist, wird die Rechtfertigung oder wenigstens Entschuldigung der Missetaten versucht.

In der Vertuschung und Rechtfertigung der afrikanischen Gräuel haben die europäischen Regierungen – die vielfache Übung verleiht ihnen Meisterschaft – vorzügliche Leistungen aufzuweisen.

Auf die mannigfachen Methoden näher einzugehen, würde zu weit führen. Wenn ich Zeit hätte, ich wollte ein dreibändiges Werk »*de atrocitatum Africanarum occulendarum atque justificandarum arte*« [Über die Kunst, die in Afrika begangenen Gräueltaten zu verbergen und zu rechtfertigen] schreiben, welches ich manchem europäischen Staatsmann ehrfurchtsvollst im Namen der Humanität widmen könnte.

Übrigens zeigen die europäischen Regierungen manchmal nicht nur Scham, sondern auch unverkennbare Spuren eines wirklichen Gerechtigkeitsgefühls. Erscheint jeder Versuch, die afrikanischen Gräuel zu vertuschen, zu entschuldigen oder zu rechtfertigen, unmöglich, so zögern die europäischen Regierungen wohl nicht, um das humane Gewissen der Öffentlichkeit zu befriedigen, die nachgewiesenen Vorkommnisse »aufs tiefste zu beklagen«, »aufs entschiedenste zu missbilligen«, ja sogar »ernstlich zu tadeln«. Wenn die europäischen Regierungen freilich ihre Humanitätstheorien tatsächlich verwirklichen wollten, so müssten sie offenbar von Zeit zu Zeit einige ihrer Beamten, Forschungsreisenden etc. vom Leben zum Tode befördern lassen. Aber daran ist natürlich nicht zu denken.

In einem wohltuenden Gegensatz zu den Taten der europäischen Kulturlümmel steht im Allgemeinen die Tätigkeit der christlichen (katholischen und protestantischen) *Missionen*.

Dass es auch unter den Missionaren zuweilen zweifelhafte Elemente geben soll – in welchem Beruf gäbe es deren nicht? – kann nur Unverstand oder böser Wille den Missionen zur Last legen. Das Wesentliche ist eben, dass Schändlichkeiten gegen die Eingeborenen bei den Missionaren jedenfalls zu den sehr seltenen Ausnahmen, dagegen bei den Beamten etc., obwohl auch viele der letzteren zweifellos ehrenwerte Menschen sind und bleiben, zu den gewöhnlichen alltäglichen Dingen gehören.

Das beste Zeugnis für die Missionare ist unseres Erachtens, dass sie vielfach mit den Beamten und Offizieren in Zwist und Streit liegen und von diesen wegen ihrer Zuneigung zu den Eingeborenen geschmäht werden.

Bedauerlich könnte vielleicht erscheinen, dass die Missionare so oft, vielleicht in den meisten Fällen, die Ruchlosigkeiten der Europäer stillschweigend anschauen, ohne wirksam dagegen aufzutreten, ja ohne auch nur die Öffentlichkeit davon in Kenntnis zu setzen.

In der Erziehung und in der Hebung des Kulturzustandes der Eingeborenen haben die Missionen teilweise sehr Bedeutendes geleistet. Außer den christlichen Lehren haben von ihnen die Eingeborenen eine Masse nützlicher Kenntnisse des gewöhnlichen Lebens, Verbesserungen des Ackerbaues, Handwerke usw. gelernt.

Zugegeben mag hierbei werden, dass die den Eingeborenen beigebrachten Kenntnisse teilweise wenig nützlich sind, dass auch viel Kulturtünche erzeugt wird, auf welche die neubekehrten Neger usw. am meisten stolz zu sein pflegen, die ihnen aber eher schädlich als vorteilhaft ist.

Deswegen kann aber das Lob, das wahrhaft selbstlose und hochherzige Menschenliebe verdient, unmöglich geschmälert werden.

Ob und inwieweit die Missionen nicht durch die Kolonialverwaltungen und weißen Ansiedler, welche in der Regel die schlimmsten Feinde der Missionsbestrebungen zu sein pflegen, in ihrer Tätigkeit gestört werden, ist wohl für die Zukunft derselben die am meisten entscheidende Frage. Bis jetzt haben die Missionen wohl wenige Völkerstämme vor der Vernichtung durch die Europäer zu schützen vermocht.

Wenn wir von europäischer Humanität im Verkehre mit der übrigen Menschheit sprechen, dürfen wir einen Punkt nicht mit Stillschweigen übergehen, auf den Europa außerordentlich stolz zu sein pflegt. Es ist dies der *Kampf gegen die Sklaverei.*

Es kann hier nicht unsere Aufgabe sein, auf die Geschichte der Sklaverei, auf die Bedeutung, die die Sklaverei im Leben unzählig vieler Kulturvölker hatte, näher einzugehen; ebenso wenig auf die unendlich mannigfaltigen Formen und Gestalten der Sklaverei, zwischen denen die moderne Humanität nicht zu unterscheiden pflegt; ob die Behandlung des Sklaven eine entsetzlich rohe und grausame oder eine milde, sanftmütige ist, ob der Sklave als Arbeitstier oder als Familienmitglied betrachtet wird, darauf legt die moderne Humanität wenig oder kein Gewicht. Sklaven und Sklaverei sind eben mit der modernen Humanität überhaupt unvereinbar, und es muss rühmend anerkannt werden, dass christliche Völker, vor allem das englische Volk für die Verwirklichung dieser Theorie ungeheure Opfer gebracht haben.

In christlichen Ländern ist die Sklaverei durchaus, teilweise nach schweren Kämpfen, abgeschafft worden.

Sklavenjagden fanden in der neueren Zeit seitens christlicher Völker jedenfalls nur sehr selten statt, als Selbstzweck vielleicht gar niemals. Bekannt ist mir nur, dass in Argentinien nach verschiedenen Indianerkriegen zahlreiche Indianersklaven, namentlich Weiber eingeführt und dort in einer lebenslänglichen, höchst rohen Sklaverei – unter dem Namen »Dienstboten«, da die argentinische Verfassung die Sklaverei verbietet – gehalten wurden.

Wo christliche Staaten jetzt noch Sklavenbedarf haben, pflegen sie denselben auf *friedliche*, »humane« Weise zu decken.

So sind die vielen Tausende von Sklaven, die beim Bau der Kongoeisenbahn gebraucht wurden, durch Kauf, namentlich vom König von Dahomey erworben (der technische Ausdruck lautete »losgekauft«) worden.

Großen Umfang hatte zeitweise der Sklavenhandel in der Südsee, die sogenannte »Anwerbung der Kanakenarbeiter«.[26] Durch allerlei Vorspiegelungen, oft auch mit Gewalt, brachte man die armen Teufel aufs Schiff und überlieferte sie den auf verschiedenen Inseln angelegten Pflanzungen. Die Behandlung dieser Sklaven war eine ungleich rohere als in muselmanischen Ländern. Allerdings war sie nur eine zeitliche, d. h. die Sklaven hatten auf dem Papier das Recht, nach Ablauf einer Anzahl von Jahren in ihre Heimat zurückbefördert zu werden. Aber es ist selbstverständlich, dass dadurch das Los der Leute noch verschlimmert wurde. Denn die christlichen Sklavenhalter hatten nur das eine Interesse, ihre Sklaven möglichst auszubeuten, wogegen der frühe Tod der Sklaven keinen Vermögensnachteil bedeutete.

---

26 Hrsg.: Die Bezeichnung Kanaker oder Kanaken war im damaligen Deutschland für die Einheimischen der Südseekolonie Deutsch-Neuguinea gebräuchlich. Das spätere Schmähwort bedeutet ursprünglich Mensch und stammt von den Hawaiianern, die ihre Nachbarvölker, speziell die Neukaledonier, Kanaken nannten. Damit bezeichneten sie einfach die Anderen, diejenigen, die nicht zum eigenen Volksstamm gehörten.
Das Verfahren der »Anwerbung« wurde in Deutsch-Neuguinea als »Labourtrade« bezeichnet. Das bedeutete praktisch: Männer und Frauen wurden in einer bestimmten Gegend eingefangen, auf weit entfernte Plantagen verfrachtet und dort an die deutschen Unternehmer verkauft. So wurden zehntausende freie Menschen in der Südsee zu Arbeitssklaven gemacht, die, wie der ortskundige Zeitgenosse Otto Finsch notierte, »häufig ihre Heimat niemals wiedersehen«. Der weit verbreitete Menschenhandel übte »den nachteiligsten Einfluss« aus und gab häufig »die Veranlassung zu jenen Massacres, welche fast ausnahmslos der Blutgier und der Wildheit der Eingeborenen zugeschrieben« wurden, aber »für gewöhnlich Unschuldige auf beiden Seiten« trafen. (O. Finsch: Samoafahrten. Reisen in Kaiser-Wilhelms-Land und Englisch-Neu-Guinea in den Jahren 1884 und 1885 an Bord des deutschen Dampfers »Samoa«, Hirt & Sohn, Leipzig 1888, S. 135–149.)

Tatsächlich war die Sklaverei der Regel nach eine lebenslängliche; weitaus die meisten dieser Sklaven gingen vor Ablauf der festgesetzten Zeit infolge der schlechten Behandlung, der schweren Arbeit und des ungesunden Klimas zu Grunde; viele mögen allerdings auch entflohen sein. Ausgeschlossen ist es nicht, dass auch viele ihre Heimat wiedergesehen haben; da die Überlebenden nach beendeter Sklaverei oft von Schiffen an irgendwelche Gestade zurückbefördert wurden, so kann es der Zufall oft gefügt haben, dass mancher seine Heimat wieder erreichte. Bisweilen dringt etwas von den »Kanakengräueln« noch jetzt in die Öffentlichkeit, sodass sogar das englische Parlament sich schon mit der »Frage« beschäftigt hat.

Indessen haben die bezeichneten Arten der christlichen Sklavenhaltung von den Antisklavereibestrebungen wenig zu befürchten. Denn einerseits pflegen, wie wir bereits erwähnt haben, die christlichen Sklavenhalter in der Gegenwart den Ausdruck »Sklave« überall sorgfältig zu vermeiden[27] und dann ist es doch natürlich, dass man in London und anderwärts in Europa mehr Verständnis für die Rentabilität von Aktienunternehmungen, die auf Sklavenarbeit angewiesen sind, als für die traditionellen Rechtsanschauungen der orientalischen Völker hat.

Europa hat nämlich – wir kommen hier auf einen weiteren Punkt – sich nicht damit begnügt, selbst auf die Sklaverei zu verzichten, sondern fordert diesen Verzicht auch von anderen, namentlich muselmanischen Völkern.

Mit besonderem Stolze pflegt Europa auf den Kampf gegen die Sklaverei, der in Afrika gegenwärtig geführt wird, und teilweise

---

27 Den *Kulihandel* schlechtweg als Sklavenhandel zu bezeichnen, wie es so oft geschieht, wird doch im Allgemeinen nicht wohl angängig sein. Die rohe Behandlung ist kein wesentliches Merkmal der Sklaverei; dass aber die Chinesen etc. vermöge ihres höheren Bildungsgrades, unter Umständen auch vermöge des Beistandes der Konsularvertreter ihres Heimatstaates, in den meisten Fällen nicht so hilflos waren wie Neger und Südsee-Insulaner, ist kaum fraglich.

als Äquivalent für die europäischen Gräuel gilt, hinzuweisen. Im Gegensatz zu den im Allgemeinen üblichen Begriffen, dass die Tugend in erster Linie die *Unterlassung* gewisser Handlungen fordere, hält man es hier umgekehrt. Es gibt wohl nichts, wegen dessen Europa sich selbst so sehr bewundert und preist, als wegen der »Antisklavereibestrebungen«. Einigermaßen verdächtig muss es hierbei allerdings erscheinen, dass zu den Kämpfern auch, und zwar in hervorragender Weise, Männer gehören, die nichts weniger als Freunde der Neger sind, dass der Kampf gegen die Sklaverei ein wichtiges Schlagwort gerade in Kreisen bildet, aus denen einmal die gemeine Äußerung laut geworden ist: »Es sei ein verhängnisvoller Irrtum, den Neger immer als *homo sapiens* zu betrachten; mit der Bezeichnung *homo* sei der menschlichen Würde des Negers schon mehr als genügt«.

Menschlich betrachtet, ist es erklärlich und selbstverständlich, dass der Europäer als Herr in Afrika sich empört darüber fühlt, dass ein Anderer – der Araber – in seiner Weise eine Herrschaft in Afrika führt und auch Grausamkeiten gegen die Eingeborenen verübt.

Wenn ein Adler einem Wolfe seine Beute entreißt, handelt er da aus Mitleid für das schwache Opfer?

Und wenn der Araber seinerseits – was in Europa allerdings nicht bekannt wird – behauptete, über die europäischen Gräuel und über die Ausrottung und Entsittlichung der afrikanischen Eingeborenen empört zu sein, und deshalb für die afrikanischen Eingeborenen gegen den Europäer zu kämpfen, wer würde nicht – in Europa – darüber lachen?

Damit soll freilich nicht im Entferntesten bestritten werden, dass zum großen Teil – namentlich daheim in Europa – wirklich humane und sittliche Tendenzen bei dem Kampf gegen die Sklaverei mitwirken; selbst der blindwütigen Humanität, welche außer den Sklavenjagden und dem Sklavenhandel auch die mildeste, für manche europäische Volksklasse beneidenswerte muselmanische Haussklaverei verfolgt und Tausenden der Negersklaven ein unglückliches Los zu bereiten droht, liegt ganz sicher keine böse Absicht, sondern nur mangelhaftes Verständnis zu Grunde.

Umso schädlichere Folgen hat freilich in anderer Beziehung die Anerkennung des Grundsatzes, dass der Neger als freier, selbständiger Mensch behandelt werden müsse. Wie viel ließe sich über die schmähliche Ausbeutung der Eingeborenen durch europäische Händler sagen, welch entsetzliche Einzelheiten wären über die furchtbaren Verwüstungen, die der Branntwein unter den Eingeborenen bewirkt, zu berichten!

Die unteren – und auch andere – Klassen der hochgebildeten europäischen Völker sucht man durch Wucher-, Trunksuchts- und andere Gesetze vor den Gefahren ihrer eigenen Unbesonnenheit oder Unerfahrenheit zu schützen – die Eingeborenen in den Kolonien, die man ihrer geistigen Reife nach gerne als auf der Stufe der Kindheit stehend bezeichnet, werden in den meisten Fällen schutzlos der gewissenlosen Habgier schlechter europäischer Elemente überlassen.

Dass an manchen Orten und in mancher Hinsicht auch Gutes durch die europäische Herrschaft für die eingeborenen Völker geschaffen wird, das materielle Wohl derselben vielfach zunimmt, grausame Gebräuche, sogar Menschenopfer und bei einzelnen Stämmen Menschenfresserei abgeschafft werden, darf man nicht vergessen. Aber man sollte derartige Wohltaten auch nicht überschätzen.

Welcher Deutsche wünschte wohl, dass die Türken vor 300 Jahren die deutschen Lande erobert und die Hexenprozesse abgeschafft hätten?

Fassen wir unser Urteil über das sittliche Verhalten der Europäer gegenüber den fremden Rassen, welches unter der Flagge »edelster Humanität und Kultur« geübt wird, zusammen, so müssen wir sagen: Es ist ein furchtbarer Kampf; wo die Eingeborenen vernichtet werden können, werden sie – trotz der erhabensten Humanitätstheorien – vernichtet. Der Satz Darwins: »Wenn zivilisierte Nationen in Berührung mit Barbaren kommen, ist der

Kampf kurz, wenn nicht ein gefährliches Klima der eingeborenen Rasse hilft«, behält im Allgemeinen seine vollkommene Geltung trotz Christentum und Humanität; nur müssen wir wohl an Stelle des »gefährlichen Klimas« einen anderen Faktor setzen, die *Arbeitsteilung*, die freilich am regelmäßigsten unter dem Einfluss eines gefährlichen Klimas (aber auch anderwärts, z. B. in Südafrika) eintritt. Namentlich wo ein gefährliches Klima den Europäern die körperliche Arbeit verbietet und dadurch die Eingeborenen unentbehrlich für die Europäer macht, bleibt die Urbevölkerung bestehen. Hier begnügt sich der Europäer damit, die Eingeborenen als Milchkuh zu behandeln, um möglichst viele wirtschaftliche Vorteile zu erlangen. Gräuel pflegen hier nur in akuten Kämpfen, wenn die Eingeborenen sich gegen ihre Herren erheben, verübt zu werden. Solchergestalt sind die Verhältnisse z. B. im britischen Ostindien, wo die Engländer sich laut ihrer Humanität rühmen, weil seit 40 Jahren keine »Gräuel« in größerem Maßstabe verübt worden sind, in Niederländisch-Indien usw.

Müssen wir sonach wahrheitsgemäß einräumen, dass die europäischen Völker, wo sie nur immer mit andersgearteten zusammentreffen, auf recht nichtswürdige, unsittliche Weise gegen die letzteren handeln, so gebietet es doch andererseits die Pflicht der Wahrheit, entschieden zu betonen, dass diese Unmenschlichkeit keineswegs eine besondere Eigentümlichkeit gerade der europäisch-christlichen Völker ist, und das muss gegenüber der lauten Kritik, die hin und wieder selbst in der europäischen öffentlichen Meinung an den Taten der Kolonisatoren geübt wird, besonders hervorgehoben werden. Kein Volk der alten oder neueren Zeiten kann von den Vorwürfen, welche die europäischen Völker verdienen, freigesprochen werden. Wir brauchen nur an die Taten der Hunnen und Mongolen, welche charakteristischerweise den europäischen Völkern als abschreckendstes Beispiel der Unmenschlichkeit gelten, zu erinnern, um zu beweisen, dass Grausamkeit und Mordlust nicht lediglich den europäischen Völkern eigen sind.

Freilich müssen wir hierbei immer Gleiches Gleichem gegen-
überstellen; namentlich Krieg mit Krieg, Frieden mit Frieden
vergleichen. Würden wir die Herrschaft der Hunnen und Mongolen in Friedenszeiten mit den kriegerischen Zuständen während der Eroberung afrikanischer Länder durch die europäischen Kolonisatoren oder gar während der Eroberung Amerikas
durch die Spanier und Engländer vergleichen, so ist es klar, dass
der Vergleich sehr zu Ungunsten der europäischen Völker ausfallen würde.

Zur Erzielung eines gerechten Urteils können jedoch, um bei
den genannten Beispielen zu bleiben, mit diesen europäischen
Eroberungen nur die kriegerischen Einbrüche der Hunnen und
Mongolen, mit den verhältnismäßig geordneten Rechtszustän-
den in den begründeten Reichen dieser Steppenvölker nur die
Verhältnisse in den europäischen Kolonialstaaten verglichen
werden, und hiernach wird der Vergleich kaum zu Ungunsten
der europäischen Eroberer ausfallen. Ja, die Waagschale würde
vielleicht sogar zum Vorteil der europäischen Völker sich neigen,
wenn nicht eine betrübende Erscheinung unser Urteil in anderer Richtung bestimmen würde. Es ist dies die ganz auffallende
Wortbrüchigkeit und Treulosigkeit, welche von alters her – wir
brauchen nur an das Verhalten der alten Römer in ihren Kriegen
gegen die spanischen Völker usw. zu erinnern – ein Erbteil europäischer Kulturvölker zu sein scheinen. Zwar sind auch diese
Fehler nicht ausschließlich den europäischen Völkern eigen; auch
die muselmanischen Völker sind in ihren Kämpfen gegen das
christliche Abendland durchaus nicht vom Vorwurfe des öfter
begangenen Treubruches freizusprechen. Aber den europäischen
Völkern scheint es bis in die neueste Zeit förmlicher Grundsatz
zu sein, geschlossene Verträge nur so lange, wie es dem eigenen Vorteil entspricht oder doch nicht widerspricht, zu halten;
abgesehen davon wird höchstens eine Anstandsfrist bewahrt, die
– bei sonst gleichen Verhältnissen – desto kürzer zu sein pflegt,
je größerer Land- oder Geldgewinn aus dem Vertragsbruch zu

erhoffen ist. Wie auffallend hebt sich die peinliche Gewissenhaftigkeit, mit der die Türken jahrhundertelang die freiwillig gegebenen Privilegien der Rajah[28] achteten, von der nichtswürdigen, höchstens durch einige Spitzfindigkeiten verbrämten Treulosigkeit ab, mit der Spanien unter Bruch aller Verträge die Araber aus seinem Machtbezirke vertrieb.

Wenn auch nicht zu leugnen ist, dass die europäischen Völker weit mehr als andere erobernde Völker der alten und neuen Zeit Leid und Unheil über die übrige Menschheit gebracht haben, so wäre es doch durchaus verkehrt, aus dieser Tatsache den europäischen Völkern einen Vorwurf zu machen; denn gerade die europäischen Völker konnten und mussten mehr Gräuel verüben infolge ihrer – *hohen Kultur*, die für sie im Kampfe mit der übrigen Menschheit eine Waffe war und ist, wie sie furchtbarer und schrecklicher noch nie ein Volk auf Erden besaß.

Andererseits aber muss es auch erlaubt sein, über den noch immer weit verbreiteten Wahn herzlich zu lachen, dass die Humanitätstheorien die Natur der Europäer umgestaltet, die Europäer zu edleren, die übrige Menschheit sittlich überragenden Geschöpfen erhoben haben.

So unglaublich es auch klingen mag, die große Masse selbst der Gebildeten hegt auch heute noch derartige naive Anschauungen, dass die Humanität an bestimmte Rassen oder Religionen oder Erdteile (natürlich zunächst nur Europa) gebunden sei.[29]

---

28 Hrsg.: Raja = nicht-islamische Untertanen.

29 Wie geistreich sind z.B. folgende Sätze, die ein weit verbreitetes Geschichtswerk seinen Lesern auftischt: »Auf die Kunde vom griechischen Aufstande erinnerten sich Sultan Mahmud II. und seine Türken ihres asiatischen Ursprunges«. »Die Magyaren behandeln die anderen Volksstämme mit einer Brutalität, die an die Steppen Asiens erinnert«. Becker's Weltgeschichte, Bd. X, S. 205, Bd. XII, S. 192 [1860–1863]). Wie, wenn ein Geschichtsschreiber der Peruaner (Kaffern, Tonkinesen usw.) schreiben würde: »Da erinnerten sich die Spanier (Engländer, Holländer, Franzosen usw.) ihres europäischen Ursprunges …«

Die Sache hat auch eine politische Seite von bedeutender Tragweite. So oft in Religions-, Rassen- oder Nationalitäts-kämpfen im Orient, namentlich in der gemischtbevölkerten Türkei Grausamkeiten *gegen* Christen verübt werden, halten christliche und jüdische Journalisten und Politiker sich für berufen, die muselmanischen Regierungen oder Bevölkerun-gen über die Pflichten der Humanität gegen schwächere Gegner zu belehren, ja sogar die Muselmanen als sittlich tiefer stehende Menschen darzustellen und auch sonst mit maßlosen Schmä-hungen zu überhäufen. Kräftige, derbe Zurückweisung gebührt einem derartigen pharisäerhaften Treiben; aber – sollte man es für möglich halten? – eine solche ist bisher von türkischer Seite kaum versucht, geschweige denn in genügender Weise geübt worden!

Hin und wieder tritt freilich eine Spur von Selbsterkenntnis bei europäischen Völkern in Erscheinung, wenn große Misse-taten in Kolonien aufgedeckt worden sind; tage-, ja wochenlang beschäftigt sich dann wohl die Presse mit den – »bedauerns-werten Vorfällen«, und wenn dieselben auch wohl als Ausnah-men von der humanen Regel dargestellt werden, so kann man dennoch bisweilen ungefähr folgenden Gedankengang in euro-päischen Blättern entdecken: »Welch unerhörte Vorfälle! Hätte man solches für möglich gehalten? Wenn derartige Dinge unter unserer Herrschaft vorkommen, sind wir ja nicht besser als die Türken! Dann dürfen wir ja eigentlich auch gar nicht mehr die Türken tadeln. – So, nun haben wir der Pflicht der Selbsterkennt-nis genügt, nun wollen wir wieder den schändlichen Gräueln in der Türkei, die nicht länger geduldet werden dürfen, auch wenn die Souveränität der Türkei darüber zu Grunde geht, unsere Aufmerksamkeit schenken«. Ein derartiger Anflug von Selbster-kenntnis ist indessen sehr selten.

Häufiger ist es, dass die einzelnen europäischen Völker *sich gegenseitig* die Wahrheit sagen – freilich nicht immer aus reinem Interesse für die Humanität.

Es gewährt einen widerlichen Anblick, wie Franzosen den Engländern, Engländer den Deutschen, Russen den Italienern usw. – ganz wie es das politische Verhältnis im Augenblick als ratsam erscheinen lässt – die Sünden vorhalten. Denn wie wenig hat ein Volk dem anderen vorzuwerfen!

Wie erklärt sich nun aber der ungeheure Abstand zwischen dem humanen Leben in Europa selbst, wo ja die Theorien im Großen und Ganzen respektiert werden, wo ein Jammergeschrei sich erhebt, wenn ein überführter Verbrecher in irgendeiner prozessualen Formalität verkürzt wird, und dem Verhalten der Europäer in anderen Weltteilen?

Auf die mancherlei nebensächlichen oder auch sekundären Ursachen, die man zur Entschuldigung für die abscheulichen Untaten der Europäer in anderen Weltteilen anführt, hier näher einzugehen, verlohnt sich wahrlich nicht der Mühe.

Wer sich mit der Erklärung, dass der »Tropenkoller« den Europäern die Beobachtung der Humanität anderer Menschenrassen gegenüber unmöglich mache, begnügen will, verzichtet eben – absichtlich oder unabsichtlich – darauf, den Dingen auf den Grund zu sehen. Der ernsthafte Völker-Psychologe und Völker-Ethiker wird die Wurzeln der Erscheinungen, die wir in den beiden vorhergehenden Abschnitten besprochen haben, tiefer suchen.

IV. Die natürlichen Grundlagen und Grenzen der Humanität

1. Im Allgemeinen – Begriff der Gegensätze

Die Grundlage der sogenannten Humanität ist der Trieb, für die Selbsterhaltung, für das eigene Wohl zu sorgen.

Der rücksichtslos mit den Mitteln der Gewalt geführte Kampf ums Dasein muss zu einem *bellum omnium contra omnes* [Krieg aller gegen alle] führen, also gerade das Dasein jedes einzelnen Individuums bedrohen. Rücksicht auf die Existenz des Mitmenschen sichert, wenn sie allgemein geübt wird, die eigene Existenz. Die Erkenntnis dieser Tatsache ist die notwendige Voraussetzung jeder Gesellschaft, die Ursache der Staatenbildung, die Grundlage allen Rechts. Verletzt ein Individuum das Recht des anderen, so fühlen sich auch die anderen Individuen dadurch bedroht und erachten es als im Interesse der Gesamtheit gelegen, dem Verletzten zu seinem Recht zu verhelfen. »Ein Unrecht gegen Einen ist eine Bedrohung für die Anderen«, »Heute mir, morgen dir«, »*mea res agitur*« [Das ist meine Angelegenheit], ist der Gedanke, der den Kampf gegen jede Vergewaltigung auch den Unbeteiligten als dem eigenen Interesse entsprechend erscheinen lässt.

Völker ohne Recht gibt es nicht. Ein Staat ohne Recht ist ein Widerspruch in sich selbst. Der Ausdruck »Rechtsstaat«, der gleichbedeutend mit »Kulturstaat« sein soll, ist eben ein Zeugnis dafür, wie sehr den Kulturvölkern jedes Verständnis für das Leben der unzivilisierten Völker mangelt.

Verwandt mit dem Rechtsgefühl, aber noch weit ursprünglicher, ja fast instinktartig ist das Gefühl des *Mitleides*. Dieses regt sich selbst da, wo der *Verstand* keine schlimmen Folgen für das eigene Wohl befürchten lässt, sodass es selbst durch das Leid des *Tieres* erweckt werden kann.[30]

---

30 Auf die anderen natürlichen Grundlagen des Tierschutzes, namentlich die Liebe zu bestimmten nützlichen und angenehmen Gattungen (z. B.

Das, was wir Humanität nennen, beruht also im Wesentlichen auf dem Interesse der Menschen daran, dass der Kampf ums Dasein unter den Menschen *begrenzt* und *eingeschränkt* werde.

Dass der Kampf ums Dasein in der Form der physischen Gewalt unter den Menschen *aufgegeben* werde, haben wohl schon Propheten geweissagt; die Rechts- und Kulturgeschichte bietet aber dafür ebenso wenig einen Anhaltspunkt wie die Naturwissenschaften.

»*Recht* nach innen, *Macht*[31] nach außen« muss zu allen Zeiten und an allen Orten, wo Menschen zusammenleben, oberster Grundsatz sein. Im Innern entscheiden Gründe, nach außen Waffen.

Aber was ist »innen« und »außen«?

Die moderne Humanität findet in dieser Frage keine große Schwierigkeit. Das Innere einer menschlichen Gemeinschaft wird von der Außenwelt durch die *politischen* Grenzen, wie sie auf den Landkarten so hübsch buntfarbig gezeichnet zu werden pflegen, geschieden.

Innerhalb eines *Staates* muss Recht herrschen, nach außen, im Verkehr mit anderen Staaten, mag die »rohe Gewalt«, – aber *nur* in der Form des streng nach den »völkerrechtlichen« Regeln geführten *Krieges!* – entscheiden; außer dem Krieg entscheidet auch im Verkehr zwischen Angehörigen verschiedener Staaten das *Recht.* Wer das Recht nach der einen oder anderen Seite hin bricht, ist ein »Verbrecher«.

Wenn also z. B. in der Türkei verschiedene arnautische [albanische] Stämme sich gegenseitig befehden oder gar Raubzüge gegen die slawische Bevölkerung ausführen, oder wenn kurdische Stämme armenische Dörfer überfallen und ausplündern, so kann man sich das nur daraus erklären, dass diese Völker

---

Singvögeln), gehen wir nicht näher ein.

31 Vom Surrogat der Macht: der List, werden wir an einem anderen Ort sprechen.

»zucht- und gesetzlose Herden« sind, welche »kein Recht kennen«, ferner daraus, dass die türkische Regierung nicht die Pflichten eines »zivilisierten Staates« erfüllen kann oder will.

Denn Arnauten und Kurden müssten sich doch darüber klar sein, dass, da sie nach dem unbestrittenen und von allen europäischen Großmächten anerkannten Rechtszustand Untertanen der Türkei sind, alle Untertanen eines Staates aber vor dem Gesetz gleich sein müssen und keine Gewalttaten gegeneinander verüben dürfen, ihre Handlungsweise gegen die elementarsten Begriffe der europäischen Humanität verstößt.

Der türkischen Regierung aber müsste es bei einigem guten Willen ein Leichtes sein, diese »Räuber« und »Mörder« von ihren Verbrechen abzuschrecken und zu bessern und so allen berechtigten strafrechtlichen und humanitären Theorien Genüge zu leisten. Es würde hierzu lediglich ein pflichttreues Beamtentum, eine verlässliche Polizeimannschaft und eine unparteiische, unbestechliche Justiz nötig sein, und man würde – natürlich unter strengster Wahrung der strafprozessualen Humanität – derartige »Verbrechen« unmöglich machen.

Der ernsthafte Völker-Psychologe wird über derartige naive Anschauungen allerdings lächeln müssen. Er weiß, dass Völker und Stämme, welche eine stürmische Sehnsucht nach Kampf und Fehde empfinden, die treuesten, biedersten und rechtschaffensten Menschen im Innern, unter sich sein können. Er weiß, dass es selbst für den kräftigsten Herrscher unter Umständen ungeheuer schwer, fast unmöglich sein kann, zwischen den verschiedenen Gliedern seiner Untertanenschaft Frieden herzustellen und zu erhalten.

Er weiß, dass die Grenze zwischen »innen« und »außen« ursprünglich durch den Rahmen des Volkstums gebildet wird, dass dieser natürliche Rahmen nicht durch staatsrechtliche Änderungen und papierene Verträge aufgehoben oder umgestaltet werden kann, dass, wenn zwei Völker unter *eine* Herrschaft kommen, noch nicht *ein* Volk daraus wird, ebenso dass, wenn *ein*

Volk unter verschiedene Herrschaften geteilt wird, keineswegs zwei Völker daraus werden.

Die ursprüngliche Grenze zwischen »innen« und »außen« ist der Rahmen des Volkstums; der Fremde, der nicht zum Volk gehört (man denke an das lateinische *hostis*), ist zugleich der Feind. Aber wodurch wird dieser Rahmen geschaffen? Welches sind die natürlichen Grenzen eines Volkstums?

Man mag sich die Entstehung eines Volkes denken, wie man will, so wird sich kaum in Abrede stellen lassen, dass es vorerst und hauptsächlich zwei Bindemittel sein müssen, welche eine Mehrheit von Individuen zu einem Volk vereinigen: die Gemeinsamkeit der *Rasse* und der *Sprache*. Hierzu kommt noch neben anderen sekundären Bindemitteln ein drittes, welches bei höherer Entwicklung eine ungeheure Bedeutung erlangt und oftmals die beiden ersten Bindemittel an Wichtigkeit übertreffen kann: die Gemeinsamkeit der *Religion*.

Die Gemeinsamkeit der Rasse, der Sprache und, auf einer höheren Kulturstufe, die der Religion schaffen also ein Volkstum, d. h. eine Zusammengehörigkeitsform, innerhalb deren mit Naturnotwendigkeit ein geordneter Rechtszustand herrschen muss, die aber nach außen ihre natürlichen Machtmittel, sei es zur Verteidigung, sei es zum Angriff, gebraucht.

Aber dieser ursprüngliche und der Natur der Sache entsprechende Zustand kann auf verschiedene Weise modifiziert und durchbrochen werden.

Zunächst können innerhalb eines Volkstums Spaltungen und Absonderungen und sohin Kämpfe – abgesehen von Uneinigkeit und Zwietracht (Parteikämpfe, welche von vorübergehender Natur zu sein pflegen) – durch eine große Ausdehnung und Verbreitung des Volkstums hervorgerufen werden, da die Erhaltung der Zusammengehörigkeit umso schwieriger sein muss, je größer das Gebiet ist, auf das sich die Zusammengehörigkeit erstreckt.

Diese Spaltung kann eine lang andauernde, ja sogar eine endgültige, sein und dies umso mehr, als die Sprache der getrennten

Volksteile mit Naturnotwendigkeit im Lauf der Zeit ebenfalls eine Spaltung erleiden muss. Es ist hierbei nicht notwendig, dass eine förmliche Sprachenneubildung in dem Grad eintrete, dass sich die früheren Volksgenossen nicht mehr verstehen und somit die Zusammengehörigkeit als völlig aufgelöst zu erachten ist (wie z. B. die indogermanische Ursprache, beziehungsweise das indogermanische Urvolk sich gespalten hat), sondern es genügt schon, dass sich die Sprache in verschiedene Mundarten mit unmerklichen Übergängen in der Weise spaltet, dass sich die Angehörigen des Volkes immer noch miteinander verständigen können. Ja selbst ohne merkliche Sprach-Differenzierung kann sich die Spaltung eines Volkes in verschiedene sich befehdende Stämme (Territorien, kleine Staaten und dergleichen) lange Zeit erhalten und kann verhängnisvolle Folgen haben. In der Regel herrscht eine derartige Spaltung bei nicht sehr hoher Kultur und ungünstigen äußeren Verhältnissen. Eine sehr hohe Kultur pflegt in leicht begreiflicher Weise zentralisierend zu wirken.

Abgesehen von dieser *räumlichen* Trennung und Spaltung kann die Zusammengehörigkeit eines Volkstums auf verschiedene andere Weise gestört und durchbrochen werden, sodass feindliche Volkselemente beieinander und durcheinander wohnen.

Auf hoher Kulturstufe kann leicht die *religiöse* Trennung erfolgen, die zwischen Gliedern desselben Volkes eine weit größere Feindschaft erzeugen kann als jene, welche zwischen glaubensverwandten verschiedenen Völkern zu herrschen pflegt. Ob überhaupt ein Kulturvolk, dessen Mitglieder verschiedenen Religionen angehören, noch als *ein* Volk zu betrachten ist, darüber kann man unter Umständen verschiedener Anschauung sein, im Grunde aber wäre es nur ein Streit um Worte. Wo und wenn religiöse Gleichgültigkeit herrscht, vermag eine Glaubensspaltung in der Regel keine allzu ernste Feindschaft herbeizuführen. Anders dagegen bei glaubenseifrigen Völkern. Tief eingewurzelt ist in deren Seele der Grundsatz, dass ein Volk *einen* Glauben zu bekennen hat. Die slawischen Mohammedaner in Bosnien z. B. fühlen sich nicht als Serben, sondern als Türken, sogar als »echte Türken« gegenüber den glaubensschwächeren Osmanen. – Hat ja sogar die *Sekten*bildung nach der Reformation Deutschland lange Zeit in verschiedene Heerlager gespalten.

Noch wichtiger ist ein anderer Vorgang, durch den die Einheitlichkeit und Gleichförmigkeit eines Volkstums durchbrochen werden kann: ein Volk oder, vielleicht richtiger ausgedrückt, ein Staat kann Elemente, die von Haus aus fremdartig sind, Menschen anderer Rasse, anderer Sprache, anderer Religion, in sich aufnehmen, richtiger vielleicht ausgedrückt: in seiner Mitte dulden.

Diese Aufnahme beziehungsweise Duldung fremdartiger Elemente kann aus zwei verschiedenen Anlässen erfolgen:

a) *Eroberung.* Kann oder will man die eingeborene Bevölkerung nicht völlig ausrotten und ist auch eine Verschmelzung nicht möglich – sei es, dass die Eingeborenen fremder Rasse sind, oder dass sie zwar gleicher Rasse sind, aber ihre Sprache oder Religion nicht aufgeben – so erübrigt nichts, als dass der Eroberer die Unterworfenen in seiner Staatengründung duldet, was nach den verschiedensten Rechtsgrundsätzen geschehen kann – von der theoretisch vollen Gleichberechtigung an bis zur entsetzlichsten Sklaverei.

Von nicht großem Belang ist es hierbei, ob die betreffende Bevölkerung früher Herrin des eroberten Landes war und dasselbe gegen die Eindringlinge verteidigt hatte oder ob sie selbst nur eine sklavenähnliche Stellung im Lande innegehabt und vielleicht sogar die Eroberer mit offenen Armen empfangen und sie unterstützt hatte. Bei der Neugestaltung der Rechtsordnung kann der letztere Umstand wohl berücksichtigt werden, allein im Laufe der Zeit pflegen Dienste und Wohltaten auch wieder in Vergessenheit zu geraten.

b) *Einwanderung.* Während im Falle der Eroberung der Stärkere zum Schwächeren kommt, kommt hier der Schwächere zum

Stärkeren, und zwar entweder von diesem gezwungen, um ihm zu dienen – das großartigste Beispiel hierfür bietet der Sklavenhandel – oder freiwillig, um eine Heimat oder wenigstens Ruhestätte zu finden. Im letzteren Falle sind wieder verschiedene Möglichkeiten denkbar. Entweder sind die Einwanderer vom Herrn des Landes eingeladen, der ihrer bedarf, oder sie bitten ihrerseits den Herrn des Landes, ihnen Aufnahme zu gewähren. Im letzteren Falle werden natürlich die Einwanderer viel bescheidener auftreten und namentlich sich den Gesetzen ihres Gastfreundes viel williger unterwerfen müssen als im ersteren Falle.

Die Form, in welcher von einem Volk fremdartige Elemente aufgenommen werden, kann eine verschiedene sein. Entweder werden die einzelnen Individuen als Angehörige der Volks- und Staatsgemeinschaft aufgenommen (in neuerer Zeit Juden in Deutschland, Neger in Nordamerika) oder eine ganze Gemeinschaft als solche, welche ihre bisherige Organisation wenigstens teilweise behält, was wieder in der verschiedensten Art geschehen kann. Man denke an die Stellung der Armenier und der Kurden oder der Juden und Arnauten in der Türkei.

Im letzteren Falle kann man eigentlich begrifflich nicht wohl von einer *Aufnahme* dieser fremdartigen Elemente in die Staats- und Volksgemeinschaft sprechen, da eben diese fremdartigen Elemente schon der Form nach ein geschlossenes Ganzes, gewissermaßen einen Staat im Staate bilden. Indessen ist der Unterschied zwischen den beiden Arten der Aufnahme nicht so groß, wie man meinen könnte. Auch der Anlass, aus welchem fremdartige Elemente von einem Volkstume aufgenommen oder geduldet werden, ist im Großen und Ganzen völlig bedeutungslos.

In allen Fällen, in welchen fremdartige Elemente von einem Volkstum aufgenommen oder in seiner Mitte geduldet werden – gleichviel, welches der Anlass oder welches die Form ist – gilt, das lehrt die Weltgeschichte aller Völker und aller Zeiten mit unerbittlicher Schärfe, das eine Gesetz:

Hierzu kommt aber noch ein anderes. Auch innerhalb eines vollständig einheitlichen, nach Rasse, Sprache und Religion homogenen Volkes pflegt sich sehr bald bei zunehmender Kultur mit Naturnotwendigkeit eine Kluft zu öffnen: die Verschiedenheit des *Standes* oder der *Klasse*. Die Verschiedenheit der *Rasse*, der *Sprache*, der *Religion* und der *Klasse* muss also mit Naturnotwendigkeit die Menschen voneinander trennen und den Nährboden bilden, auf dem Hass und Feindschaft gedeihen. Eine Feindschaft, welche auf diesem Boden entsteht, nennt man einen *Gegensatz*.

Mit diesen vier Arten von Gegensätzen (Gegensätze der Rasse, der Sprache, Religion und der Klasse) ist allerdings die Zahl der Arten nicht erschöpft. Aber die meisten anderen hängen bis zu einem gewissen Grad mit einem der angedeuteten Gegensätze zusammen.

Nur eine Erscheinung wollen wir hier anführen, die so vielfach verkannt wird: das Räubertum (Räuberunwesen), welches wohl in den meisten Fällen mit religiösen oder anderen Gegensätzen zusammenhängt. In den Augen des Kriminalisten ist ein Mitglied einer Räuberbande selbstverständlich ein gemeiner Verbrecher. Aber der Völkerpsychologe wird doch einen gewissen Unterschied nicht zu übersehen geneigt sein, wenigstens insoweit, als die Räuberbande, von der Sittlichkeit ihres Tuns überzeugt, sich mit vollem Bewusstsein außerhalb der staatlichen Ordnung stellt und lediglich die in ihrer Mitte aufgestellte Rechtsordnung als verbindlich anerkennt.

»Reiten und Rauben ist keine Schande« war der Grundsatz mittelalterlicher Raubritter in Deutschland.

Räuberbanden (Land- oder Seeräuber) können aus den zuverlässigsten, ehrlichsten Menschen bestehen. Wenn ein Räuber *Friede* mit der staatlichen Ordnung gemacht hat, so kann er ein guter Bürger werden.

Die Schule der europäischen Politiker weiß hiervon freilich nichts. Ein Beispiel: Die türkische Regierung hat in neuerer

Zeit oftmals Angehörige räuberischer Stämme (z. B. Tscherkessen usw.), welche früher selbst Räuber gewesen waren, in ihre Dienste als Gendarmen genommen und dadurch, da diese Leute einerseits mit den Künsten der Räuber von Jugend auf vertraut sind, anderseits aber ihrem Dienstherrn die gegebenen Versprechungen treu zu halten pflegen, bedeutende Erfolge in der Bekämpfung der Räuberplage erzielt. Hätte die türkische Regierung in dieser Beziehung den Rat europäischer Moralphilosophen eingeholt, so würde man ihr klar und deutlich bewiesen haben, dass ein solches Verfahren nicht nur vom ethischen Standpunkt aus im höchsten Grade verdammenswürdig sei, sondern auch die schlimmsten Folgen für die Sicherheit des Landes haben müsse. Denn wie sollen Menschen, welche selbst das Räuberhandwerk ausgeübt haben, einen Begriff von der »Heiligkeit des Eigentums« und der »Unverletzlichkeit des Lebens« haben?

Recht nach innen, Macht nach außen. Die Grenze zwischen innen und außen wird durch die Gegensätze gebildet. Zweierlei ist hier zu beachten.

1. Die Grenzen sind keineswegs gleich stark und im Volksbewusstsein unveränderlich fest eingewurzelt. Vielmehr kann ein Gegensatz so abgeschwächt sein, dass er *zeitweise* wenig oder fast gar nicht gefühlt und empfunden wird. Innerhalb eines Staates kann es daher auch abgeschwächte Arten des Rechtes geben.

Dürften wir uns arithmetischer Formeln bedienen, so würden wir sagen, dass es Bevölkerungsgruppen gibt, die im Durchschnitt nur 1/2, 1/4, 1/8 oder auch 2/3 usw. Gleichberechtigung besitzen. Wir sagen: im Durchschnitt. Je nach äußeren Verhältnissen kann die Gleichberechtigung *fast* eine volle werden oder auch fast bis auf null herabsinken.

Die Macht, beziehungsweise die Verweigerung der Gleichberechtigung wird – wie wir an anderem Orte sehen werden – vom Stärkeren je nach der Lage des Falles in ganz verschiedener Weise ausgeübt:

In der Form einer gesellschaftlichen Ächtung, einer ungerechten Gesetzgebung, einer ungerechten Gesetzesanwendung oder eines offenen Vernichtungskampfes.

Die Unsicherheit und Verschiebbarkeit der Grenzen zwischen innen und außen tritt besonders, worauf wir noch an einem anderen Orte zurückkommen werden, da hervor, wo mehrere Gegensätze vorhanden sind; hier kann, was gestern außen war, heute innen, und was gestern innen war, heute außen werden.

Stellen wir uns den einfachsten Fall vor, dass z. B. in einem Staate Weiße und Schwarze wohnen und der eine Teil der Schwarzen Christen, der andere Teil Muselmanen sind, so können wir uns das Verhältnis durch das Bild zweier sich schneidender Kreise veranschaulichen, von denen der eine die christliche Glaubensgemeinschaft, der andere die schwarze Bevölkerung darstellt.

Je nachdem der Gegensatz der Rasse oder des Glaubens vorherrscht, wird die beiden Kreisen gemeinsame Fläche als »innen« oder »außen« erachtet werden.

2. Innen und außen können auch relative Begriffe sein, insofern die durch die Gegensätze abgegrenzten Gebiete im Verhältnis konzentrischer Kreise zueinander stehen.

Suchen wir uns das Verhältnis durch ein Bild zu veranschaulichen, welches zwar ebenso wenig wie etwa das Thünensche Gesetz in der Nationalökonomie genau überall den Tatsachen entspricht, jedoch im Allgemeinen die Tendenz andeuten soll, welche für das Verhältnis der Völker und Volksgruppen zueinander die naturgemäße ist, so erhalten wir, wenn wir beispielsweise die Stellung der oberen Klassen in Deutschland charakterisieren wollen, folgende Kreise:

Menschheit, arische Rasse, christliche arische Völker, deutsches Volk, obere Klassen des deutschen Volkes (die Kreislinien sind die Gegensätze der Rasse, der Religion, der Sprache und der Klasse).

Das heißt: Im Verhältnis zu nichtchristlichen nichtarischen Völkern bilden die arischen Völker, im Verhältnis zu den arischen nichtchristlichen Völkern die christlichen arischen Völker usw. gleichsam eine Gemeinschaft für sich, innerhalb deren in immer stärkerem Maße gegen das Zentrum hin Macht und Gewalt zurücktritt, Recht und friedliche Vereinbarung zunimmt.

Im internationalen Verkehr, d. h. im Verkehr zwischen selbstständigen Volks- und Staatsgemeinschaften, welche nicht durch eine gemeinsame Gewalt verbunden sind, kann also keineswegs immer und unbedingt die Macht entscheiden. Auch hier muss sich eine Art Recht – und zwar in gewissen Abstufungen je nach der Stärke des die einzelnen Teile umschlingenden gemeinsamen Bandes – entwickeln. Das loseste und schwächste derartige Band ist die *Menschheit* an sich.

Wenn eine Mehrheit von Völkern sich verwandt und zusammengehörig fühlt, so ist dieses Gefühl wohl geeignet, auch ein schwaches Volk, einen kleinen Staat bis zu einem gewissen Grade vor Vergewaltigung zu schützen. Das Gefühl, das die unbeteiligten Staaten oder Völker erfüllt, dass das Unrecht, welches dem Kleinen und Schwachen geschieht, zugleich den übrigen zugefügt wird, verleiht den schwachen Mitgliedern einer derartigen Staaten- oder Völkerrechtsgemeinschaft einen mächtigen Rückhalt. Zum mindesten werden die unbeteiligten Dritten dem mutwilligerweise Angegriffenen einen nur moralischen, aber in seiner Bedeutung nicht zu unterschätzenden, in vielen Fällen auch materiellen Beistand gewähren.

Das großartigste Beispiel für ein derartiges Gefühl der Zusammengehörigkeit bietet das *europäische Völkerrecht,* welches – wie wir an anderer Stelle noch genauer erörtern werden – im vollen Maße nur für die durch das zwiefache Band der arischen Rasse und des Christentums verbundenen Völker gilt.

Die Bedeutung dieses Völkerrechts besteht also darin, dass Schändlichkeiten und Gewalttaten im Verkehr der arischen christlichen Staaten untereinander verpönt sind, und zwar weit stärker als etwa gegen die eingeborenen Stämme Afrikas, und besonders, dass dieser Grundsatz bis zu einem ziemlich weitgehenden Grade auch *tatsächlich* geübt wird.

Der Gerichtshof, der hierüber wacht, der das Völkerrecht anzuwenden und das Völkerrecht zu entscheiden hat, ist die Gesamtheit der durch das gemeinsame Band des Christentums und der arischen Rasse verbundenen Völker.

Der Druck der öffentlichen Meinung ist das einzige diesem Gerichtshof stets sicher zu Gebot stehende Zwangsmittel, welches freilich bei Weitem nicht ausreicht, um der Entscheidung stets Geltung zu verschaffen.

Man kann hieraus ermessen, wie die – recht müßige – Streitfrage: »Ist dem Völkerrecht wegen der mangelnden Erzwingbarkeit der Charakter des Rechts zuzuerkennen oder abzusprechen?« zu entscheiden ist. Die Wahrheit liegt, wie so oft, in der Mitte.

Wer die ungeheure Bedeutung der Gegensätze, namentlich der vier großen Arten: Gegensätze der Rasse, der Sprache, der Religion und der Klasse nicht begreift, wird auch nie die innere und äußere Geschichte der Völker vollkommen verstehen können, wird nie viel aus der Geschichte lernen. Ein Politiker, der die Bedeutung dieser Gegensätze unterschätzt, wird vielleicht instinktiv für den Augenblick das Richtige treffen können, aber nicht mit weit ausschauendem Blick der Zukunft gerecht werden.

Die modernen Humanitätstheoretiker wissen allerdings nichts von dieser ungeheuren Bedeutung. Nach der Auffassung dieser Moralphilosophen besteht eben die Untertanenschaft eines Staates aus einer Anzahl Individuen, welche alle vor dem Gesetz gleichberechtigt sind und sich alle gegenseitig als gleichberechtigte Brüder lieben und achten müssen. Nur darauf kommt es an, ob ein Individuum gut oder schlecht, tüchtig oder untüchtig ist. Welcher Rasse, welcher Religion der Mensch angehört, welches seine ursprüngliche Muttersprache ist, ist belanglos. Wenn es nach dem Wunsch dieser Theoretiker ginge, müssten in der

Statistik wenigstens teilweise die Rubriken »Rasse«, »Religion« etc. wegfallen.

Überall, wo Europäer mit fremden Rassen zusammentreffen, zerschellen freilich diese Theorien an der Macht der menschlichen Natur, und zur Rechtfertigung der Verstöße gegen diese Theorien vermag man in Europa – abgesehen vom »Tropenkoller« – kaum etwas anderes zu erfinden als die klägliche Ausrede, dass eben die jeweils misshandelte fremde Rasse schlechter – oder was so ziemlich für das nämliche gilt – unkultivierter sei.

Wenn dagegen seitens nichtchristlicher Völker die Humanitätstheorien nicht genau beachtet werden, so ist dies ein Beweis für die Schlechtigkeit dieser Völker oder aber der Regierungen derselben. Wenn z. B. in der Türkei Kämpfe zwischen Christen und Muselmanen vorkommen, so lässt sich dafür kein anderer Grund denken, als dass entweder die Muselmanen fanatische Menschen, eigentlich gar keine richtigen Menschen sind, oder (unter Umständen können auch beide Gründe zusammen wirken) dass die türkische Regierung den teuflischen Plan ins Werk setzt, ein Blutbad unter ihren getreuen christlichen Untertanen anzurichten. Wie wäre es sonst möglich, dass die ausdrücklichen und unbestrittenen Lehren der Humanität so missachtet werden, da doch Humanität oder Menschlichkeit der menschlichen Natur angeboren ist?

Zu dieser naiven Auffassung trägt allerdings wesentlich der Umstand bei, dass im christlichen Europa die Bevölkerung im Wesentlichen nach Rasse und Religion homogen ist und daher die Stubenphilosophen wenig Gelegenheit haben, die wichtigsten und schwersten Gegensätze, die der Rasse und der Religion, im Leben zu beobachten. Fast nur *eine* fremde Religionsgesellschaft besteht in Europa, das sind die Juden, die überdies bis zu einem gewissen Grade auch einer anderen Rasse angehören oder wenigstens als angehörig betrachtet werden. Gerade das Verhältnis zu den Juden ist das trefflichste Beispiel, wie tief, wie unzerstörbar die Gegensätze in der menschlichen Natur begründet sind, und wie wenig dieselben durch die Kultur beseitigt werden.

Der Hass gegen die Juden, der angeblich für immer begraben war, weil er nur zu der finsteren Unkultur und Verdummung früherer Jahrhunderte passte, aber zu der aufgeklärten Kultur des 19. Jahrhunderts im schroffen Widerspruch steht, ist aller Theorie zum Trotz in Europa wieder erwacht und treibt die üppigsten Blüten.

Es wird namentlich von jüdischer Seite behauptet, diese Bewegung stehe im Widerspruch zu der Kultur und dem Geist des 19. Jahrhunderts. Welch leuchtendes Beispiel echter Freiheit, hochgesinnter Duldsamkeit biete dagegen beispielsweise das großherzige hochkultivierte Nordamerika!

Ich bin der gegenteiligen Ansicht. Die Judenhetzen, selbst in ihrer allerschlimmsten Form, passen ganz vortrefflich zu den Gräueln der Europäer in Afrika, zu den scheußlichen Massakern der Russen und Bulgaren gegen die Türken in den Jahren 1877/78 und zu vielen anderen Atrozitäten christlicher und nichtchristlicher Völker. Nur die ganz unbegründete Einbildung, dass die europäischen Völker eine andere Natur (die der Humanität, Sanftmut, Milde, Liebe, Gerechtigkeit usw.) besitzen als die übrige Menschheit, vermag den Judenhass als eine Ausnahme von der Regel, als einen gewissermaßen unerklärlichen Rückfall in die Barbarei oder dergleichen hinzustellen.

Und nun vollends »das vom echten Geiste wahrer Duldsamkeit und Gerechtigkeit erfüllte« Amerika! Wissen die Juden nicht, welche Gräuel die Amerikaner, mögen sie auch die Juden im Allgemeinen als gleichberechtigt anerkennen, gegen die Indianer, Neger, Chinesen verübten und noch verüben? Aber freilich, die Ameise hält nicht den Habicht, sondern die Nachtigall für ein schlimmes, schädliches Geschöpf.

Man wendet uns ein: das Verhältnis der Indianer etc. zu den Amerikanern ist ein ganz anderes als das der Juden zu den europäischen Völkern. Vermöge ihrer Sprache, ihres Äußeren, ihrer

Kleidung, namentlich aber ihrer Bildung stehen die Juden z. B. den christlichen Deutschen so nahe, dass sie von denselben kaum zu unterscheiden sind. Welch ungeheurer Unterschied ist dagegen zwischen Amerikanern und Indianern, Negern, Chinesen!

Gewiss; aber infolgedessen ist ja auch die Feindseligkeit gegen die Juden im Vergleiche zu den Rassenhetzen in Amerika fast harmlos zu nennen. Der Hass gegen die Juden beschränkt sich im Ganzen und Großen auf vereinzelte wüste Schmähungen und Beschimpfungen, wozu noch in größerem Umfange die gesellschaftliche Ächtung hinzutritt. Zu Brandstiftung, Raub, Totschlag greift der Antisemitismus bis jetzt nur sehr selten; wie bejammernswert dagegen sind die schwächeren Volkselemente in Amerika! Wir werden noch an anderer Stelle darauf zurück-kommen: je größer die Verschiedenheit, desto größer – bei sonst gleichen Verhältnissen – die Feindschaft (vgl. S. 163 ff.).

Der Grund aber, dass die Juden, trotz der amerikanischen Rohheit, im Allgemeinen von den Yankees wenig angefeindet werden, liegt wohl sicher zum Teil darin, dass bei der vielfachen, bunten Verschiedenheit der Rassen, Völker und Religionen in Amerika die geringe Verschiedenheit der Juden viel weniger auf-fällt als in Ländern mit gleichartiger Bevölkerung.

Gegensätze sind die Negation der Humanität. – Das Cha-rakteristische an allen Verbrechen und Verstößen gegen die Humanität, die aus einem Gegensatze entspringen, ist, dass sie nicht unbedingt von allen Schichten der Bevölkerung missbil-ligt, sondern unter Umständen von einem Teile der Bevölkerung sogar gebilligt und gepriesen werden; – sagen wir es frei heraus: Wer ein Verbrechen *lediglich* unter dem Einfluss eines Gegen-satzes begeht, muss noch nicht ein Verbrecher im gewöhnlichen Sinne des Wortes sein, geschweige denn als solcher den ihm nahestehenden Menschenkomplexen gelten.

Gerade in dieser Hinsicht macht sich aber eine erstaunliche Einseitigkeit und Befangenheit in der Auffassung geltend.

Der amerikanische Ansiedler, der ein indianisches Dorf niederbrennt oder friedliche Indianer niederschießt, der australische Ansiedler, der für die Eingeborenen Strychnin bereitstellt oder des Sonntags auf die Schwarzenjagd geht, *kann* »im Übrigen« ein rechtschaffener Mann, der seinesgleichen nie um Pfennigswert benachteiligt, der trefflichste Familienvater, der frömmste Christ, der pflichtgetreueste Bürger seines Staates, der eifrigste Sprecher für die Sache der Humanität sein; dies wird einem englischen Philanthropen vielleicht ohne Schwierigkeit einleuchten; nie und nimmermehr wird aber ein echter Engländer zu begreifen vermögen, dass auch ein Kurde, der armenische Menschen beraubt, »im Übrigen«, nämlich nach den Gesetzen seines Stammes, ein tadelloser Mensch sein kann.

Ein christlicher Ritter des Mittelalters, der Juden misshandelte oder ihnen noch Schlimmeres tat, kann sehr wohl als Muster aller ritterlichen Tugenden in hoher Achtung bei seinesgleichen gestanden haben; wer wollte dies missbilligen?

Wenn dagegen ein Jude, der die Christen nach Möglichkeit betrog und ausbeutete, bei seinen Glaubensgenossen als rechtschaffener Mann gelten konnte, wie wenig Christen werden dies für verzeihlich finden!

Wenigstens vom psychologischen Standpunkt aus muss man wohl zwischen gemeinen Verbrechern und Verbrechern unter dem Einfluss eines Gegensatzes unterscheiden; ob freilich eine solche Unterscheidung vom politischen Standpunkte aus zulässig wäre, ist eine andere Frage. Eine bestimmte Grenze zwischen beiden Arten von Verbrechen lässt sich der Regel nach nicht ziehen. Eine Spur von »Mitmenschentum« bleibt fast stets trotz aller Gegensätze bestehen. Egoistische Beweggründe können nicht immer streng von gemeinnützigen geschieden werden.[32]

---

32 Es ist außerordentlich naiv, wenn in Europa darüber gestritten wird: Warum erschlugen die Türken in Konstantinopel einige Tausend Armenier? War es ein religiöser Gegensatz oder war Brotneid der türkischen Arbeiter gegen ihre armenischen Kameraden dabei? Oder war es der

Wenn auch namentlich in akuten, ehrlich und regelrecht geführten Kämpfen sehr wohl auch die Edelsten und Besten eines Volkes teilnehmen und sogar an der Spitze der Kämpfer stehen können, so ist es doch in der Regel der Auswurf der Gesellschaft, der die meisten Feindseligkeiten verübt, die größten Grausamkeiten begeht und besonders am wenigsten Treu und Glauben im Kampfe obwalten lässt, und zwar ist dies umso mehr der Fall, je schwächer die Gegensätze sind; je geringer ein Gegensatz, desto weniger werden die guten, sittlichen Elemente des einen Teils geneigt sein, dem anderen Teil ein Unrecht zuzufügen.

Den schlechten Elementen dagegen sind eben die rein egoistischen Beweggründe die Hauptsache, der Gegensatz oft bloß der Deckmantel. Man denke sich: Ein weißer Spitzbube im fernen Westen will seinem Räuberhandwerke nachgehen: wählt er sich seine Stammesgenossen zum Opfer, so wird er ohne viel Federlesens justifiziert. Es wird daher für ihn vorteilhafter sein, seine Unternehmungen (z. B. Viehdiebstahl) gegen die Rothäute zu richten. Seine weißen Volksgenossen, mögen sie auch von ihrem Gewissen abgehalten werden mitzurauben, werden ihn doch wenigstens gewähren lassen und bis zu einem gewissen Grade auch vor der Strafe durch die Indianer zu schützen geneigt sein.

Tatsächlich wird man auf Grund des bekannten geschichtlichen Materials wohl behaupten dürfen, dass die Indianer, die Australier sowie die übrigen Naturvölker zum größten Teil das *Opfer gemeiner Verbrecher* der weißen Rasse geworden sind.

Die gleiche Erscheinung lässt sich wohl überall nachweisen. Es ist bekannt, wie es bei den Hugenottenverfolgungen in Frankreich zum großen Teil private Feindschaft und persönlicher Hass, Rache, Neid, Eifersucht, und Habsucht schlechter Elemente war, denen die Hugenotten zum Opfer fielen. Des religiösen

Zorn über die armenischen Angriffe und Herausforderungen? Dass diese Gründe sich nicht ausschließen, sondern geradezu gegenseitig ergänzen, ja bis zu einem gewissen Grad sogar sich gegenseitig bedingen, scheint dem humanen Europa ein Geheimnis zu sein.

Fanatismus' wussten sich Verbrecher in geschickter Weise für ihre Zwecke zu bedienen. – Das Gleiche war in Bulgarien in den Schreckensjahren 1877 und 1878 der Fall; auch hier wurden die scheußlichen Massaker gegen die Muselmanen in ganz hervorragendem Maß vom schlechtesten bulgarischen Gesindel veranstaltet. – Dass bei allen Judenverfolgungen der »süße Pöbel«, der unter Umständen der Schrecken seiner eigenen Glaubensgenossen ist, am pünktlichsten auf der Bildfläche erscheint, ist zu bekannt, als dass wir näher darauf eingehen müssten. Immerhin sind und bleiben auch die guten Volkselemente dem Einfluss der Gegensätze unterworfen.

Für die Rechtspflege eines Landes mit gemischter Bevölkerung liegt hierin eine schwierige, hohe Anforderung an die Sittlichkeit der Richter stellende Aufgabe. Es gibt vielleicht keinen zuverlässigeren Prüfstein für die sittlichen Eigenschaften des Richterstandes als die Gegensätze. Will der Richter ohne Ansehen der Person, die Gegensätze ignorierend entscheiden, so setzt er sich nur zu leicht mit den Anschauungen der Majorität (dem »Volksbewusstsein«, der »Volksstimme«) in Widerspruch und muss sich auf Angriffe jeder Art – je nach Lage der Verhältnisse von leisen Beschimpfungen bis zur Waffe des Meuchelmörders – gefasst machen.

Schenkt er dagegen der Leidenschaft der Majorität mehr Gehör als seiner Pflicht, so wird er wohl gepriesen, er ist »populär«, aber die Folgen können auch für andere Volkskreise als die zunächst verletzten recht verhängnisvoll sein. Denn das darf eben nicht übersehen werden: Eine Rechtsverletzung bildet nur zu leicht einen Präzedenzfall. Je geringer der Gegensatz ist, desto größer ist die Gefahr, dass die Ungerechtigkeit ein böses Beispiel auch zum Nachteil anderer Menschenkomplexe abgibt. Ist der Gegensatz ein starker, also leicht zu Ungerechtigkeiten führender, so wird durch die Ungerechtigkeit weniger leicht ein Präzedenzfall geschaffen. Immerhin ist diese Möglichkeit in keinem Falle völlig ausgeschlossen.

Instinktiv pflegen dies auch die Menschen zu fühlen, wenn sie sich dessen auch nicht klar bewusst sind. Auch hierfür können wir den Antisemitismus, namentlich in Deutschland, als Beispiel anführen. Bekanntlich geht die Bewegung gegen die Juden in Deutschland hauptsächlich von Protestanten, weniger von Katholiken aus, offenbar deshalb, weil letztere ebenfalls eine Minderheit bilden und die Möglichkeit einer sie selbst treffenden Rechtsverkürzung nicht völlig außer Acht lassen. Das Gleiche gilt von Polen, Dänen etc.

Wird man einen antisemitischen Katholiken fragen, ob er nicht befürchte, dass die Unterdrückung der Juden einen Präzedenzfall zu Ungunsten der Katholiken schaffen könne, so wird die Antwort wohl verschieden, je nach der Gesinnung des Befragten lauten.

Ist der katholische Antisemit vor allem ein unerschütterlich glaubensstarker Katholik, so wird er nicht glauben, dass die göttliche Gerechtigkeit die Anhänger des wahren Glaubens in ihren Rechten beeinträchtigen lassen könne.

Fühlt sich der katholische Antisemit in erster Linie als Christ, so wird er auf die Frage erwidern: Unmöglich, denn wir Katholiken sind ja auch Christen, also von derselben Religion wie die Protestanten.

Fühlt er sich als Germane und Arier, so wird die Antwort lauten: Unmöglich, denn wir Katholiken sind ja keine Semiten, sondern arische Deutsche.

In jedem Fall wird aber ein katholischer Antisemit die Möglichkeit einer Präzedenzfallbildung zum Nachteile der Katholiken einesteils wegen der *größeren Zahl*, andererseits wegen der *geringeren Verschiedenheit* der Katholiken für fernliegend halten.

2. Die Arten der Gegensätze

a) Die Gegensätze der Rasse

Nach den verschiedenen typischen körperlichen Eigenschaften
(»Rassen-Charakteren«) wird das Menschengeschlecht in Gruppen, die man Menschenrassen nennt[33], geteilt.

Diese Einteilung ist die natürlichste, weil sie auf den am meisten sinnlich wahrnehmbaren Verschiedenheiten beruht.

Die Gemeinsamkeit der Rasse bildet daher von Haus aus ein
geradezu unentbehrliches Band, die Verschiedenheit derselben
eine unübersteigbare Scheidemauer zwischen Individuen, wo es
sich um die Vereinigung zu einer Gemeinschaft handelt.

Die Rassenfeindschaft dürfen wir wohl als die ursprüng-
lichste, heftigste im Leben der Völker betrachten. Freilich ist
hierbei nicht außer Acht zu lassen, dass von Haus aus mit der
Rassenverschiedenheit andere Verschiedenheiten, namentlich
die Verschiedenheit der Religion und Sprache, naturgemäß verbunden sind. Aber selbst wo diese Verbindung gelöst wird, wo
sich Menschen nur noch durch die Rasse unterscheiden, bleibt
der heftige, unversöhnliche Gegensatz bestehen. Je größer die
Verschiedenheit der Rasse, desto größer ist im Allgemeinen –
ceteris paribus – die Feindseligkeit.

In Europa freilich kennt man die furchtbare Gewalt
der Rassengegensätze nicht, und zwar aus dem einfachen
Grund, weil Rassenverschiedenheiten hier so gut wie nicht
existieren.

Umso auffallender, umso lächerlicher ist die ungeheure Kluft,
welche sich sofort zwischen Theorie und Praxis auftut, sobald
Europäer in anderen Weltteilen mit fremden Rassen in Berührung kommen.

---

33 Auf die missbräuchliche Anwendung des Wortes, bei der man von
einer »angelsächsischen Rasse«, »slawischen Rasse« usw. spricht, brauchen
wir nicht näher einzugehen.

Die von den Europäern am meisten verschiedenen Rassen werden, zumal wenn sie noch auf der niedrigsten Kulturstufe stehen, oft kaum mehr zu den Menschen gezählt und – wie wir es z.B. bei den Australnegern erwähnt haben – fast wie wilde Tiere – ohne Gewissensskrupel – getötet.

Selbst die Neger in Nordamerika, die sich fast *nur* noch durch die Rasse von den Weißen unterscheiden – Religion, Sprache, Sitte haben sie von den Weißen angenommen –, werden auf das Bitterste gehasst, sind unter Umständen den scheußlichsten Verfolgungen preisgegeben.

Verwischt wird die Rassenverschiedenheit durch die *Rassenmischung*. Diese hat naturgemäß in den letzten Jahrhunderten ungeheure Ausdehnung gewonnen, und man hat schon prophezeit, dass alle Rassenverschiedenheit durch Mischung verschwinden, das Endergebnis des Völker- und Rassenverkehrs die Einheit des Menschengeschlechts sein werde.

Wenn durch die Rassenmischung *beide* Rassen vollständig von der Mischlingsrasse absorbiert werden, so verschwindet selbstverständlich mit der Rassenverschiedenheit auch der Rassengegensatz. Wo indessen neben der Mischlingsrasse die ursprünglichen Rassen bestehen bleiben, ja sogar, wo nur eine derselben bestehen bleibt, dauert auch der Rassengegensatz fort.

Die in der Mitte zwischen zwei Rassen stehenden Mischlinge müssen im Rassengegensatz naturgemäß Partei ergreifen. Welcher Partei sie angehören, wird in der Regel durch die Neigung der höherstehenden Rasse bestimmt. Nimmt die höherstehende Rasse die Mischlinge als annähernd ebenbürtig an, so stehen dieselben auf Seite der höherstehenden, andernfalls auf Seite der niedriger stehenden Rasse. Letztere pflegt wohl in den meisten Fällen die Mischlinge als vollwertig zu erachten.[34]

---

34 Auf die Fälle, in denen eine niedriger stehende Rasse sich gegen das Aufkommen einer Mischlingsrasse wehrt – man denke an die Tötung der Mischlinge in Haiti, früher auch in Kamerun usw. – können wir nicht näher eingehen.

Als Charakteristikum bei den Mischungen zwischen einer höher und einer niedriger zivilisierten Rasse darf man es wohl betrachten, dass gewöhnlich der Vater der ersteren, die Mutter der letzteren angehört. Es rührt dies zum großen Teil davon her, dass die der zivilisierteren Rasse angehörigen Ansiedler (Kolonisten) selbstverständlich in erster Linie und zum größten Teil Männer sind, die für den Geschlechtsverkehr auf die eingeborenen Frauen angewiesen sind, sodann aber erklärt es sich namentlich aus der größeren Macht der zivilisierteren Rasse: Es ist natürlicher, dass ein niedriggestelltes Weib einem hochgestellten Mann, als dass ein hochgestelltes Weib einem niedriggestellten Manne angehört. Dass hierbei auch die Fälle der Vergewaltigung von Frauen eine bedeutende Rolle spielen, bedarf keiner weiteren Darlegung.

Der Geschlechtsverkehr zwischen Angehörigen verschiedener Rassen ist entweder ein dauernder und den durch die Sitte vorgeschriebenen Formen angepasster, wobei namentlich auch der Vater seinen natürlichen Pflichten gegen das Weib und die erzeugten Kinder (Schutz und Unterhalt) dauernd nachkommt, oder er dient *nur* zur Befriedigung der Sinnenlust, ist vielleicht sogar nur ephemer; hiervon hängt es natürlich wesentlich ab, welchen Einfluss der Geschlechtsverkehr auf die Sittlichkeit der beiden Rassen, namentlich der weniger zivilisierten, ausübt. Im Allgemeinen wird man sagen können, dass zwischen Rassen von gleich oder annähernd hoher Kultur der »sittliche« Geschlechtsverkehr häufiger ist als zwischen Rassen verschiedener Kulturhöhe und dass daher z. B. muselmanische Kolonisten im Geschlechtsverkehr mit den eingeborenen Weibern sittlicher sind als christliche.[35]

---

35 Nur nebenbei dürfen wir hier wohl an den oft wiederholten Satz erinnern, dass die Mischlinge die schlechten Eigenschaften beider Rassen in sich vereinigen. Soweit dieser Satz wahr ist, ist der Grund offenbar nicht auf physiologischem, sondern auf sozialem Gebiet zu suchen.

Natürlich wird hiervon auch zum großen Teil die Stellung der erzeugten Mischlinge abhängen; »eheliche« Kinder stehen ihren Vätern näher als »uneheliche«. Arabermischlinge stehen den Arabern näher als Europäermischlinge den Europäern. Alle von Europäern erzeugten Mischlingsrassen, Mestizen, Mulatten, Eurasier, Bastards (in Südwestafrika) werden von den Europäern in der Regel nur als untergeordnete, niedrige Klassen angesehen.

Nach dem Vorstehenden ist es leicht zu begreifen, dass zumeist bei den Gegensätzen zwischen Europäern und eingeborenen Rassen die Mischlinge auf Seiten der letzteren, bei den Gegensätzen zwischen Arabern und eingeborenen Rassen dagegen auf Seite der ersteren zu stehen pflegen.

Mit der Rassenmischung hängt zusammen, dass bei den Rassengegensätzen die Einbildung oder Volksüberzeugung eine nicht zu unterschätzende Rolle spielt. Ähnlich, wie im Leben der Individuen die wirkliche Blutsverwandtschaft keineswegs immer identisch mit der behaupteten und geglaubten ist.

So kann zwischen Menschen, an denen der unbefangene Beobachter kaum einen Rassenunterschied zu entdecken vermag, ein heftiger Rassengegensatz bestehen, umgekehrt dagegen können sich Menschen von offenbar verschiedenen Rassenmerkmalen als einheitliche und gleichwertige Rasse fühlen.

Die beiden Faktoren, die hier wirken, sind die *Volksüberlieferung* und die *Volksneigung*.

Jeder Laie braucht z. B. nur in irgendeine Menschenversammlung, in den meisten Ländern Europas, zu kommen und lediglich die Farbe der Haare zu betrachten, um sofort zu ersehen, dass von einer einheitlichen Rasse dieser Menschen keine Rede sein kann. Trotzdem besteht kein Rassengegensatz zwischen diesen im Laufe der Jahrhunderte und Jahrtausende durcheinander gekneteten und miteinander verwobenen Volkselemente, weil jede, auch die sagenhafteste Überlieferung der verschiedenen Abstammung fehlt, wozu freilich noch kommt, dass hier die Mischung eine vollständige ist, sodass man auf den bloßen Blick nicht entscheiden kann, ob Leute von ganz verschiedenen Rassenmerkmalen nicht leibliche Geschwister sind.

Umgekehrt genügt z. B. in Nordamerika für die Weißen der Nachweis, dass *ein* Urgroßvater oder *eine* Ururgroßmutter eines Menschen der schwarzen Rasse angehörte, um diesen Menschen sofort der schwarzen Rasse zuzuzählen und aus der Gesellschaft der Weißen auszustoßen, mag derselbe auch von einem reinblütigen Arier sich nicht im Mindesten unterscheiden, weil eben die Abneigung gegen die schwarze Rasse so groß ist, dass selbst ein Tropfen Blutes derselben in den Augen der Weißen schändet.

Von einer *Rassenverschiedenheit*, die man nicht vom *Sehen*, sondern vom *Hörensagen* kennt, und von einem durch diese Rassenverschiedenheit erzeugten Rassengegensatz zu sprechen, ist eigentlich ein Widerspruch mit sich selbst, ein Widersinn. Man könnte hier sonach wohl von einem *fingierten* oder *eingebildeten* Rassengegensatz sprechen.

Hierher dürfen wir noch eine verwandte Erscheinung zählen: den durch den Einfluss der *Wissenschaft* oder richtiger vielleicht ausgedrückt: der *Pseudowissenschaft* künstlich erzeugten eingebildeten Rassengegensatz.

Unter dem Einfluss der vergleichenden Sprachwissenschaft ist man nämlich großenteils zu der offenbar viel zu weit gehenden Ansicht gelangt, dass Völker, welche zu *Beginn ihres Auftretens in der Geschichte* die nämliche oder eine verwandte Sprache redeten, auch *blutsverwandt*, von derselben Rasse, dagegen solche, welche verschiedene, fremde Sprachen redeten, *fremd*, von verschiedener Rasse, sein müssen, und diese Anschauung wird dann – z. B. in der Tagespresse – in einer höchst unwissenschaftlichen Weise namentlich zu politischen Zwecken ausgebeutet.

Hierbei wird nämlich absichtlich oder unabsichtlich übersehen, dass ein Volk so zahlreiche fremde Elemente, in sich aufnehmen kann, dass kaum mehr einige Tropfen Blutes von der ursprünglichen Abstammung übrigbleiben, ohne doch seine Sprache unter dem Einfluss dieser Vermischung aufzugeben.

Umgekehrt weiß man wohl, dass ein Volk – wenigstens dann, wenn es ein anderes ihm eigentümliches Band, etwa die Religion, behält – seine Sprache wechseln kann, ohne gleichzeitig anderen Blutes, anderer Rasse zu werden, wobei man aber auch übersieht, dass beides nebeneinander geschehen kann. Indem man also lediglich auf den sich gleichbleibenden äußeren Rahmen des Volkstums sieht, vergisst man die Veränderungen, die im inneren Körper des Volkstums sich vollziehen.

Dass der *Kern* sich verändern, der *Name* und die *äußeren Merkmale* aber bestehen bleiben können, oder auch umgekehrt, dass der *Kern* bestehen bleiben, der *Name* und die *äußeren Merkmale* aber verändert werden können, bleibt immer noch vielen Publizisten ein Geheimnis.

Auf die Art und Weise, in welcher sich derartige Umwandlungs- oder Assimilationsprozesse vollziehen können, vermögen wir hier nicht näher einzugehen.

Nur so viel sei bemerkt, dass wohl in der Regel kleine Minoritäten sich nach und nach der Mehrheit assimilieren und ihrerseits wieder dazu beitragen, dass andere Minoritäten sich derselben Umwandlung unterziehen müssen. Umso mehr wird das Blut der neugewonnenen Elemente mit der Zeit im Volkskörper vorherrschend werden, je größere Menschenverluste (namentlich in Folge von Kriegen) dieser Volkskörper erleidet.

Die bekanntesten Beispiele hierfür bieten die Magyaren und osmanischen Türken, welche durch Mischung im Wesentlichen eine andere Rasse geworden sind, als sie vor 1000 Jahren waren.

Die Magyaren unterscheiden sich ihrer körperlichen Beschaffenheit nach kaum von den sie umgebenden Indogermanen. Der Gegensatz zwischen Magyaren einerseits und Slawen, Rumänen usw. andererseits ist denn auch von Natur aus fast lediglich ein sprachlicher (»nationaler«), nicht viel größer als etwa jener zwischen Germanen und Slawen. Hauptsächlich zu polemischen Zwecken verwerten die Feinde der Magyaren den ural-altaischen

Ursprung der magyarischen Sprache. Denn da die Magyaren Ural-Altaier sind, so sind sie natürlich »nicht kulturfähig« und sonach in jeder Beziehung minderwertig.

Ähnlich ist das Verhältnis zu den Türken. Diese unterscheiden sich im Allgemeinen körperlich sehr wenig von den sie umgebenden orientalischen Völkern, da sie der Hauptsache nach die »turkifizierten« Nachkommen der eingeborenen Bewohner Kleinasiens usw. sind. Die Kämpfe zwischen Türken und Christen hatten denn auch von jeher nicht den Charakter von Rassenkämpfen, sondern hauptsächlich von Religions-, daneben auch von Sprachkämpfen. Nichtsdestoweniger wird in agitatorischer Absicht behauptet und auch geglaubt, dass die Türken, weil Ural-Altaier, schon als Rasse inferior seien, da eben die ural-altaische Rasse jedes Fortschrittes unfähig sei, jede Grausamkeit und Unmenschlichkeit dagegen ihrer Natur entspräche, woraus sich mit Leichtigkeit die »Kulturnotwendigkeit« nachweisen lässt, eine derartige verruchte Rasse auszurotten.

Diejenigen Armenier und Bulgaren, welche die türkische Sprache, dagegen nicht den Islam, ebenso diejenigen Slawen, welche den Islam, aber nicht die türkische Sprache angenommen haben, demnach ihre legitime nichttürkische Abstammung vollgültig nachweisen können, werden dieses harte Urteil über die türkische Rasse nicht auf sich beziehen müssen, während diejenigen ohne Zweifel weit zahlreicheren Bulgaren, Armenier, Griechen usw., welche ihre Sprache und ihren Glauben gewechselt haben, also vollständig »turkifiziert« sind, als »Türken« ebenso zu dem alten Eisen geworfen werden wie die reinblütigsten Nachkommen der ursprünglichen Osmanen.

Ähnlich ist das Verhältnis zwischen den Juden und den europäischen Völkern, in deren Mitte dieselben wohnen. Die Deutschen, sagt man, sind Arier, weil sie eine indogermanische Sprache reden, die Juden dagegen Semiten, weil ihre Vorfahren nachweisbar eine semitische Sprache redeten, also eine andere und schlechtere Rasse.

Vom anthropologischen Standpunkt aus könnte man es wohl begreiflich finden, dass eine Rassenfeindschaft zwischen blonden Deutschen und schwarzhaarigen Juden (hier Arier – hier Semiten) besteht. Man müsste aber hiernach auch eine Rassenfeindschaft zwischen blonden Juden und schwarzhaarigen Juden, ja sogar eine Rassenfeindschaft zwischen blonden Juden und schwarzhaarigen Deutschen in dem Sinn erwarten, dass erstere das Ariertum, letztere, wenn auch nicht gerade das Semitentum, so doch irgendeine andere verdächtige Rasse repräsentieren.

Nichts von alledem ist wahrzunehmen. Wenn also in neuerer Zeit von Gebildeten ein *Rassen*gegensatz zwischen Juden und Ariern proklamiert wird, so fehlt – wenigstens zum Teil – hierfür die anthropologische Grundlage. Der Gegensatz zwischen Juden und »Ariern« ist vielmehr fast ausschließlich religiöser Natur.

Die untersten, also die breitesten Volksschichten haben denn auch für die Judenfrage als Rassenfrage kein oder doch nur geringes Verständnis. Dem Bauern, der mit dem jüdischen Händler zu tun hat, ist es ziemlich gleichgültig, ob dieser schwarzes oder blondes Haar, eine gebogene oder gerade Nase hat; er unterscheidet nicht, ob derselbe nicht vielleicht arisches Blut in den Adern rollen hat. Umgekehrt hat er vor dem christlichen Beamten oder dergleichen wohl nicht weniger Achtung, wenn derselbe schwarzes Haar und eine gebogene Nase hat, ja sogar, wenn derselbe nachweisbar jüdische Urgroßeltern hatte. Auch frühere Zeiten, welche nur von den natürlichen Gefühlen, aber nicht von der Pseudowissenschaft beeinflusst waren, nahmen im Juden nur die verschiedene Religion wahr.

Wohl stets bleiben derartige Rassengegensätze, welche sich nicht auf charakteristische, augenfällige Körperunterschiede gründen, künstliche.

Sobald das Band, welches die vermeintliche Rasse umschließt (Sprache, Religion etc.), gelöst und der Vergessenheit anheimgegeben ist, ist auch die Rassenangehörigkeit verschwunden und vergessen, was freilich nicht ausschließt, dass dieselbe unter gewissen Umständen und zu gewissen Zwecken wieder ausgegraben werden kann.

b) Die Gegensätze der Sprache

Die Sprache, das bedeutendste Mittel zum Austausch der Gedanken, ist ein überaus wichtiges Element im Leben des Menschen und bestimmt so sehr die »nationale Individualität« eines Volkes mit, dass die Gemeinsamkeit derselben notwendigerweise eine verbindende, zusammenschließende, die Verschiedenheit eine trennende und verfeindende Wirkung ausüben muss.

Es ist daher erklärlich, dass auch im Verkehr zwischen Menschen und Völkern, die, abgesehen von der Verschiedenheit der Sprache, sich im Wesentlichen körperlich und geistig gleichen, Streitigkeiten und Kämpfe keine Seltenheit bilden.

Ja, wo andere Verschiedenheiten (namentlich der Rasse und Religion) fehlen, fällt mit der Verschiedenheit der Sprache vielfach die Grenze zwischen den Völkern überhaupt zusammen.

Daher haben in Europa die Sprachengegensätze namentlich in neuerer Zeit eine größere Bedeutung als anderwärts erlangt, weil sie eben hier so ziemlich das einzige Moment sind, welches die Völker trennt. Denn eigentlich verschiedene *Rassen* gibt es, wie wir bereits erörtert haben, in Europa nicht; das Gleiche gilt auch von den *Religionen*, wenn wir von den kleinen Juden-Enklaven absehen; die *Sekten*gegensätze sind unter dem Einfluss der »Aufklärung« sehr gemildert worden; da auch die dynastischen Interessen in Europa in den Hintergrund getreten, »Kabinettskriege« aus der Mode gekommen sind, so ist die *Sprache* vielfach die einzige Grenze geblieben, welche die Völker in feindliche Lager teilt.

Hierzu kommt in Europa noch ein anderes.

Außer dem instinktiven Gefühl, dass die Gleichheit der Sprache vereint und zusammenschließt, die Verschiedenheit der Sprache dagegen trennt und verfeindet, *kann* noch eine *bewusste* Anhänglichkeit an die Sprache, ein Stolz auf die Muttersprache den Menschen beseelen.

106

Ein derartiges *Sprachenbewusstsein* war in früheren Zeiten und ist noch heute bei nicht europäischen Völkern im Allgemeinen wohl unbekannt – wenigstens bei Völkern, die ihre Umgebung nicht weit an Kultur überragen. Im Gegenteil ist es regelmäßig der Wunsch der weniger zivilisierten Völker, die Sprache des Kulturvolkes, unter dessen Kultureinflüssen sie stehen, zu erlernen, sei es auch unter Aufgabe der eigenen Muttersprache.

Man denke an das Verhältnis der »Barbaren« zur hellenischen, der Deutschen zur lateinischen, der Türken oder ostafrikanischen Neger zur arabischen, der Mongolen zur chinesischen Sprache etc.

Ein derartiges *Sprachenbewusstsein* ist nun in neuerer Zeit wohl allen europäischen Völkern eigen geworden und in Verbindung damit ist eine Vertiefung und Erweiterung der Sprachengegensätze eingetreten. Die Muttersprache ist den Kulturvölkern (d. h. den führenden Klassen derselben) eines der höchsten Güter der Menschheit.

Während im christlichen Mittelalter das religiöse Bewusstsein, die Anhänglichkeit an die Religion als die größte Tugend des Menschen galt, ist in der christlichen Gegenwart die Anhänglichkeit an das »Vaterland« in den Vordergrund getreten. Das Vaterland ist aber dem heutigen Europäer in erster Linie nicht ein geographischer, auch nicht ein politischer oder religiöser, sondern wesentlich ein ethnographischer Begriff. Ihm ist weniger das Land als die das Land bewohnende Nationalität, der er angehört, lieb und teuer. Das erste und wichtigste Band aber, welches eine Nationalität in einem Völkerkreise gleicher Rasse und Religion umschließt, ja, man kann wohl sagen, das einzige Band ist die Sprache. Sprache und Nationalität wird daher bei den christlich-arischen Völkern geradezu als identisch empfunden. Einen durchaus treffenden Ausdruck haben diesen Empfindungen der deutsche und italienische Dichter gegeben, welche auf die Frage: »Was ist des Deutschen (Italieners) Vaterland?« antworten: »Soweit die deutsche (italienische) Zunge klingt.«

Das »Nationalitätsprinzip«, richtiger wäre wohl der Ausdruck: »Sprachenprinzip«, ist eine der wichtigsten Kräfte im modernen Leben der europäischen Völker; die staatlichen Veränderungen des 19. Jahrhunderts sind zum größten Teile Ergebnisse dieses Prinzips, welches sich gegenwärtig namentlich im Osten Europas immer kräftiger entwickelt.

Mit diesem *Sprachenbewusstsein* hängt eine andere Erscheinung zusammen, die den früheren Zeiten und nichtarischen Völkern, wenn nicht fremd, so doch sicher bei Weitem nicht in dem Maß eigentümlich ist, wie den modernen christlichen Kulturvölkern: dass nämlich nicht nur die Menschen, die eine fremde Sprache sprechen, das Objekt der (instinktiven) Feindschaft sind, sondern auch, ja sogar in erster Linie die *Sprache* an sich die Zielscheibe des bewussten Hasses und der Verfolgung ist – mit anderen Worten, dass die einzelnen Völker, um die eigene Sprache auszubreiten, fremde Sprachen zurückzudrängen oder auszurotten suchen und die herrschenden Völker zu diesem Zwecke selbst die Gewalt (in Gestalt der Gesetzgebung) nicht scheuen, um die unterworfenen Völker ihrer Sprache zu berauben, zu »entnationalisieren«. Das charakteristischste Beispiel einer brutalen Unduldsamkeit gibt hiervon wohl Russland, das in seinem ungeheuren Gebiet nur die eine, großrussische Sprache gelten lassen will.

Dem Altertum war und den nichtchristlichen Völkern ist noch eine derartige maßlose *Sprachenbekehrungssucht* fremd. Im Gegenteil liebten es wohl die Despoten des Altertums und waren stolz darauf, wenn sie auf eine vielsprachige Untertanenschaft blicken konnten, wenn in vielen Sprachen für ihr Wohl gebetet wurde.

Nun mag wohl jemand fragen: Aber wie verträgt es sich mit der Humanität, mit dem Satz: »Was Du nicht willst etc.«, dass man einem Anderen das, was man selbst für ein teures und heiliges Gut hält, nämlich die Muttersprache, zu nehmen sucht? Die Antwort findet jeder auf Seite 37 unserer Ausführungen: Man meint, es sei *notwendig* für die Erhaltung des Staates, der ja auf dem Grund der Sprachengemeinschaft aufgebaut ist, dass in demselben nur *eine* Sprache gesprochen werde.

Dies jedoch auszusprechen, vermeidet man gewöhnlich, weil man damit immerhin eine Härte und Ungerechtigkeit eingestehen würde. Man pflegt vielmehr die Sache so darzustellen, als ob es sich nur darum handle, die unterworfenen Völker mit der »Staatssprache« vertraut zu machen, nicht aber sie ihrer Muttersprache zu entfremden (was freilich zur Beruhigung der fremdsprachigen Bevölkerung schon deswegen nicht genügen kann, weil beim Sprachenwechsel die Doppelsprachigkeit naturgemäß das Übergangsstadium bildet). Hiermit verbindet man leicht den Nachweis, dass die Sprachen-Zwangsgesetze von der Humanität nicht nur gebilligt, sondern geradezu gefordert werden müssen. In der eindringlichsten Weise sucht man die unterworfenen Völker davon zu überzeugen, dass ihr materielles und ideales Wohl davon abhänge, dass sie (wenigstens die Jugend) die »Staatssprache« erlernen, um zu Ämtern und zu Würden zu gelangen und so ihren gebührenden Platz im Staate einnehmen zu können.

Doch die also mit Wohltaten bedachten Minderheiten pflegen diesen Bestrebungen nicht nur kein Verständnis, sondern sogar hartnäckigen Widerstand entgegenzusetzen und auf alle liebenswürdigen Versicherungen mit schnöder Undankbarkeit zu erwidern: Wohltaten werden nicht aufgedrängt.

Wie die Zukunft der Sprachengegensätze sein wird, lässt sich schwer voraussagen. Humanitätsschwärmer mögen annehmen, dass im nächsten Jahrhundert mit der allgemeinen Verbrüderung der Menschheit die Sprachengegensätze fallen werden. Die Lehren der Geschichte bieten keinen Anhaltspunkt für eine derartige Meinung. Eine andere Möglichkeit, die merkwürdigerweise sehr wenig in Betracht gezogen wird, verlohnt einige Aufmerksamkeit.

Es wird wohl kaum zu bestreiten sein, dass bei den Sprachengegensätzen die Menschen sich der Regel nach nicht bewusst sind, dass es lediglich die Sprache als solche ist, die sie in feindliche Lager teilt. Die Nationalität – (ein ohne Berücksichtigung der Sprache kaum definierbarer Begriff) –, die »nationale Individualität« ist es, auf die jedes Volk (d. h. die führenden Klassen desselben) stolz ist. Der Grundgedanke eines italienischen Chauvinisten ist: »Es gibt kein so tapferes, edles, kultiviertes, sittliches Volk wie das italienische.« Und ebenso fest glaubt der Grieche, dass es kein so tapferes, edles, kulturfähiges, sittliches Volk wie das griechische gebe. Nicht minder glaubt der Bulgare, dass es kein so tapferes etc. Volk gebe wie das bulgarische. Und weiter: Alle diese herrlichen Eigenschaften sind doch wohl ein Geschenk der gütigen Natur; jedes Volk glaubt, dass dieselben im Blute stecken, ein Erbteil der Väter seien, also nicht von fremden Volksschichten erworben werden können. Eng damit hängt der Stolz auf die Abstammung zusammen. Der italienische Chauvinist hält sich der Regel nach für einen so reinblütigen Römer, wie der Stammvater Romulus war, jeder Grieche würde es als tödliche Beleidigung betrachten, wollte man seine Blutsverwandtschaft mit Themistokles, Leonidas und Aristides in Zweifel ziehen, wollte man behaupten, dass er von »Barbaren«, welche seinerzeit die griechische Sprache annahmen, abstamme. Mit diesem Stolz ist aber die Sprachenbekehrungssucht geradezu unvereinbar. Ein Deutscher, der seine deutsche Sprache gegen das Russische eintauscht, wird dadurch offenbar noch kein Nachkomme der alten Russen; ein Bulgare, der sich gräzisieren lässt, wird dadurch ebenso wenig ein Nachkomme der alten Hellenen wie ein Neger, der nur Englisch versteht, englischen Stammes ist. Im Gegenteil wird doch offenbar dadurch, dass fremde, d. h. minderwertige Volksbestandteile sich meinem Volk »amalgamieren« oder »assimilieren«, d. h. jedes Unterscheidungsmerkmal, das sie von demselben trennt, ablegen und sich durch das *conubium* mit demselben vereinigen und Kinder in dasselbe hineinzeugen, mein Volk nicht bereichert, sondern verunedelt oder, um einen nicht ungewöhnlichen Ausdruck zu gebrauchen, »verunreinigt«, ohne dass diese Verunreinigung jemals wieder ausgemerzt werden könnte. Nur solange das unterscheidende Merkmal der verschiedenen Sprache vorhanden ist, können die »verunreinigenden« Elemente ferngehalten oder wieder ausgestoßen werden. Künftigen Geschlechtern wird so das kostbare Gut der Stammesreinheit geraubt.

Es müsste daher logischerweise das Bestreben jedes Chauvinisten, der auf die Stammesreinheit seines Volkes achtet, vor allem sein, jeden Eintritt eines Fremden in dasselbe kräftig abzuwehren. Wenn bisher das Gegenteil geschehen ist, so lag die Ursache wohl daran, dass man sich trotz der Fiktion, dass die Sprachenangehörigkeit mit der Abstammung zusammenfalle, doch von den Folgen der Sprachenbekehrung keine Rechenschaft ablegte.

Aber bei zunehmender »Assimilation« wird man sich der Einsicht wohl nicht mehr verschließen können, dass die Sprachenbekehrungssucht im Widerspruch zu dem nationalen Ahnenstolz steht.

Bei einem anderen Gegensatze ist dies übrigens jetzt schon der Fall: Man denke an den Antisemitismus. Bis vor noch nicht gar zu langer Zeit betrachteten es die Gegner der Juden als einen Triumph, wenn möglichst viele Juden ihrer Religion und ihrem Stamme untreu wurden und in die Gemeinschaft (also auch in das *conubium*) mit der übrigen Bevölkerung, unter der sie lebten, traten, sich mit derselben verschmolzen.

Für die heutigen Rasseantisemiten, die den Juden kraft seiner Abstammung für einen tieferstehenden Menschen halten und ihn darob verachten, ist dies ein überwundener Standpunkt.

Nach ihrer Auffassung ist es nicht ein Verlust, sondern ein Triumph des Judentums, wenn durch Übertritte von Juden zum Christentum gleichsam Kuckuckseier in die arischen Nester gelegt und so die arischen Stämme verunreinigt werden, und es ist eine durchaus folgerichtige Forderung dieser Politiker, wenn sie verlangen, dass Judentaufen verboten. Namensänderungen der Juden nicht gestattet werden etc., überhaupt eine scharfe Grenze zwischen Juden und Ariern aufrechterhalten wird.

Warum sollte dies nicht in gleicher Weise im Nationalitätenstreite geschehen? Denn der Unterschied der Nationalitätengegensätze von den Rassengegensätzen ist doch nur graduell, nicht essentiell. Freilich verlangt der *Sprachenfanatismus* die unerbittliche Verdrängung fremder Sprachen; aber diese Forderung könnte auch in anderer Weise als im Wege der Bekehrung befriedigt werden. Man braucht hierbei noch lange nicht an förmliche Ausrottung der nationalen Minderheiten durch Massentötungen oder Massenaustreibungen zu denken, die heutzutage seitens der europäischen Völker ja für inhuman erachtet werden.

Aber wie leicht könnte man den Zweck – natürlich auf streng gesetzlichem Weg! – durch andere Mittel erreichen! Man verbiete z. B. den Angehörigen der nationalen Minderheiten, vor dem 40. oder 60. Lebensjahr in die Ehe zu treten oder außerehelichen Geschlechtsumgang zu pflegen; schon nach wenigen Menschenaltern wird dann jede »nationale Frage« gelöst sein.

Und wie leicht ließe sich ein derartiges Verbot vom Standpunkt der Menschlichkeit verteidigen, ja sogar als eine Wohltat für die nationalen Minderheiten begründen! Man denke nur an die unglücklichen Folgen leichtsinniger Eheschließungen, an das Elend der zu zahlreich gezeugten Kinder (unbequeme Minoritäten haben stets zu viel Kinder) …

Ob man nicht auf diesem Punkt im 20. Jahrhundert angelangen wird? Nur unfähige Köpfe können meinen, dass die politischen Ideale und Schrullen der Gegenwart für alle Zeiten unverrückbar und unveränderlich sein werden.

c) Die Gegensätze der Religion

Völker ohne Religion gibt es nach der jetzt überwiegenden Überzeugung der Völkerkunde nicht. Auch die unzivilisiertesten »Naturvölker« haben eine Religion. Eine größere Wichtigkeit kommt derselben aber erst bei höher zivilisierten Völkern zu.

In den Kämpfen der Naturvölker untereinander spielt das religiöse Moment kaum eine Rolle. Innerhalb der Naturvölker ist für religiöse Streitigkeiten wohl schon um deswillen kein Raum, weil hier die materiellen Interessen viel zu sehr überwiegen.

Die schärfsten Gegensätze, die blutigsten Gräuel hat die Verschiedenheit des Glaubens wohl zwischen Juden, Christen und Muselmanen sowie zwischen denselben und der übrigen Menschheit hervorgerufen. Näher auf die Verheerungen einzugehen, die der Glaubensfanatismus der einzelnen Religionsgemeinschaften angerichtet hat, ist hier nicht der Ort.

Da die Grundsätze einer Religion stets einer verschiedenen Auslegung fähig sind, so pflegen sich die Religionen bei Kulturvölkern in der Regel in *Sekten* zu spalten, wodurch innerhalb einer Religionsgemeinschaft zeitweise so scharfe, ja sogar noch schärfere Gegensätze wie nach außen entstehen können. Eine feste Grenze zwischen Religion und Sekte besteht der Natur der Sache nach freilich nicht.

In Europa, wo fast nur *eine* Religion, die christliche, herrscht, kennt man die ungeheure Kraft der religiösen Gegensätze nicht, wenigstens beurteilt man sie ganz unrichtig.

So ist es in Europa unbekannt, dass die Religion unter Umständen ebenso sehr oder noch mehr als natürliches völkerscheidendes Moment empfunden werden kann als die Sprache.

In der Türkei wird Religion und Nationalität teilweise als identisch betrachtet. Dem Europäer erscheint es unbegreiflich, dass auf seine Frage »Welcher Nationalität gehörst Du an?« geantwortet wird: »Ich bin Muselman!«, »Ich bin Katholik!« oder dergleichen. Aber anstatt den Grund für diesen Mangel an Verständnis in der eigenen Unwissenheit zu suchen, sucht man ihn im – Islam. Der Islam, sagt man, kennt nur den Glaubensfanatismus, er erstickt die edelsten Gefühle, die Vaterlandsliebe, den Patriotismus im Keime. Der Islam ist daher kulturfeindlich. Dass das Verhältnis in Europa in früheren Jahrhunderten ähnlich war, daran denkt man hierbei freilich nicht.

Was ist es nun, das die Völker und Menschen verschiedenen Glaubens zu Hass und Feindschaft gegeneinander treibt? Die *ethischen Momente* in den Religionen sicherlich nicht oder doch nur im geringsten Maße; denn dieselben sind, den allgemeinen Bedürfnissen der Menschheit entsprechend, nicht allzu sehr voneinander verschieden, obwohl selbstverständlich jede Religionsgesellschaft die beste oder einzig gute Sittenlehre zu besitzen behauptet.

Weit wichtiger sind die *Dogmen*. Welche furchtbaren Kämpfe eine auch nur geringe Verschiedenheit der Dogmen zur Folge haben kann, dafür ist der Streit innerhalb der Christenheit über das ὁμοούσιον und ὁμοιούσιον [(homoousion und homoiousion][36] ein klassisches Beispiel. Am meisten trennend wirkt aber das *äußere* religiöse Leben, die religiösen *Formen*, symbolische Handlungen, Zeremonien, religiöse Feste, Speisegesetze usw., welche ja stets von der Masse als der wichtigste Bestandteil der Religion betrachtet werden.[37]

---

36 Hrsg.: Die beiden nur durch ein I, ein Iota, unterschiedenen griechischen Wörter bedeuten wesensgleich und wesensähnlich. Der innerchristliche Streit dreht sich also um die Frage: Ist Christus als Sohn dem Vater wesensgleich (eines Wesens mit dem Vater, wie es im Nicänischen Glaubensbekenntnis heißt) oder nur wesensähnlich?

37 Treffend sagt ein deutscher Orient-Reiseschriftsteller (Koch: Wanderungen im Oriente, 1846, I, S. 235) [Karl Koch: Wanderungen im Oriente, während der Jahre 1843 und 1844, Bd. 1: Reise längs der Donau nach Konstantinopel und nach Trebisond, Weimar 1864]: »… Nicht was von den ursprünglichen Stiftern gelehrt wurde, prägt sich den Bewohnern des Orients ein, sondern was die oft spätere Form verlangte … Der, der genau das von Jesus gepredigte Wort Gottes befolgt und sich durch reine Sitten und dauerndes Streben nach Vervollkommnung auszeichnet, würde … noch nicht als wahrer Christ betrachtet …, ein solcher würde bei seinen Glaubensgenossen sich einer geringeren Achtung erfreuen als ein Betrüger, Meineidiger oder Räuber, der zur vorgeschriebenen Zeit ein Kreuz von der Linken zur Rechten oder von der Rechten zur Linken (je nach dem Glaubensbekenntnis) schlägt, auf den Knien an eine heilige Stelle rutscht, wenn er auch dabei seinen Vordermann bestehlen sollte, und die Kirche mit ihren Dienern gehörig beschenkt.«

Aus diesem Grund darf man auch den Firnis, den eine halbe oder eine *Scheinbekehrung* erzeugt, in seiner Bedeutung nicht unterschätzen.

Ob das betreffende Individuum tatsächlich die religiösen Formen ausübt oder an die religiösen Dogmen glaubt, ist von geringerem Belang als der Umstand, dass das Individuum nach seiner äußeren Zugehörigkeit die Formen *vielleicht* ausübt, die Dogmen *vielleicht* glauben *könnte*.

Hiermit hängt eine andere scheinbar widersinnige Erscheinung zusammen.

Ein frommer Jude wird es seinem Sohn eher verzeihen, wenn er Atheist wird, als wenn er zum Christentum übertritt; das Gleiche gilt von einem frommen Christen, dessen Sohn zum Islam übertritt, obwohl offenbar theoretisch der Christ dem Juden, der Muselmann dem Christen näher steht als ein Atheist.

Denn das Wichtigste für das religiöse Bewusstsein eines Volkes ist vor allem die *Zugehörigkeit* zu einer Religionsgemeinschaft. Der Übertritt zu einer anderen Religionsgemeinschaft löst dieses Band; die Vernachlässigung von religiösen Formen oder die (momentane oder dauernde) Ableugnung religiöser Glaubenssätze dagegen löst das Band in der Regel noch nicht.

Wenn freilich das religiöse Bewusstsein und die religiöse Begeisterung in der Volksseele tief eingewurzelt ist und von den Priestern eifrigst genährt wird, so kann das natürliche religiöse Gefühl auch gesteigert werden, sodass die religiöse Glaubensgemeinschaft streng darauf achtet, dass alle ihre Mitglieder auch tatsächlich den Geboten der Religion Folge leisten. Namentlich in Zeiten einer nicht sehr hohen Kultur, wenn die freie Forschung vor der Autorität zurückstehen muss, sind *Ketzerverfolgungen* an der Tagesordnung.

Daneben geht sehr oft Hand in Hand das Bestreben, auch Individuen aus anderen Religionsgenossenschaften für den eigenen Glauben als den einzig richtigen zu gewinnen, sodass also nicht allein die Menschen, die einen anderen Glauben bekennen, sondern der Glaube selbst das Objekt der Verfolgung wird. Dieses Bestreben kann ebenso sehr ein edelmütiges, menschenfreundliches sein (die Absicht, dem Ungläubigen in den Himmel zu verhelfen) als ein eigennütziges (die Absicht, sich selbst in den Himmel zu bringen).

Der Unterschied zwischen beiden Gattungen der religiösen Gegensätze – man könnte sie *instinktive* und *objektive* Gegensätze nennen – pflegt wohl niemals richtig gewürdigt zu werden.

Religiöse Gegensätze im ersteren Sinne sind keineswegs durch religiöse Begeisterung, »religiösen Fanatismus«, notwendig bedingt, sondern sie sind eben eine der vielen Arten des Kampfes ums Dasein ebenso wie die Rassengegensätze. Nur die religiösen Gegensätze der zweiten Gattung, welche übrigens zugleich die Gegensätze der ersteren Gattung involvieren, sind ein Ausfluss religiöser Begeisterung.

In neuerer Zeit haben die letzteren unter den europäischen christlichen Völkern bedeutend abgenommen; andere Ideale, namentlich die der Sprachenbekehrungssucht, wie wir bereits erörtert haben, sind an ihre Stelle getreten, was man als einen ungeheuren sittlichen Fortschritt der Menschheit zu bezeichnen pflegt.

d) Die Gegensätze der Klasse

Die Gegensätze der Klasse sind in der Regel ein Ausfluss höherer Kultur und hängen mit der Arbeitsteilung zusammen. Bei den unzivilisierten Jäger- und Hirtenvölkern ist für Klassengegensätze kaum ein Raum vorhanden.

Mit der zunehmenden Kultur und Arbeitsteilung ist es unvermeidlich, dass Klüfte im Volke sich auftun, zwischen Hoch- und Niederstehenden, Patriziern und Plebejern, Reichen und Armen, geistig und körperlich Arbeitenden usw.

Das Verhältnis der einzelnen Klassen im Staate kann nun so geregelt sein, dass jede für sich ein rechtlich geschlossenes

Ganzes bildet, dessen Mitgliedschaft durch Vererbung übertragen, also durch Geburt bestimmt wird, und aus dem kein Individuum austreten kann (Kastensystem).

Auf die Vorzüge und Nachteile dieses Systems können wir hier nicht näher eingehen. Im christlichen Europa besteht es, wenn wir nicht etwa den Adel im Auge haben wollen, so gut wie nicht und würde wohl auch für inhuman gelten.

Häufiger und namentlich im christlichen Europa allgemein ist die rein tatsächliche Absonderung der Klassen ohne rechtlichen Zwang. Nichts hindert rechtlich den Sohn des Tagelöhners oder Bettlers, die höchsten amtlichen oder gesellschaftlichen Stufen im Staate zu ersteigen. Jedoch sind da, wo keine rechtliche Schranke zwischen den Klassen besteht, die Gegensätze kaum geringer als im Kastensystem.

Zu welchen furchtbaren Ausbrüchen Klassengegensätze führen können, hat Europa aus der Französischen Revolution gelernt.

Die Eigenschaften, welche die Klassenzerklüftung herbeiführen, sind sehr verschieden und daraus erklärt es sich, dass – abgesehen vom Kastensystem – eine feste Grenze zwischen den einzelnen Klassen nicht existiert, und dass sogar eine Menge Menschen gleichsam mit einer Hälfte den höheren, mit der anderen Hälfte den niederen Klassen angehört. Man denke an so manchen Typus von ungebildeten Reichen und armen Gelehrten. Die wichtigsten Merkmale, welche in der Gegenwart für die Klassenzugehörigkeit in Betracht kommen, sind (außer Geburt) Vermögen und mehr noch Bildung (geistiges Wissen und Können). Da jedes Können und Wissen sich durch die Arbeit manifestiert, und nur durch Arbeit eine feste Gestalt annimmt (vgl. oben Seite 31), so ist die bedeutendste und ausgedehnteste Scheidewand in modernen christlichen Staaten jene zwischen geistig und körperlich Arbeitenden, wobei jedoch gewisse ganz untergeordnete geistige Leistungen mehr den körperlichen Arbeiten gleich geachtet werden. Dass hiermit die Gegensätze nur angedeutet, keineswegs aber auch nur einigermaßen erschöpfend gekennzeichnet sind, bedarf wohl keiner Erwähnung. Die unendlich vielen Variationen, die unzähligen Abstufungen und Unterschiede in der geistig arbeitenden Bevölkerung geben ein derartig abwechslungsvolles Bild, dass ein zehnbändiges Werk für eine völlig genügende Darstellung der Klassengegensätze eines modernen Staates nicht ausreichen würde.

Aus der Natur der Klassengegensätze ergibt sich sofort ein wesentlicher Unterschied zu den anderen Arten der Gegensätze.

Ein *Vernichtungskrieg*, etwa nach Art der Rassen- und religiösen Kämpfe, ist zwischen den einzelnen Klassen auf die Dauer undenkbar.

Denn die einzelnen Klassen sind die komplementären Teile eines Ganzen, die oberen Klassen sind gleichsam der Kopf, die unteren der Rumpf und die Glieder des Volkskörpers. Die Parabel, durch die der kluge Menenius Agrippa einst im alten Rom einen Klassenstreit geschlichtet hat,[38] wäre bei anderen Gegensätzen nicht anwendbar. Die oberen und unteren Klassen, die geistig und körperlich Arbeitenden bedürfen einander.

Freilich sind, da die oberen oder gebildeteren Klassen stets zugleich die besser situierten, die anscheinend glücklicheren sind, auf beiden Seiten die Regungen der Feindschaft verschieden.

Die oberen Klassen denken nie daran und können naturgemäß nie daran denken, einen Vernichtungskampf gegen die unteren zu führen. Ebenso wenig entspräche eine Bekehrungssucht, etwa nach Art der religiösen oder Sprachenbekehrungssucht, der

---

38 Hrsg.: Als die Plebejer in der Frühzeit der Römischen Republik gegen die herrische Behandlung seitens der Patrizier die Arbeit niederlegten, soll der Konsul Menenius Agrippa sie der Legende nach zur Wiederaufnahme ihrer Arbeit bewegt haben, indem er ihnen diese Parabel vortrug: Die Glieder des Körpers stellten ihre Tätigkeit ein, um nicht immer nur dem faulen Magen dienen zu müssen. Dadurch schwächten sie sich aber selbst und sahen schließlich ein, dass in einem Organismus, wie auch der Staat einer sei, jeder Teil eine für das Ganze sinnvolle Funktion ausübt.

Natur der Sache. Das Einzige, was die oberen Klassen wünschen und als in ihrem Interesse gelegen erachten, ist die Erhaltung des bestehenden Zustandes. Mögen die unteren Klassen weiter körperlich arbeiten, genügsam und zufrieden jede Behandlung seitens der oberen Klassen erdulden, die oberen Klassen dagegen weiter ungestört im Besitze ihrer vermeintlich glücklicheren Lage belassen werden – andere Wünsche kennen die oberen Klassen nicht.

Ganz anders ist der Standpunkt der unteren Klassen. Mit Neid sehen sie auf die Stellung der oberen. Ist nun der Bildungs- (Kultur-)Unterschied sehr groß, so sehen die unteren Klassen wohl willig ein, dass sie einer Leitung bedürfen, ohne welche sie das Werk der Volksarbeit nicht verrichten könnten und gehen sehr weit in der Erduldung von Unbilden. Die Stellung der oberen Klassen erscheint ihnen dann eine für sie unerreichbare.

Ist dagegen der Bildungsunterschied nicht allzu groß, andererseits aber die Bedrückung der unteren Klassen durch die oberen allzu hart, so liegt die Möglichkeit des Ausbruches offener Kämpfe nahe.

Die Ziele der unteren Klassen können dann verschiedene sein: entweder völlige Vernichtung der oberen Klassen oder wenigstens Verminderung ihrer rechtlichen und wirtschaftlichen Privilegien unter Verbesserung der Lage der unteren Klassen, also Verminderung des Abstandes zwischen beiden Teilen. Auch völlige Nivellierung, also Beseitigung der Klassenunterschiede kann als Ideal in phantastischen Köpfen wohl spuken.

Daneben können einzelne Individuen aus den unteren Klassen als Überläufer in die oberen Klassen einzutreten wünschen – also das gerade Gegenteil einer Bekehrungssucht. Für die *Massen* ist diese Möglichkeit der Natur der Sache nach nicht vorhanden.

Wie nun aber auch die Form und das Ergebnis der Klassenkämpfe sein mag, eines ist sicher: Wenn auch eine Vernichtung der bestehenden oberen Klassen wohl stattfinden kann (wobei aber eine Neubildung derselben aus den unteren Klassen heraus nicht ausbleiben wird), *die unteren Klassen können auf keinen Fall vernichtet werden.*

Hieraus ergibt sich eine weitere, äußerst wichtige Lehre, auf die wir noch mehrfach zurückkommen werden:

Wenn verschiedene Rassen, Religionsgemeinschaften oder Sprachgemeinschaften sich dazu herbeilassen, miteinander und beieinander zu leben und im staatlichen Organismus verschiedene Funktionen zu übernehmen, dergestalt, dass bei der Arbeitsteilung die einen – selbstverständlich die Unzivilisierteren – die körperliche Arbeit ausschließlich verrichten, sodass also die verschiedenen Klassen bis zu einem gewissen Grad mit den verschiedenen Rassen usw. zusammenfallen, so sind die Unzivilisierteren vor der Vernichtung sicher, und – fügen wir sogleich hinzu – es ist dies oft der einzige Weg, der sie vor der Vernichtung sichert. Den unzivilisierten Völkern, welche die Rolle der niedrigen Klassen übernehmen, gehört die Zukunft.

In den europäischen Staaten gehört der Klassengegensatz, namentlich zwischen Arbeitern und Arbeitgebern, die »soziale Frage«, zurzeit zu den wichtigsten Fragen der inneren Politik. Da die eine Partei, die oberen Klassen, die glücklichen Besitzenden, mit der gesellschaftlichen und staatlichen Ordnung zufrieden und durch die staatliche Ordnung geschützt sind, so stehen die anderen, die unzufriedenen und neuerungssüchtigen Arbeiter bis zu einem gewissen Grade im Gegensatze zum Staate in seiner jetzigen Form überhaupt.

Dieser Gegensatz hat namentlich durch die ungeheure Entwicklung der Fabrikindustrie und die dadurch bewirkte riesige Vermehrung der Arbeiter eine gewaltige Ausdehnung gewonnen; da die Arbeiter zugleich durch Bildung einerseits, durch Gleichgültigkeit gegen die ererbten Überlieferungen andrerseits einen ungleich gefährlicheren Gegner darstellen als andere niedere Volksklassen früherer Zeiten und der Gegenwart, so hat die »soziale Frage« einen mitunter bedrohlichen Charakter angenommen und die oberen Klassen der an der Spitze der Kultur stehenden Völker aus ihrer Ruhe aufgescheucht.

Die nächstliegenden Mittel zur Bekämpfung dieser Gefahr wären nun wohl die in Afrika angewandten: Nilpferdpeitschen und eventuell Schusswaffen. Allein diese sind hier nicht anwendbar; erstens, weil der europäische Klassengegensatz bei Weitem nicht so scharf ist wie der Rassengegensatz zwischen Weißen und Schwarzen, sodann aber, weil die Arbeitermassen eine ungleich größere Macht repräsentieren als die armen Eingeborenen Afrikas.

So haben denn die leitenden Kreise der europäischen Staaten sich rühmenswerterweise dazu herbeigelassen, den Arbeitermassen gewisse Konzessionen zu machen, um deren materielle Lage zu verbessern.

Die oberen Klassen gehen hierbei freilich im Wesentlichen von der Auffassung aus, dass es sich lediglich um eine Mund- oder Magenfrage handle. Dass dies ein Irrtum ist, kann kaum bezweifelt werden.

Zu einem sehr großen Teile besteht die soziale Frage in der – durch die vielgerühmte allgemeine Volksbildung genährten – Sehnsucht der unteren Klassen nach einer annähernden gesellschaftlichen Gleichberechtigung. Daran aber, den unteren Klassen auf diesem Gebiet entgegenzukommen, denken die oberen Klassen nicht im Entferntesten.

Ein Verständnis für die Gefühle der unteren Volksklassen, namentlich der städtischen Arbeiterbevölkerung, wird in den oberen Klassen noch weniger gefunden als umgekehrt. Da jeglicher Verkehr, soweit er nicht geschäftlich unbedingt notwendig ist, zwischen beiden fehlt, so ist das Leben und Treiben der unteren Volksklassen den Gebildeten im Großen und Ganzen eine unbekannte Welt. Es fehlt den Gebildeten auch an Interesse dafür. Herren und Damen, die vielleicht eine genaue Kenntnis des Privatlebens der alten Griechen und Römer besitzen, wissen in den seltensten Fällen, wie es in ihrer nächsten Umgebung, etwa in den Hinterhäusern ihrer Paläste zugeht (obwohl es an Büchern nicht fehlt, mit deren Hilfe sie es erfahren könnten).

Die Gefahr eines förmlichen *Bürgerkriegs* ist trotz alledem wenigstens gegenwärtig nicht drohend; dazu haben die großen Massen der Arbeiter auch keinen triftigen Grund und keine Neigung.

Unheimlicher scheint den europäischen Völkern eine andere Gefahr, die – wenn wir uns so ausdrücken dürfen – des Guerilla-Bürgerkrieges.

Am meisten Entsetzen haben die gleichsam aus dem Hinterhalt verübten, unvorbereitet treffenden Attentate, namentlich die grausigen Dynamitattentate der *Anarchisten* hervorgerufen, die auf diesem Wege eine Änderung der gesellschaftlichen und Rechtsordnung erzwingen wollen und erzwingen zu können hoffen.

Man fragt: »Wie ist es möglich, dass Menschen in diesem Grad zu Bestien werden?« Ihr Menschenfreunde, betrachtet doch genauer die Taten Eurer Volksgenossen in Afrika! Jene Expeditionsführer, Offiziere, Beamten etc., die – im Namen der Kultur – auf friedliche Eingeborene schießen, was sind sie besser als die anarchistischen Verbrecher, die der Humanität nach ihren Begriffen zu dienen glauben? Die einen sind vom Rassenhass, die anderen vom Klassenhass beseelt.

Ungleich mutiger sind wohl zweifellos die Anarchisten, die, der Regel nach sich der Folgen wohl bewusst, mit ihrem Leben für ihre Verbrechen einstehen; die Gefahr für die Kulturlümmel ist ungleich geringer, da den Eingeborenen in der Regel die Macht fehlt, sie zu bestrafen, die Justiz der europäischen Staaten aber niemals die Absicht hat, Verbrechen gegen die Eingeborenen genügend zu sühnen.

Zu Gunsten der Anarchisten spricht vor allem, dass sie, verbittert und von den höheren Klassen sich benachteiligt wähnend, durch ihre Verbrechen eine gerechtere Weltordnung herbeizuführen hoffen. Den Kulturlümmeln muss dieser ideale Zug unbedingt abgesprochen werden; der rohe Übermut und Kulturdünkel kann nicht als Ersatz dafür gelten.

Dagegen fällt wohl beim Vergleich zu Ungunsten der Anarchisten ins Gewicht, dass sie – im Verborgenen ausgerüstet und vorbereitet, von ihren Gegnern äußerlich nicht leicht zu unterscheiden – in der Regel ahnungslose und unvorbereitete Opfer zu überfallen pflegen, wogegen die Kulturlümmel nicht so überraschend ihre Verbrechen ausführen können, da wenigstens die verständigen Eingeborenen sich seitens weißhäutiger Menschen auf Feindseligkeiten jederzeit gefasst halten müssen.

Besonders wird man aber zu Gunsten der Kulturlümmel anführen, dass der Rassengegensatz eine mehr ursprünglich-elementare, mit den Traditionen eher in Einklang zu bringende Leidenschaft ist als der Klassengegensatz.

Wägt man alles gegenseitig ab, so wird man wohl sein Urteil dahin abgeben dürfen, dass die Anarchisten nicht besser sind als die Kulturlümmel. Ganz verkehrt ist es aber auf jeden Fall, den Unterschied zwischen beiden so zu formulieren – wie es nur zu häufig geschieht –, dass man erstere als gemeine Verbrecher, letztere als verdienstvolle Männer und Helden darstellt.

e) Andere Gegensätze

Mit den im Vorstehenden besprochenen Arten der Gegensätze ist die Zahl derselben keineswegs erschöpft.

Im Gegenteil; die Zahl der Verschiedenheiten in der menschlichen Art, welche die Grundlage für Gegensätze bilden können, ist unbegrenzt groß, aber gegenüber den vier besprochenen Arten ist doch die Bedeutung aller anderen ziemlich gering; zudem hängen viele der letzteren mehr oder weniger mit einer der ersteren zusammen oder sind geradezu nur als Abarten derselben zu bezeichnen. So die Gegensätze der *politischen Partei*, die zu allen Zeiten Hass und Feindschaft, ja den Bürgerkrieg unter den Angehörigen eines Staates zu entfachen geeignet sind; dieselben lassen sich zumeist auf Gegensätze der Klasse zurückführen.

Nicht ungewöhnlich ist der Gegensatz zwischen *Einheimischen* und *Fremden* beziehungsweise *Eingewanderten*, die demselben Volk angehören (z. B. Kreolen und neuen Einwanderern in spanischen Kolonien). Man darf diesen Gegensatz wohl häufig als einen abgeschwächten Gegensatz der Sprache auffassen, da die Bewohner verschiedener Gegenden eine verschiedene Mundart zu sprechen pflegen, wie sich ja eine feste Grenze zwischen Mundart und Sprache nicht ziehen lässt. Sehr gewöhnlich ist bei halbzivilisierten Völkern der Gegensatz zwischen angesehenen *Familien* und ihrem Anhang, durch den ganze große Gemeinwesen in feindliche Lager gespalten werden können; noch gewöhnlicher ist der Gegensatz zwischen einzelnen *Stämmen*, oder (je nach dem Zustand des Volkes) *Städten*, *Landschaften* etc. (z. B. Fehden der Beduinenstämme untereinander, der italienischen Städte im Mittelalter usw.). Eine starke Zentralgewalt pflegt mit derartigen Raufereien möglichst gründlich aufzuräumen. Auch eine gemeinsame äußere Gefahr vermag dies zuweilen, wenn die streitenden Volksgenossen verständig und nicht zu sehr verbittert sind; andernfalls unterliegt der eine, nämlich der schwächere Teil leicht der Versuchung, gemeinsame Sache mit dem äußeren Feinde zu machen.

Verhältnismäßig selten, zudem mehr vorübergehend, ist der Gegensatz zwischen *Berufsarten* (von *Klassen* zu unterscheiden); so der Hass gegen die Bäcker usw. zu Zeiten der Hungersnot.

Eine hässliche Erscheinung ist der Gegensatz zwischen *Kranken* und *Gesunden*, der die letzteren zu recht grausamen Maßregeln verleiten, aber auch, wie jeder Gegensatz, Anlass zur Betätigung der edelsten Menschenliebe werden kann. Man denke z. B. an die Behandlung der Aussätzigen, die nicht selten außerhalb des Gesetzes gestellt wurden, oder an den Egoismus zu Zeiten gefährlicher Seuchen.

Keine Grundlage für Gegensätze bilden *körperliche* und *geistige Verschiedenheiten* der Menschen – erstere natürlich mit Ausnahme der Rassenverschiedenheiten, deren sich die Menschen bewusst sind[39] – große und kleine Gestalt, Sanftmut und Jähzorn usw.

Die *Verschiedenheit* des *Alters* wird wohl nur bei sehr rohen und unverständigen Menschen die Pflichten der Gerechtigkeit entkräften können, da eine schlechte Behandlung der Alten den Jungen keine günstige Aussicht für die Zukunft eröffnen kann. Von einem *Gegensatz* wird man hier übrigens im Allgemeinen wohl nicht sprechen können, selbst soweit die Sitte der *Tötung der Greise* besteht, sofern die Greise selbst diese Sitte als berechtigt anerkennen.

Dass endlich die Verschiedenheit des *Geschlechts* – trotz des Widerstreits der Interessen! – keinen Gegensatz erzeugen kann, ist selbstverständlich; gerade die Verschiedenheit des Geschlechts kann andere Verschiedenheiten überbrücken und Gegensätze versöhnen, eine Erfahrung, die Dichtern und Romanschreibern zu allen Zeiten Stoff für ihre Werke liefern wird.

3. Die äußeren Erscheinungen und Formen der Gegensätze

Schon dem Kind, das mit Altersgenossen anderer Bevölkerungsgruppen zusammenkommt, fallen die Unterschiede auf: Wie kommt es, dass des Nachbars Kind eine andere Hautfarbe, ein anderes Haar hat als ich, meine Sprache nicht versteht, dagegen Worte spricht, die ich nicht verstehe, wie kommt es, dass dieses Kind Speisen isst, die ich nicht essen darf, anders beten lernt, andere Feiertage feiert als ich, bessere oder schlechtere Kleider trägt, feinere oder rohere Sitten hat als ich?

Mit zunehmendem Verständnis und Bewusstsein werden sich die Kinder, die ihrer Abstammung und Geburt nach derselben Bevölkerungsschicht angehören, zusammenschließen, gegen andere Kinder dagegen abschließen. Bald sind gegenseitige

---

39 Vielleicht auch mit Ausnahme mancher Abnormitäten; man denke z. B. an die unwürdige Behandlung der Buckligen.

Streitigkeiten oder öfters einseitige Beschimpfungen und Misshandlungen der Mehrzahl gegen die Minderzahl an der Tagesordnung.

Im reiferen Alter werden die Empfindungen der gegenseitigen Abneigung und Feindseligkeit durch die zunehmende Lebensklugheit und Bildung mehr von der Oberfläche zurückgedrängt und in ihren Äußerungen behutsamer, zugleich aber ernster und gefährlicher.

Gegensätze sind die Negation der Humanität. Die Verschiedenheit der Rasse, der Sprache, der Religion und der Klasse bewirkt mit Naturnotwendigkeit, dass das Gefühl der Zusammengehörigkeit und der Gleichberechtigung, der Gedanke: »Das Unrecht, das meinem Mitmenschen begegnet, droht auch mir«, der Grundsatz: »Was ich nicht will, dass es mir geschehe, darf ich auch dem anderen nicht tun«, mit einem Wort: die sogenannte Humanität gegen den anders gearteten Menschen in der großen Masse der Menschen verblasst und abgeschwächt, ja sogar ertötet wird.[40]

Leben, Gesundheit, Freiheit, Eigentum, Religion, Ehre, Sprache – kurz, alle Güter, welche die Menschen als ihre teuersten und höchsten zu betrachten pflegen, *können* missachtet und verletzt werden, wenn es die Güter der durch Gegensätze geschiedenen Menschen sind.

Alles, was wir im II. Abschnitt als Pflichten und Gebote der Humanität bezeichnet haben, kann unter dem Einfluss der Gegensätze ganz oder teilweise mit Füßen getreten werden; der

---

40 Ein hübsches Beispiel von den Anschauungen der Griechen im türkischen Reich hinsichtlich der Pflichten gegen die Tierwelt, welches ein deutscher Reiseschriftsteller erzählt, glaube ich, in diesem Zusammenhang anführen zu dürfen. Ein Grieche in Smyrna hatte es verstanden, einem Straßenhund unter dessen Fressen Glassplitter zu mischen. Als der Hund sich in Todesqualen krümmte, sagte der Grieche, seine Handlungsweise lachend rechtfertigend: δεν είναι Χριστιανός (Er ist kein Christ!). Den Türken ist eine derartige Anschauung allerdings fremd.

Schwächere ist unter Umständen allen Beschimpfungen und Demütigungen und der Schädigung seiner wichtigsten materiellen Interessen ausgesetzt.

Missachtung fremder Rechte gehört zum Wesen der Gegensätze sowohl innerhalb eines Staates als auch im internationalen Verkehr zwischen verschiedenen Völkern.

Beim Gefühl der Lieblosigkeit sind die verschiedensten Grade möglich: von der tödlichen Feindschaft und dem bittersten Hass bis zur leichten, fast unbewusst im Innern schlummernden Abneigung.

Welch ungeheurer Unterschied zwischen dem Benehmen englischer Ansiedler in Australien gegen die Eingeborenen, deren Leben kaum höher als das der wilden Tiere geschätzt wird, und jenem der englischen Bürger gegen Deutsche oder Franzosen!

Bei den höchsten Graden der Feindschaft wird auch das Leben der Frauen (sofern solche vom Sieger nicht fortgeführt werden) und Kinder nicht geschont. Nach den Lehren der Humanität ist dies vielleicht das schändlichste Verbrechen, das überhaupt möglich ist; aber der Grund, von dem die Volksmasse hierbei, wenn auch nur instinktiv geleitet wird, ist ziemlich klar. Die Kinder werden dereinst Männer und Frauen, die Frauen gebären hinwiederum Männer, und die Männer, unter Umständen sogar die Frauen, künftiger Geschlechter werden sicher den Weg einschlagen, der ihnen durch ihre Abstammung als Pflicht vorgezeichnet ist: Feindschaft gegen den Feind, Rache für die Leiden, welche den Eltern zugefügt wurden.

Nach dem Volksbewusstsein ist es also eine Art antizipierte Notwehr, eine Präventivmaßregel, den bitter gehassten Feind mit der Wurzel auszurotten, und dass auch die humanen Europäer nicht verlernt haben, so zu denken, davon kann man sich unschwer bei den Kolonialkämpfen überzeugen.

Näher auf die einzelnen Handlungen einzugehen, in welchen sich die Feindschaft und Lieblosigkeit offenbaren kann, würde über den Rahmen unserer Betrachtungen hinausgehen.

Die ungeheure Anzahl der »Missetaten« erschöpfend aufzuzählen, wäre auch nicht möglich.

Wie bereits oben erwähnt, offenbaren sich die Gegensätze in der Außerachtlassung alles dessen oder eines Teiles, was wir im II. Abschnitte als Pflichten der Humanität gegen Mitmenschen bezeichnet haben.

Nur folgende Punkte wollen wir noch hervorheben.

Freundschaft, wenigstens enge und innige Freundschaft, zwischen Angehörigen verschiedener durch Gegensätze getrennten Bevölkerungsgruppen ist sehr selten; wie eine Scheidemauer trennt jeder Gegensatz Herz von Herz.[41]

Regelmäßig ist das gesellschaftliche Verhältnis derart, dass die betreffenden Bevölkerungsgruppen sich gegenseitig abschließen, insbesondere dass die niedriger stehende Volksgruppe von der höher stehenden ausgeschlossen und bis zu einem gewissen Grad gesellschaftlich geächtet wird. Auf höchst brutale Weise findet diese Ächtung z. B. in den Vereinigten Staaten Nordamerikas gegen die Neger statt, denen selbst besondere Eisenbahnwagen etc. angewiesen werden. In großen Städten ist sehr häufig auch eine räumliche Trennung wahrzunehmen, indem jede Bevölkerungsgruppe hauptsächlich gewisse Viertel bewohnt.

Häufig ist zwischen Angehörigen verschiedener durch Gegensätze getrennten Bevölkerungsgruppen der Geschlechtsverkehr.

---

41 Es ist wohl erlaubt, hier eine Betrachtung, die vielleicht besser in einen anderen Zusammenhang gefügt würde, einzuschalten. Wenn ein Indianer oder australischer Eingeborener, der eine vorzügliche europäische Bildung genossen hat und von der weißen Gesellschaft, den Behörden usw. gut behandelt wird, plötzlich aus der Kulturgemeinschaft verschwindet und zu seinem Stamme in die Wildnis zurückkehrt, so wird dies nur allzu oft als ein Zeichen der mangelnden Kulturfähigkeit seiner Rasse betrachtet. Dass es vornehmlich das Herz ist, welches den braunen oder schwarzen Kulturmenschen in die Mitte seiner Volksgenossen zurückdrängt, weil alle echte oder unechte Bewunderung der weißen Gesellschaft die natürliche Liebe und Freundschaft, die er bei seinen Stammesgenossen zu finden hofft, nicht ersetzt und nicht ersetzen kann, wird nicht berücksichtigt.

Zwar vollgültige *eheliche* Verbindungen (namentlich Rassen-, Klassen-, religiöse Mischheiraten) werden von der Sitte der Regel nach – aus guten Gründen – verworfen; umso gewöhnlicher ist der außereheliche Geschlechtsumgang, der wiederum von verschiedener Art sein kann.

Wo die Rechtspflege mangelhaft ist, ist nur allzu oft das Weib der niedrigeren Volksschicht das willenlose Objekt der Sinnenlust des Mannes der höheren Volksschicht. Besonders gilt dies im Falle eines offenen Kampfes: »Das Weib ist die Beute des Siegers«, und die Europäer haben niemals, wenn sie gegenüber fremdartigen Völkern *Sieger* waren, gezögert, dieses Recht des Siegers anzuerkennen.

Unter geordneten Rechtsverhältnissen ist das *Konkubinat* in seinen verschiedenen Formen ohne Zwang des Weibes sehr gewöhnlich; selbstverständlich gehört hierbei regelmäßig der Mann der höheren, das Weib der niedrigen Volksschicht an; auch der *ephemere* Geschlechtsverkehr ist nicht selten. Wo eine *Verführung* stattfindet, da ist es der Natur der Sache nach ebenfalls der Mann der *höheren* Volksschicht, der das Weib der *niedrigeren*, wohl auch das Weib der höheren Volksschicht, welches den Mann der *niedrigeren* Volksschicht verführt; das Umgekehrte ist nicht wohl möglich.

Mit Liebe ist *Vertrauen*, mit Hass *Misstrauen* regelmäßig verbunden. Ein gewisses Misstrauen zwischen verschiedenen Bevölkerungsgruppen, die durch Gegensätze getrennt sind, fehlt wohl niemals und ist umso eher erklärlich, als die Unkenntnis der Sprache einer anderen Nationalität, der religiösen Gebräuche einer anderen Religionsgesellschaft, der Sitten und Anschauungen einer verschiedenen Volksklasse zahllose – an sich meist ungefährliche – Missverständnisse erzeugen muss.

Selbst im gebildetsten Lande der Welt, in Deutschland, wird kaum eine Anschuldigung gegen die Juden so ungeheuerlich, so sinnlos erscheinen, dass sie nicht Hunderttausende, ja Millionen Gläubige fände.

Die Kolonialgeschichte namentlich ist voll von den absonderlichsten und spaßhaftesten Beispielen, welche krankhafte Furcht der Mangel an Vertrauen erzeugen kann.[42]

Nicht selten werden lediglich durch dieses Misstrauen, ohne eine unmittelbare objektive Ursache, Kämpfe verursacht.

Wenn in wilder Panik, etwa durch eine falsche Nachricht oder ein Missverständnis verursacht, die Eingeborenen in die Gebirge und Wälder, die Kolonisten in die Städte fliehen, kann schon der bloße Anblick des bewaffneten vermeintlichen Gegners genügen, um den Kampf zu entfachen, indem der eine Teil durch einen Angriff dem befürchteten Angriff des anderen Teils zuvorzukommen sucht; und ist einmal der erste Schuss gefallen, so ist es oft ungeheuer schwer, zu verhindern, dass der Kampf auf der ganzen Linie entbrennt.

Wie oft mögen Aufstände und Gewalttaten der Eingeborenen gegen ihre europäischen Unterdrücker, wenn auch objektiv unberechtigt, so doch subjektiv durch ein allzu erklärliches Misstrauen entschuldbar, entstanden sein, ohne dass in Europa eine andere Ursache als »Frechheit«, »Unbotmäßigkeit« oder dergleichen bekannt geworden wäre! Wie oft würde wohl eine Aufklärung, ein freundlicher Zuspruch eine viel nachhaltigere Wirkung

---

42 Zwei Beispiele mögen hier Platz finden:
Als einige Schriftsteller der Tagalen auf den Philippinen vorschlugen, in der Schrift ihrer Sprache die Buchstaben c und q durch k, den Buchstaben u durch w zu ersetzen, erhoben die Spanier einen großen Lärm über beabsichtigten Vaterlandsverrat, weil k und w deutsche Buchstaben seien (Münchener Allgemeine Zeitung vom 1. Oktober 1892).
Große Aufregung verursachte im Mai 1894 unter den Engländern in Indien die Wahrnehmung, dass in einigen Gegenden die Bäume Schmutzflecken – wohl geheimnisvolle Zeichen der Eingeborenen zum Zwecke eines Aufstandes – trugen. Später glaubte man freilich eine weit harmlosere Erklärung für dieses Phänomen zu finden: die frei grasenden Ochsen und Schweine suchten bei der ungewöhnlichen Hitze öfters kleine Teiche auf und wälzten sich im Schlamm; der Stich von Fliegen mochte dann diese Tiere veranlasst haben, sich an Baumstämmen zu reiben.

ausüben, als die schneidigste »Züchtigung«, die doch ihrerseits nur wieder Misstrauen erzeugen muss!

Freilich weiß man in Europa hiervon nichts, soweit es sich um die Zustände in der Türkei handelt. Dass die Christen jemals ein *unberechtigtes* Misstrauen gegen die muselmanische Bevölkerung, gegen muselmanische Beamte oder gegen irgendeine Maßregel der türkischen Regierung haben könnten, ist nach der Anschauung europäischer Humanitätstheoretiker ziemlich ausgeschlossen; umgekehrt denkt wohl niemand daran, als Grund feindseliger Stimmungen oder Taten der muselmanischen Bevölkerung gegen die Christen ein berechtigtes oder unberechtigtes Misstrauen derselben vorauszusetzen, sondern hier ist nur bewusste Bosheit, namentlich »religiöser Fanatismus« die einzig mögliche Ursache. Wenn bange Erregung, wilde Verzweiflung muselmanische Volksmassen ergreift, sodass sie keinen anderen Weg zur Rettung mehr erblicken als die Vernichtung feindlicher Volkselemente, so gilt dies europäischen Philanthropen nur als brutaler Übermut, Mangel an Sittlichkeit und Humanität.

Das Misstrauen ist aber nicht nur geeignet, *Verdacht* zu erzeugen, sondern es hat auch oft die Folge, dass *Tatsachen*, über welche nach dem natürlichen Gang der Dinge kein Zweifel möglich sein sollte, in der »öffentlichen Meinung« entstellt, erfunden oder unterdrückt werden. Dadurch kann oft in der Form der tadellosen Gerechtigkeit das schreiendste Unrecht verübt werden.

Nichts ist biegsamer und geschmeidiger, sagte ein erfahrener Advokat, als Tatsachen, freilich nur für den, der gern glaubt; nötig dafür sind nur ein gewandter Mund und bereitwillige Ohren.

Es gibt kaum einen Streit, ein Zerwürfnis, bei dem nicht der Tatbestand von den Parteien verschieden dargestellt würde; selbst wenn der Vorfall sich in voller Öffentlichkeit abgespielt hat, gehen die Versionen oft in geradezu verblüffender Weise auseinander. Ist nun der Streit ein rein persönlicher, gehören die Streitteile ein und derselben Volksschicht an, und sind sie durch keinerlei Gegensätze voneinander geschieden, so kann das Urteil nicht so leicht verwirrt werden. Eine wohlbegründete Lebensregel gebietet, in allen Fällen »auch die andere Partei zu hören«, und dieser Satz pflegt auch, wenn die unbeteiligte Bevölkerung den Parteien gleich nahe steht, nicht nur vom Richter, sondern auch von der öffentlichen Meinung beherzigt zu werden.

Ganz anders, wenn eine Partei den Unbeteiligten durch irgendwelches Band näher gerückt ist. Es ist der menschlichen Natur eigentümlich, dass wir denen, die uns nahestehen, schneller und willfähriger Glauben schenken als den uns ferne Stehenden.[43]

Ja, selbst wenn wir mit eigenen Augen und Ohren Zeugen eines Vorfalls sind, gewinnen wir infolge unserer Befangenheit bisweilen eine ganz unrichtige Auffassung der Dinge.

Auch in der Geschichtsschreibung macht sich dieselbe Erscheinung bemerkbar. Da es bekanntlich eine unparteiische Geschichtsschreibung nicht gibt, so wird das Urteil der Nachwelt stets ein unrichtiges und einseitiges sein, wenn Geschichtsschreiber nur von Seite einer Partei oder zwar von Seite zweier Parteien, aber mit ungleicher Geschicklichkeit auftreten.

Dies ist alles allgemein bekannt, so bekannt, dass man vielleicht unsere Ausführungen als überflüssig bezeichnen könnte.

Nur die Anwendung dieses selbstverständlichen Grundsatzes lässt viel zu wünschen übrig. Bei jedem Aufstand, bei jedem Konflikt in den Kolonien sind fast stets ausschließlich die Eingeborenen die Schuldigen; denn es ist einzig und allein die Darstellung der europäischen Behörden für das Urteil maßgebend, selbst wenn die Darstellung schon äußerlich den Stempel der Unwahrheit trägt. Zur Beurteilung der Sachlage werden oft nicht einmal Tatsachen verlangt, sondern man begnügt sich mit dem Urteil der Kolonialbehörden, die doch selbst nur Partei sind. »Die Eingeborenen von X, welche in frecher Weise den Beamten Y

---

43 Sogar in *wissenschaftlichen* Fragen zumeist: Wem wird wohl ein deutscher Patriot im Zweifel mehr Glauben schenken – einer deutschen oder englischen ärztlichen Autorität?

mit seinem Gefolge beleidigt hatten, mussten gezüchtigt werden.« Diese oder ähnliche Berichte genügen dem europäischen Zeitungsleser vollständig, um die von seinen Landsleuten verübten Gräuel als gerecht und billig zu erachten.

Eine sehr große Rolle spielt daher bei allen Gegensätzen die Frage, welchen Glauben man vor Gericht den Zeugen beimisst. Die moderne Humanität findet hierin keine Schwierigkeit: »Rasse, Klasse, Religion und Nationalität begründen keinen Unterschied in der Glaubwürdigkeit eines Zeugen; der Richter darf nur auf die Person des Zeugen, nicht aber auch auf dessen Rasse etc. schauen.«

In der Tat: Ein Gesetz etwa des Inhalts, dass das Zeugnis eines reichen, angesehenen Mannes denselben Wert habe wie jenes zweier armer, in zurückgezogenen Verhältnissen lebender Männer, würde einen Sturm des Unwillens und der Entrüstung hervorrufen, da ein derartiges Gesetz mit den modernen *Theorien* im schroffen Widerspruch stünde; dass es mit der *Praxis* im Widerspruch stünde, wird wohl kein verständiger Mensch behaupten wollen. Wenn die Aussage eines hochgestellten, angesehenen Mannes den Aussagen zweier unbescholtener, aber armer (vielleicht gar sozialistischer!) Arbeiter gegenübersteht, wem wird der Richter, sofern er den unteren Volksklassen entrückt ist, mehr glauben? Oder man denke z. B. an Schlägereien zwischen französischen und italienischen Arbeitern; nicht selten wird das Urteil schon vor Ausgang des Strafprozesses ziemlich feststehen, je nachdem französische oder italienische Geschworene, französische oder italienische Zeugen zu Wort kommen.

Einer der beliebtesten Vorwürfe gegen die Türken war in früheren Zeiten der, dass die Aussage eines Christen gegen einen Muselman vor Gericht nichts oder nur wenig gelte.

Man wird diesen Vorwurf nicht als ungerecht erachten können, obwohl selbst in Europa allgemein bekannt ist, dass die Wahrheitsliebe der orientalischen Christen auf einer verhältnismäßig niedrigen Stufe, jedenfalls auf einer tieferen als die muselmanische Wahrheitsliebe steht. Aber der gleiche Vorwurf trifft wohl *jedes* Volk.

Ich kann hier nicht unterlassen, auf einen Vorfall einzugehen, der sich vor einigen Jahren in Deutschland abspielte.

Ein deutscher Kolonialbeamter war angeschuldigt, in einer deutschen Kolonie sittliche Missetaten begangen zu haben. Die Disziplinarkammer, die als Gericht hierüber zu entscheiden hatte, sprach in den Gründen des Urteils[44] folgende Sätze aus: »Dieser Aussage (eines Negerhäuptlings) hat eine Beweiskraft nicht beigelegt werden können, da die Bekundungen Farbiger nach dem Urteil aller vernommenen Afrika-Kenner zu unzuverlässig sind, um auf Glaubwürdigkeit Anspruch zu machen«, – »den Bekundungen der schwarzen Weiber … konnte eine Beweiskraft wegen der notorischen Unzuverlässigkeit der Farbigen nicht beigelegt werden«.

Es ist nun außerordentlich lehrreich, wie die in- und ausländische Presse sowohl den Tenor des Urteils als auch die erwähnten Missetaten (die in ähnlicher Weise höchst wahrscheinlich in den meisten Kolonien der Europäer an der Tagesordnung sind) auf das Schärfste verurteilte – der »pikante« Fall musste natürlich reichlich ausgenützt werden –, aber der im Vorstehenden wiedergegebenen Begründung, als sei dieselbe ganz selbstverständlich, fast gar keine Beachtung schenkte. Und doch war die letztere offenbar das Allerbedenklichste an dem ganzen Fall. Denn der Ausspruch, ein Negerzeugnis verdiene keinen Glauben, kommt fast der Erklärung gleich, dass ein Neger de facto rechtlos sei. Ein Weißer darf bei seinen Schandtaten nur die Vorsicht gebrauchen, keinen unverdorbenen Europäer Zeugen sein zu lassen, (was in den meisten Fällen nicht sehr schwierig sein wird), so wird ihm regelmäßig die Straflosigkeit sicher sein.

Ich bezweifle, ob in irgendeiner europäischen Kolonie oder in einem Tochterstaat der Europäer, Angehörige fremdartiger

---

44 Urteil der Disziplinarkammer in Potsdam vom 16. Oktober 1894.

Rassen ein vollgültiges Zeugnis in Rechtsstreitigkeiten zwischen Europäern und anderen Menschen ablegen können. In Nordamerika z.B. hat der oberste Gerichtshof in den fünfziger Jahren entschieden, dass »die Mongolen (Chinesen) nicht als weiße Menschen zu betrachten seien, folglich kein vollgültiges Zeugnis vor Gericht ablegen können«.[45] Dass Indianer vor den Gerichten der Vereinigten Staaten als Zeugen keinen Glauben finden, dafür haben wir schon auf Seite 57 f. ein glaubwürdiges Zeugnis angeführt.

Eine systematische Darstellung des diesbezüglichen Rechtszustandes, wie er sich durch die Gesetzgebung und Praxis in den verschiedenen Staaten entwickelt hat, würde sicherlich viel Interesse bieten.

Wo aber die Tatsachen feststehen und nicht entstellt werden, da unterliegen sie einer ganz verschiedenen Beurteilung, je nachdem Gegensätze in Frage kommen oder nicht.

Alle Rechts- und Sittlichkeitsbegriffe können unter dem Einfluss der Gegensätze verwirrt werden. Kein Gesetz ist so deutlich, dass es auch ohne förmlichen Rechtsbruch nicht zum Nachteil des verhassten Gegners wenigstens falsch ausgelegt werden könnte. Der unparteiische Blick wird getrübt; ohne es zu wissen, wird der Richter gewissermaßen Partei und misst mit zweierlei Maß.

Was beim Freunde erlaubte Notwehr, ist beim Fremden verabscheuenswerte Gräueltat, harmloser Scherz wird maßlose Frechheit, ein verzeihlicher Fehltritt schweres Verbrechen, und umgekehrt.

So werden dieselben Begriffe oft mit ganz verschiedenen Worten bezeichnet, je nachdem es sich um den Freund oder Feind handelt; entweder drücken diese Worte ganz verschiedene Grade der Tadelnswürdigkeit oder sogar einerseits Lob, andererseits Tadel aus.

---

45 Karl Rühl: Californien (New York 1867), S. 91.

Wir geben hier ein kurzes Verzeichnis einiger Begriffe beziehungsweise ihrer Bezeichnungen:

(beim Freund)		(beim Feind)
Energie	=	Grausamkeit
Strenge	=	Barbarei
kampfesmutig	=	blutdürstig
stolz, ehrliebend	=	frech
Führer, Vorkämpfer sein	=	wühlen, hetzen
töten, hinrichten	=	morden
erbeuten	=	rauben, stehlen
ein Land beruhigen, pazifizieren	=	knechten, durch Feuer und Schwert verwüsten
Vaterlandsfreund	=	Rebell
Freiheitskämpfer	=	Bandit, Brigant, Räuber
züchtigen	=	Gräueltaten gegen jemanden verüben
Begeisterung	=	Fanatismus
begeistern, anfeuern	=	aufhetzen
Protektorat (Schutzherrschaft)	=	Vergewaltigung
Bevölkerung	=	Pöbel

usw. usw.[46]

Einige Beispiele:

Ein Neger wird von einem Weißen niemals »ermordet«, sondern »getötet« oder besser noch »hingerichtet«; ein Weißer

---

46 Wie viel ließe sich über das Thema: »Das Wörtchen *man* unter dem Einfluss der Gegensätze« schreiben!

dagegen wird von einem Neger niemals »getötet« oder gar »hingerichtet«, sondern nur »ermordet«.

Wenn ein Weißer in Afrika, etwa um sein Gewehr zu erproben oder sich die Langeweile zu vertreiben, aus dem Hinterhalt einen friedlichen Neger niederschießt, so nennt man dies »Tötung«. Wird dieser Weiße dafür von den Genossen des »Getöteten« auf der Stelle totgeschlagen oder wird er gefangen und vom Stamm, dem der »Getötete« angehörte, zum Tode verurteilt und vom Leben zum Tode befördert, so ist das ein »Mord«, und ein humaner und gesitteter Kulturlümmel, der etwa in diese Gegend kommt, wird nicht eher ruhen, als bis er einen solchen »Mord« durch die »Hinrichtung« einiger schuldiger oder unschuldiger Neger wieder gesühnt hat.

Auch ein Muselman wird von einem Christen in der Regel nur »getötet«, umgekehrt ein Christ von einem Muselmanen nur »ermordet«. Als die Armenier von Zeitun [heute Süleymanli] ihre türkischen Gefangenen kalten Blutes zuerst verstümmelten und dann die zuckenden Leiber in den Fluss hinabwarfen, da war dies eine »Tötung«; als dagegen die muselmanische Bevölkerung Konstantinopels in der Erregung über die armenischen Bombenattentate mit Knütteln eine große Zahl Armenier auf den Straßen niederschlug, da war dies ein »Massenmord«.

Wenn eine europäische Kolonialtruppe in Afrika aufs Geratewohl den Eingeborenen ihr Elfenbein oder ihre Viehherden ohne Bezahlung »wegnimmt«, so nennt man dies »erbeuten«. Wenn dagegen ein eingeborener Stamm diese Truppe verjagt und ihr die Geschütze und Gewehre wegnimmt, so heißt man dies »rauben« (welch unsittliche Völker, den geschlagenen Feinden auch noch die Waffen zu rauben!).

So ist es ganz natürlich, dass die öffentliche Meinung Europas von jeher vollständig unfähig war, vollständig unfähig ist und für alle Zeit vollständig unfähig sein wird, Verstöße gegen die Humanitätstheorien bei christlichen und nichtchristlichen Völkern mit demselben Maß zu messen.

Ein Beispiel:

Wie häufig kann man in europäischen Zeitungen ungefähr folgende Nachricht lesen:

»Ein *furchtbarer Akt der Lynchjustiz* wurde kürzlich im nordamerikanischen Städtchen X verübt. Ein Neger, der ein weißes Mädchen vergewaltigt hatte, war im Gefängnis des Ortes in Untersuchungshaft. Eine erbitterte Volksmenge stürmte gegen Abend das Gefängnis, schleppte den Neger heraus und führte ihn auf einen freien Platz. Dort wurde der Missetäter an einen Pfahl gebunden, mit Petroleum begossen usw., usw.«

Hier denkt sich der arglose Zeitungsleser nur etwa: »Ein tüchtiges Volk diese Amerikaner, die die Justiz so tatkräftig selbst ausüben, ohne erst auf das saumselige Einschreiten der Bürokratie zu warten. Etwas roh freilich, aber eben ein junges Volk mit ausgesprochenem Rechtssinn.«

Ganz anders würde die Nachricht lauten und beurteilt werden, wenn ein derartiger Vorfall in einem nichtchristlichen Staat sich ereignete. Wären z. B. in der Türkei oder in Marokko solche Zuchtlosigkeiten möglich, so würden die Zeitungen ungefähr in folgender Form berichten:

»Ein Akt *echt asiatischer (afrikanischer) Bestialität* wurde kürzlich im türkischen (marokkanischen) Städtchen X verübt. Ein junger Christ (Jude) war auf eine lügenhafte Anklage hin im Gefängnis des Ortes eingekerkert. Eine fanatisierte Volksmenge stürmte das Gefängnis, zerrte den Gefangenen unter abscheulichen Misshandlungen heraus und führte ihn auf einen freien Platz. Dort ermordete der Pöbel den Unglücklichen unter barbarischen Martern, indem er etc.«

Hier würde der Leser ungefähr folgende Betrachtungen anstellen oder vielmehr die Zeitungen selbst würden drucken:

»Charakteristisch an der Nachricht ist ganz besonders, dass die Behörden, wie es scheint, dem Pöbel bei seiner Gräueltat völlig freie Hand ließen. Hierüber wird sich auch niemand wundern. Die Türkei hat längst zur Genüge gezeigt, dass sie nicht im Stande, übrigens auch gar nicht gewillt ist, geordnete Rechtszustände herzustellen und ihre christlichen Untertanen vor der Bestialität der muselmanischen Bevölkerung zu schützen. Aber die Frage muss hierbei immer wieder auftauchen: *Darf* es das gesittete Europa und Amerika ruhig mit ansehen, dass ein derartig wilder Staat in der aufgeklärten, humanen Zeit am Ende des 19. Jahrhunderts sein Unwesen treibt? Quousque tandem … usw., usw.«[47]

Eine vollkommen gerechte, unparteiische Justiz ist daher unter dem Einfluss der Gegensätze, namentlich der Rassen- und *religiösen* Gegensätze äußerst schwierig, in den meisten Fällen unmöglich.

Unter der Maske der Justiz können absichtlich oder unabsichtlich das schreiendste Unrecht, die schändlichsten Gewalttaten gegen Menschen, die durch Gegensätze vom Gewalthaber getrennt sind, verübt werden.

Vor allem pflegt der Gewalthaber, namentlich wo er seine Autorität gefährdet glaubt, einen möglichst »summarischen« Prozess anzustreben; mit dem verhassten Gegner sucht man »kurzen Prozess zu machen«.

Zu welcher Farce sinkt der Strafprozess z. B. in den afrikanischen Kolonien gegen die Eingeborenen herab!

Die strafprozessuale Humanität, auf die Europa so stolz ist, existiert den Schwarzen gegenüber fast nur auf dem Papier, und auf diesem nur unvollkommen.

Dass ein Europäer, der sich von einem Schwarzen geschädigt glaubt, zugleich Ankläger, Zeuge und Richter gegen diesen ist, ist in Kolonien nichts Seltenes. Dass ein beschuldigter Neger keinen Verteidiger erhält, dass ihm in der Regel kein Rechtsmittel gegen eine Entscheidung des Richters zu Gebot steht, wird für

---

47 Hrsg.: Anspielung auf die Catilinarischen Reden Ciceros: *Quousque tandem abutere, Catilina, patientia nostra?* (Wie lange willst du, Catilina, unsere Geduld noch strapazieren?).

selbstverständlich gehalten. Zudem spielt die Folter, wenigstens in der Form der Prügel, zur Erpressung von Geständnissen in den Kolonien eine große Rolle. Zur Rechtfertigung der Folter pflegt man selbstverständlich anzuführen, dass der Neger ohne Beweis oder Tortur zu einem gutwilligen Geständnis nicht zu bewegen sei (jedenfalls eine psychopathologische Eigentümlichkeit der schwarzen Rasse).[48]

Von der allergrößten Bedeutung ist daher in der Rechtspflege überall, wo Gegensätze in Frage kommen, die Person des Richters. Je nach der Zusammensetzung eines Gerichtshofs wird in vielen Fällen das Urteil schon vor der Verhandlung unumstößlich feststehen.

In der Regel bestimmt daher die herrschende Bevölkerungsgruppe die Zusammensetzung der Gerichtshöfe in dem Sinn, dass in denselben ihren eigenen Angehörigen gegenüber niemals andere Bevölkerungselemente eine ausschlaggebende Zahl und Stellung einnehmen dürfen.

Bei sehr starken Gegensätzen werden die untergebenen Bevölkerungsgruppen wohl auch vollständig von den Gerichtshöfen wenigstens insoweit ausgeschlossen, als nicht die Parteien ausschließlich den untergebenen Bevölkerungsgruppen angehören.

---

48 Auch mit der Prügelstrafe, über die man übrigens, wenn man sich nicht auf den einseitigen Standpunkt der europäischen Humanität stellt, recht wohl verschiedener Ansicht sein kann, findet man sich in Europa, soweit Kolonien in Betracht kommen, unschwer ab.
»Nach dem einstimmigen Urteil aller kompetenten Afrika-Kenner ist die Prügelstrafe unentbehrlich.« Solche oder ähnliche Sätze genügen dem europäischenPublikum vollständig. Man denke sich: die Präfekten (Landräte, Bezirksamtsmänner) eines Landstrichs wären einstimmig der Ansicht, dass eine geordnete Verwaltung nur möglich sei, wenn die Bauern öfters geprügelt würden: wer würde nicht darüber lachen? »Liebe Freunde«, würde man wohl diesen erfahrenen Verwaltungsbeamten zur Antwort geben, »eure Ansicht in Ehren, aber – audiatur et altern pars« [Man höre auch die Gegenseite].

Einer besonderen Betrachtung wert sind die Erscheinungen der Gegensätze im internationalen Verkehr, namentlich soweit die große Grenzscheide zwischen den christlich-europäischen Völkern und der übrigen Menschheit in Betracht kommt.

Bis in die Neuzeit galt der Grundsatz, dass nur innerhalb der Christenheit das Völkerrecht Kraft habe. Noch der Wiener Kongress beschränkte seine Wirksamkeit auf die christlichen Völker. Erst durch den Pariser Frieden (1856) wurde die Türkei in das Völkerrecht aufgenommen; viele Völkerrechtslehrer wollen die Geltung des Völkerrechts noch weiter, wo möglich auf die ganze Menschheit ausgedehnt wissen. Indessen haben derartige *theoretische* Grundsätze nur eine geringe Bedeutung.

Das europäische Völkerrecht gilt für die Türkei eben – auf dem Papier. Den Widerstreit der Theorie und Praxis zu versöhnen, ist, wie wir später noch deutlicher sehen werden, mit Hilfe der Unwahrheit nicht schwer.

Die christlichen Staaten, selbst die kleinsten und schwächsten, Dänemark, Griechenland, Bulgarien, sind vor Vernichtung sicher. Keine christliche Macht wird leicht das Odium auf sich nehmen, denselben gegenüber das Recht des Stärkeren gelten zu lassen.

Von den mohammedanischen und anderen nichtchristlichen Staaten dagegen ist keiner den europäischen gegenüber seiner Existenz sicher, sofern nicht ihre eigene Kraft oder die Rivalität der europäischen Staaten ihnen Schutz gewährt.

Man kann dreist behaupten: Wäre die Türkei ein christlicher Staat, so würde keiner der großen Kriege, die sie im 19. Jahrhundert zu führen hatte, entstanden sein, wogegen sie noch mehr Kriege zu bestehen gehabt hätte oder vielleicht nicht mehr existieren würde, wäre sie nicht durch den Widerstreit der Interessen der europäischen Mächte einigermaßen geschützt.

Fast noch verhängnisvoller ist für die nichtchristlichen Staaten der *friedliche* Verkehr mit Europa.

Sprechen wir nur das eine Wort »Kapitulationen« aus, welche Fülle von Ungerechtigkeit und Selbstsucht, von Übermut und

Habsucht bringen wir damit zum Ausdruck! Mittelst der Kapitulationen hat das Abendland den Orient, haben die christlichen Völker die muselmanischen gedemütigt, geknechtet, ausgeplündert.[49]

Unter Kapitulationen versteht man bekanntlich Verträge, zu welchen die europäischen Staaten die orientalischen, namentlich die Türkei, genötigt oder mit denen sie dieselben überlistet haben und durch welche die Rechtsverhältnisse der im Orient lebenden Untertanen der christlichen Mächte, die Handelsbeziehungen usw. geregelt wurden.

Da diese Verträge im Wesentlichen aus früheren Jahrhunderten (sogar aus dem 16. Jahrhundert) stammen, so kann man sich denken, wie wenig dieselben den modernen Verhältnissen entsprechen. Diese Verträge, die noch dazu durch Übung eine missbräuchliche Ausdehnung weit über ihren ursprünglichen Wortlaut und Sinn erfahren haben, bestimmen hauptsächlich, dass die Europäer in der Türkei in einem sehr weiten Umfang der staatlichen Straf- und Zivilgerichtsbarkeit entrückt sind und unter der Gerichtsbarkeit ihres Konsuls stehen. Da der Konsul seinen Landsleuten näher steht als den durch verschiedene Gegensätze von ihm geschiedenen Einheimischen, namentlich den Muselmanen, so kann es nicht überraschen, dass diese Gerichtsbarkeit mitunter in der parteiischsten Weise zu Gunsten der Fremden geübt wird.

Ein weiteres Privileg, das diese Kapitulationen statuierten, ist, dass die Polizeiorgane nur unter den schwersten Beschränkungen das Recht haben, die Behausung eines Europäers zu betreten – eine Wohltat, die den Boden des türkischen Reiches zur sichersten Stätte für europäische Verbrecherbanden macht und von europäischen Verbrechern denn auch vollauf gewürdigt

---

49 Der Einfachheit halber erwähnen wir im Folgenden nur den Rechtszustand in der Türkei. Ähnlich ist der Rechtszustand in den ostasiatischen Staaten usw.

wird. Sogar das Recht, ausländische Verbrecher aus ihrem Territorium auszuweisen, war der Türkei bis in die neuere Zeit vorenthalten und ist ihr auch jetzt noch erschwert.

Fast bedenklicher aber noch sind die Beschränkungen, die sich die Türkei infolge der Kapitulationen auf volkswirtschaftlichem und finanziellem Gebiet gefallen lassen muss.

Europäer sind in der Türkei teilweise von Personalsteuern befreit; wie es mit dem Steuerwesen in der Türkei hiernach aussehen muss, bedarf für jeden in den Anfangsgründen der Volkswirtschaftslehre Bewanderten keiner Auseinandersetzung.

Die Einführung neuer indirekter Steuern oder Monopole, welche den europäischen Staaten als hauptsächliche Einnahmequelle dienen, ist der Türkei verboten, und wenn die türkische Regierung infolgedessen gezwungen ist, die Steuerkraft ihrer einheimischen Produzenten stärker anzuspannen, so muss sie sich von jedem Ferien-Orientreisenden über die Torheit und Schädlichkeit der Steuerschraube belehren lassen.

Jeder Staat so ziemlich hält sich nicht nur für berechtigt, sondern auch für verpflichtet, einzelne Klassen seiner Bevölkerung zum Wohle der Gesamtheit durch Schutzzölle zu unterstützen und zu fördern – der Türkei wird dieses Recht auf Grund der Kapitulationen abgesprochen.

Während in Europa 20-, 50-, ja 100%ige und noch höhere Zölle nicht zu den Seltenheiten gehören, muss sich die Türkei mit dem lächerlich niedrigen Zollsatz zu 8 % (bis zum Jahre 1861 waren sogar nur 3 % gestattet!) begnügen.

Offenbar sind alle diese Beschränkungen im höchsten Grad ungerecht, und den Ländern, die von der Türkei abgetrennt werden und unter christliche Herrschaft kommen, bewilligt daher Europa nach kürzerer oder längerer Zeit stets die Lösung der durch die Kapitulationen angelegten Fesseln.

Nur den muselmanischen Staaten gegenüber steht Europa mit schnöder Härte auf seinem Schein, und es ist nicht abzusehen, ob und wann die Türkei einmal Herr im eigenen Haus sein wird. [50]

Zur Begründung der Ungerechtigkeit pflegt seitens der europäischen Staaten immer und immer wieder angeführt zu werden, »man könne doch seine teuren Untertanen nicht der Willkür des ersten besten türkischen Beamten preisgeben«.

Hier fällt zunächst auf, dass dieses Argument nur der Türkei gegenüber gebraucht wird. Selbst den allerverlumptesten südamerikanischen Staaten – mögen in ihnen schlimmere Zustände herrschen als in der Türkei zu den schlimmsten Zeiten – macht man die Hoheitsrechte gegenüber den europäischen Untertanen nicht streitig. Man geht eben diesen – christlichen – Staaten gegenüber von dem offenbar der Billigkeit entsprechenden Grundsatz aus, dass, wer sich in die Fremde begibt, der Rechtssicherheit des fremden Landes damit sein Vertrauen schenkt und sich offenbaren Rechtsverletzungen gegenüber mit dem diplomatischen oder sonstigen Schutz seines Heimatstaates begnügen muss, dass es übrigens gerechter und billiger ist, wenn eine Handvoll Fremder von der einheimischen Justiz einige Unbilden erduldet, als wenn die Landesbevölkerung von fremden Richtern eine Misshandlung ihrer Rechte sich gefallen lassen muss.

Man mag übrigens hierin einer Ansicht sein, welche es sein wolle, so genügt die Rechtfertigung offensichtlich keineswegs in Bezug auf die wirtschaftliche Bedrückung.

Selbst mit der gewalttätigsten Logik lässt sich der Schluss nicht begründen: »Weil die Türkei eine schlechte Justiz hat, darf

---

50 Eine rühmliche Ausnahme darf hier nicht unerwähnt bleiben. Das Deutsche Reich hat im Handelsvertrag vom 26. August 1890 der Türkei wesentliche Erleichterungen bewilligt; namentlich dürfen nach diesem Vertrage höhere Zölle erhoben werden etc. Durch diesen Akt der Billigkeit hat sich das Ansehen des Deutschen Reiches im Orient sicher mehr gehoben, als man – nach der alten Theorie, dass man im Orient nur durch brutales Auftreten Erfolge erringen kann – in Europa gemeiniglich annimmt. Indessen ist dieser Vertrag wegen der mangelnden Zustimmung *der anderen Mächte* bis heute ein toter Buchstabe geblieben!

sie keine großen Einnahmen aus Zöllen oder indirekten Steuern ziehen, darf ihre Produktion nicht wie die der christlichen Staaten durch Schutzzölle unterstützt werden, oder dergleichen.«

Der einzige wahre, wenn auch nicht eingestandene Grund liegt eben darin, dass die Türkei ein muselmanischer Staat ist, demgegenüber der Grundsatz »Was du nicht willst, dass dir geschehe, das tue auch einem anderen nicht« in viel schwächerem Maße geübt wird als von christlichen Staaten untereinander.

Wir sind hier sofort auf einen Einwurf gefasst.

Die europäischen Staaten, wendet man uns ein, kennen auch unter sich keine Aufrichtigkeit und Billigkeit, wo Handelsverträge und andere wirtschaftliche Verträge in Frage kommen, und derjenige Staatsmann wird am meisten als verdienstvoller Patriot gepriesen, der es am besten versteht, den Gegenkontrahenten recht tüchtig – der vulgäre deutsche Ausdruck ist wohl erlaubt – »übers Ohr zu hauen«. Die europäischen Völker sehen hierin auch nichts Unrechtes, da es eben jedermanns Sache ist, selbst den eigenen Vorteil wahrzunehmen, und verübeln sich gegenseitig eine Überlistung ebenso wenig, als mancher Händler seinem Kollegen zürnt, der besser die Augen offenhielt.

Gewiss; aber das Charakteristische im wirtschaftlichen Kampf der europäischen Völker untereinander ist heutzutage, dass nur List und Schlauheit die erlaubten Waffen sind. Hierbei ist es leicht möglich, dass der kleinste Staat den mächtigsten übervorteilt. Es würde für unanständig gelten, wenn der mächtigere Staat, um günstige wirtschaftliche Beziehungen zu einem schwächeren zu erlangen, zum Mittel der Drohung mit Waffengewalt greifen würde.

Man denke sich: Eine Großmacht wollte für ihre Erzeugnisse niedrige Eingangszölle in die Schweiz und machte, um ihrem Wunsche Nachdruck zu verleihen, auch nur einige Anspielungen auf den Unterschied der militärischen Machtmittel – welcher Sturm des Unwillens würde sich nicht nur in der Schweiz, sondern auch im unbeteiligten christlichen Europa erheben!

Oder: Das Deutsche Reich hätte im Frankfurter Frieden dem französischen Staat ohne Gewährung der Gegenseitigkeit das Zugeständnis der Meistbegünstigung oder gewisser niedriger Zollsätze abgezwungen: Wäre dieses Verfahren nicht – abgesehen von Frankreich selbst – in ganz Europa als geradezu empörend bezeichnet worden?

Wesentlich anders liegt die Sache nichtchristlichen oder nichtarischen Völkern gegenüber. Auch hier spielt freilich List und Schlauheit eine sehr wichtige Rolle.

Aber ebenso oder noch mehr kommt hier die militärische Macht zur Geltung, wenigstens dadurch, dass Kanonen und Bajonette im Hintergrunde gezeigt werden, ohne dass dieselben in Tätigkeit zu treten brauchen. Denn durch wiederholte Kriege sind die orientalischen Völker bereits darüber belehrt worden, dass sie verpflichtet sind, sich im Handel von den europäischen Völkern benachteiligen zu lassen.

Zu den charakteristischsten Beispielen von Kriegen, die wenigstens in erster Linie des schnöden Mammons halber geführt wurden, gehört wohl sicher der sogenannte »Opiumkrieg« Englands gegen China (1840). Grausamere und ungerechtere Kriege sind zweifellos schon oft geführt worden: unwürdigere selten. Ein Staat, der sich mit seinem Christentum, seiner Humanität und Sittlichkeit brüstet, bekriegt einen anderen Staat, wenigstens zum Teil deshalb, weil dieser ein Gift von seinen Untertanen fernhalten will!

Ich möchte einmal gerne den Wortlaut der Predigten erfahren, welche damals englische Feldprediger an die Truppen richteten. Was mögen sie wohl gesprochen haben? »Ihr kämpft für eine heilige und gute Sache! Ihr verteidigt die heiligsten Rechte Eures Vaterlandes, die höchsten Güter der Menschheit. Ihr streitet für Christentum und Kultur, Humanität und Moral usw.«

Von anderen christlichen Völkern, denen der Opiumhandel keinen Gewinn bringt, ist dieser Krieg denn auch von Anfang an scharf verurteilt worden. Ob jedes andere Volk freilich an Stelle der Engländer der Versuchung, einem schwachen Gegner das Opium aufzuzwingen, widerstanden hätte? Fast möchten wir es bezweifeln. Man bedenke: auf der einen Seite die schönen Theorien von Humanität und dergleichen, aber auf der anderen die vielen, ach die vielen Millionen. Beide würden sich die Waagschale halten; zu einem Krieg würde das Gewicht der Millionen nicht ausreichen, wenn die Opiumopfer den Opiumspendern gleichartig wären. Aber die ungeheure Kraft der Gegensätze der Rasse und Religion paralysiert das Gewicht der Humanität, und die Menge Geldes erhält das Übergewicht. Einem arischen christlichen Volk, selbst dem kleinsten, selbst dem unzivilisiertesten gegenüber wäre der Opiumkrieg unmöglich gewesen. Der Druck des öffentlichen Gewissens hätte das Gleichgewicht mit den Millionen Pfund Sterling aufrechtzuerhalten vermocht.

Noch weit gewaltiger als im internationalen Verkehr mit großen orientalischen Staaten machen sich die Gegensätze im internationalen Verkehre der europäischen Völker mit den sogenannten Naturvölkern geltend.

Als oberster, stillschweigend allgemein anerkannter Grundsatz gilt hier: Indianern oder Negern braucht man sein Wort nicht zu halten.[51] Wir haben bereits an anderer Stelle hervorgehoben, dass kein Vertrag der Nordamerikaner mit den Indianern die letzteren in irgendeiner nachhaltigen Weise zu schützen vermag. In Afrika gilt das Gleiche. Verträge mit Negerstämmen haben nur für die letzteren eine bindende Kraft.

Daher wird in europäischen Staaten, wenn Meinungsverschiedenheiten darüber bestehen, ob eine Kolonie behalten oder aufgegeben werden soll, niemals irgendwie ein Gewicht darauf gelegt, dass man durch einen Schutzvertrag dort befindlichen

---

51 Aber der katholischen Kirche wirft man mit sittlicher Entrüstung vor, sie habe in früheren Jahrhunderten den Grundsatz aufgestellt: Einem Ketzer (also einem Verbrecher nach damaliger Rechtsanschauung) brauche man sein Wort nicht zu halten …

Stämmen eine Schutzherrschaft versprochen habe und dadurch rechtlich zum Bleiben verpflichtet sei.

Würde etwa jemals die Meinung laut werden: Wert ist die Kolonie X nichts, aber wir müssen sie behalten trotz der Opfer, die sie uns auferlegt, weil wir durch einen Vertrag mit einem eingeborenen Stamm uns hierzu verpflichtet haben, so würde der also Redende sicherlich stürmisch ausgelacht werden.

Kolonien in Afrika werden als *res nullius* [als Niemandsland] nur durch Okkupation erworben. Verträge mit Eingeborenen über den Erwerb von Kolonien haben demnach auf den ersten Blick keinen Zweck, da sie den einen Teil nicht verpflichten, sondern nur berechtigen, da wo es gar keiner ausdrücklichen Berechtigung bedarf, dem einen Teil etwas zusichern, was sich dieser auch ohne Vertrag nehmen darf und der Andere trotz entgegenstehenden Vertrags sich nehmen lassen muss.

Es ist daher über derartige Verträge, durch welche oft irgendein europäischer Reisender – nicht immer unter peinlicher Rücksichtnahme auf die Pflichten der Wahrhaftigkeit – von irgendeinem Negerhäuptling weite Ländereien, über die der letztere vielleicht gar kein Verfügungsrecht hatte, sich für sein Vaterland abtreten ließ, in Europa selbst viel gelacht und gescherzt worden. Schriftliche Verträge, die der eine Kontrahent gar nicht lesen konnte, über deren Inhalt er in jeder Beziehung getäuscht werden konnte! Vielleicht – wer will es entscheiden? – waren die Vertragsurkunden selbst gefälscht; auf jeden Fall stehen derartige Manipulationen mit allen Rechtsbegriffen im Widerspruch.

Und doch hatten diese Verträge eine weitgehende rechtliche Bedeutung, nämlich im Verkehr der europäischen Völker untereinander. Diese Manipulationen waren und sind die *Rechtstitel*, welche einen provisorischen Ersatz für die *Okkupation* darbieten. Bei der Jagd nach Land konnte natürlich das kleine Europa nicht sofort das ganze weite Inner-Afrika okkupieren. Es bildete sich daher unter den europäischen Staaten der Rechtsgrundsatz aus, dass, wo es einem Vertreter des einen Staates gelingen sollte, durch einen Vertrag, dem man nicht gerade eine offenbare Fälschung nachweisen konnte, Land zu »erwerben«, dieses Stück Land dem betreffenden Staat auch ohne Okkupation gehören solle und von einem anderen Staat nicht okkupiert werden dürfe.

Später freilich hat man, als die Küsten Afrikas unter die europäischen Völker verteilt waren, auch auf derartige Manipulationen zu verzichten gelernt. Man hat nämlich – ein weiterer Fortschritt des Völkerrechts – gerade Linien von der Küste nach dem Innern gezogen und hiernach auf dem Papier Afrika verteilt (»Hinterland-Theorie«). Diese – hübsch sauber nach Längen- und Breitengraden abgegrenzten – Gebiete nennt man, soweit sie nicht im faktischen Besitze einer Kolonialmacht sich befinden, »Interessensphären«. Sie sind gleichsam die Jagdreviere innerhalb deren die berechtigten europäischen Völker mit Land und Leuten nach Gutdünken schalten und walten dürfen, ohne fremde Eingriffe dulden zu müssen, idealer ausgedrückt: innerhalb deren die berechtigten europäischen Völker »ihre *Kulturmission* erfüllen«.

Hass und Feindschaft, Misstrauen und Furcht, Geringschätzung und Neid, kurz unfreundliche Gefühle aller Art können die notwendigen Folgen der Verschiedenheiten sein, welche wir im Vorhergehenden besprochen haben, sowohl im Verkehr zwischen Individuen als auch zwischen Völkern.

Hierbei müssen wir aber noch verschiedene Punkte ins Auge fassen, die gewöhnlich bei der Beurteilung der Gegensätze übersehen zu werden pflegen.

1. Rasse, Sprache, Religion und Klasse bilden ein Band um die Menschen, sodass die dadurch verbundenen Individuen als eine Gesamtheit aufgefasst werden. Das Individuum ist eben ein Teil der Gesamtheit.

Zweierlei Folgen ergeben sich hieraus.

a) Was einzelne Individuen tun, wird stets der Gesamtheit bis zu einem gewissen Grad angerechnet, sowohl von außerhalb dieser Gesamtheit Stehenden als von dieser selbst, welche auf gute

Mitglieder stolz zu sein, dagegen schlechter Mitglieder sich zu schämen pflegt. Dieser Grad ist natürlich umso höher, je geringer die Zahl der Gesamtheit und je größer die Zahl der betreffenden Individuen ist.

Namentlich wenn ein Individuum sich gegen Angehörige einer anderen, durch einen Gegensatz geschiedenen Bevölkerungsgruppe vergeht, wird die Gemeinschaft der Religion, Rasse usw., der dieses Individuum angehört, nicht leicht außer Betracht gelassen, und – fügen wir sofort hinzu – die Angehörigkeit zu einer anderen Bevölkerungsgruppe bildet im Volksbewusstsein einen Straferschwerungsgrund. Nicht: die Person X, die zufällig Jude, Armenier, Neger ist, worauf es aber nicht ankommt, hat sich etwas zu Schulden kommen lassen, sondern: der Jude, Armenier, Neger X, und wenn es mehrere sind, so wird daraus nur allzu leicht ein »die Juden«, »die Armenier«, »die Neger«, sodass die Namen und Personen ganz in den Hintergrund treten.

So wird einer der fundamentalsten Grundsätze der Humanität, dass eine Gesamtheit für die Fehler Einzelner nicht verantwortlich gemacht werden darf, vom Volksbewusstsein niemals vollständig begriffen werden.

Am deutlichsten tritt dies bei der akutesten Form des Kampfes ums Dasein zu Tage: im Krieg, namentlich gegen andere Rassen und Religionsgesellschaften.

Wenn aus einem Negerdorf Schüsse auf Europäer fallen, so werden letztere wohl niemals Bedenken tragen, das Dorf mit Granaten zu beschießen, in Brand zu stecken und zu plündern, was geplündert werden kann.

Auch in der sogenannten Justiz der Europäer gegen afrikanische Eingeborene wird der Grundsatz, dass ein Dorf oder ein Stamm für die Handlungen einzelner seiner Angehörigen verantwortlich ist, nicht wohl verschmäht werden.

Wenn freilich die Türken ein griechisches oder armenisches Dorf beschießen, welches Feindseligkeiten gegen türkische Truppen verübt hat, so gilt dies als ein Zeichen asiatischer Barbarei, da es Pflicht der Türken wäre, nur die betreffenden Individuen, denen die Schuld mit mathematischer Sicherheit nachgewiesen werden kann, zu einer angemessenen Strafe zu verurteilen (um sie darauf zu begnadigen).

b) Umgekehrt bildet das Individuum als solches nur in geringerem Maße ein Objekt der Feindschaft. Vorzugsweise ist es die *Masse*, die gehasst wird.

Den europäischen Leser erinnere ich z. B. an die Erscheinung des Antisemitismus. Obwohl in den letzten Jahren die Abneigung gegen die Juden stark zugenommen hat, so gehört es doch auch jetzt noch zu den größten Seltenheiten, dass etwa ein einzelner Jude, der ruhig über die Straße geht, ohne Anlass, lediglich seiner Religion oder Abstammung wegen insultiert wird. Bedenklicher ist es schon, wenn eine Anzahl Juden an einem öffentlichen Platz erscheinen. Lassen sich dieselben beigehen, laut zu sprechen (vielleicht gar mit jüdischer Akzentuierung oder in jüdischem Jargon) und sich sonst auffällig zu benehmen, so ist dies unter Umständen geradezu als ein Leichtsinn zu bezeichnen, der leicht recht unangenehme Folgen nach sich ziehen kann.

Einzelne Chinesen, Neger usw. genießen auch in Europa den vollen Schutz der Gesetze. Würden dagegen z. B. Scharen von chinesischen oder schwarzen Arbeitern in den europäischen Industriezentren erscheinen, vielleicht gar die Löhne drücken und so den Hass der europäischen Arbeiter herausfordern, so würden sicherlich wilde Rassenkämpfe, wenn auch vielleicht nicht so roher Art wie in Amerika, die Folge sein.

Einzelne Türken können auch in Ländern, aus denen die Muselmanen am grausamsten vertrieben wurden, (Serbien, Griechenland usw.) sich gefahrlos aufhalten.

In der Regel ist es also die Menge, namentlich die geschlossene Gesamtheit, welche das Objekt der Feindschaft bildet.[52]

---

52 Es ist daher sehr verkehrt, wenn von europäischen Völkern bisweilen orientalischen Völkern vorgehalten wird: »Ihr hasst unsere bei euch

Besonders gilt dies von Rassen- und – der Natur der Sache nach – Sprachengegensätzen, wogegen der objektive religiöse Gegensatz, wie er heutzutage allerdings selten ist, sich oft ebenso scharf, vielleicht noch schärfer gegen Einzelne richtet (man denke z. B. an Ketzer!).

Es ist wohl eine dieser Erfahrung entspringende Argumentation, wenn man in wohlmeinender Absicht vorgeschlagen hat, die Organisation der nordamerikanischen Indianer in Stämme aufzulösen und sie zu amerikanischen Bürgern zu machen, sodass die Indianer nicht mehr in geschlossenen Massen, in Stämmen, sondern nur in einzelnen Individuen der amerikanischen Regierung gegenüberständen, ein Vorschlag, gegen welchen freilich auch schwere Bedenken bestehen.

Im Zusammenhang hiermit müssen wir einer anderen, immer wiederkehrenden Erscheinung gedenken, dass nämlich nicht immer jedes Individuum in den Reihen der Bevölkerungsschicht kämpft, der es durch Geburt oder die sonstigen in Betracht kommenden Verhältnisse angehört, sondern zu den Gegnern derselben hält. Man könnte es »die Erscheinung der Überläufer« nennen. An dem Wesen der Gegensätze und den Zielen der Kämpfe wird dadurch nichts geändert. Die Französische Revolution verlor dadurch, dass Mitglieder der Aristokratie Revolutionäre wurden und umgekehrt Männer aus den unteren Volksschichten für das Königtum kämpften, keineswegs den Charakter des Kampfes zwischen den unteren und oberen Volksklassen. Freilich pflegen die die Gegensätze bedingenden Eigenschaften, soweit dieselben nach Willkür beseitigt werden können, möglichst bald von den Überläufern beseitigt zu werden (Religionswechsel, Sprachenwechsel). Im Allgemeinen kann man sagen, dass Überläufer wegen ihrer guten Dienste selbstverständlich geschätzt, daneben

___

wohnenden Landsleute; wie gut behandeln wir eure Landsleute, die zu uns kommen.« Es ist eben ein gewaltiger Unterschied zwischen einzelnen harmlosen Reisenden und einer sich zusammenschließenden, dauernd im Land bleibenden Schar.

aber leicht begreiflicherweise oft mit Verachtung, meistens mit Misstrauen von ihren neuen Freunden betrachtet werden. Das Streben, das Misstrauen zu zerstreuen, ist wohl hauptsächlich der Grund, weshalb – ein alter Erfahrungssatz – Überläufer ihre Bundesgenossen an Eifer zu übertreffen suchen und gegen ihre früheren Freunde oft eine weit größere Rohheit entfalten als die ursprünglichen Feinde. Renegaten in der Türkei, getaufte Tataren in Russland, getaufte Juden in Westeuropa waren von jeher als bösartige Feinde von ihren früheren Glaubensgenossen gefürchtet. In den Kolonien pflegen die eingeborenen Helfershelfer der Europäer die schlimmsten Bedränger der Eingeborenen zu sein und es ist daher nicht zu verwundern, dass die »Polizeimannschaft« selbst an Orten, wo das Klima für Weiße völlig zuträglich ist, mit Vorliebe aus den Eingeborenen gebildet wird. In Australien z. B. leisten die von den Engländern abgerichteten schwarzen »Polizisten« bei der Ausrottung ihrer eigenen Rassegenossen ihren weißen Herren treffliche Dienste.

Was von einzelnen Individuen gilt, gilt bis zu einem gewissen Grad auch von größeren Teilen einer Gesamtheit; auch hier ist die Erscheinung der Überläufer nur allzu häufig.

Nach dem Grundsatz *divide et impera* suchen stets die Eroberer Feindschaft zwischen den Eingeborenen zu säen und die Europäer haben es namentlich von jeher allerorten meisterhaft verstanden, die Völkerschaften in Kolonien aufeinander zu hetzen. Hiermit wird zugleich dem sittlichen Schein genützt: Wenn Indianer oder Neger, die man als Bluthunde gegen ihre eigenen Rassegenossen benützt, Gräueltaten begehen, so können die weißen Anstifter der Kämpfe immerhin mit einem gewissen Schein von Berechtigung die Verantwortung von sich abwälzen. Es ist dies eine der dunkelsten Seiten der Kolonialgeschichte, dass sich die Eingeborenen von den weißen Unterdrückern so leicht zu Kämpfen gegeneinander missbrauchen lassen und damit ihren eigenen Untergang beschleunigen. Wenn ein Negerstamm auf Betreiben der Europäer einen anderen Negerstamm bekriegt, so ist dieser Krieg – mag sich auch kein einziger Europäer hieran beteiligen – zweifellos als Kampf zwischen den Weißen und Eingeborenen aufzufassen. Dass die Eingeborenen dies vielfach nicht begreifen, muss man ihnen zum schweren Vorwurf machen.

Mit der fortschreitenden Erkenntnis von der Gefährlichkeit der Europäer muss und wird wohl bei den lebenskräftigeren Stämmen der Eingeborenen die Bereitwilligkeit, den Europäern als Henkersknechte zu dienen, den Pflichten der Selbsterhaltung weichen.

2. Die Feindschaft ist der Natur der Sache nach *zweiseitig*; je grösser auf der einen Seite, desto grösser wird sie der Regel nach, da Druck Gegendruck erzeugt, auch auf der anderen sein.

Aber die Gefühle auf beiden Seiten sind nicht genau die gleichen. Wenn die feindlichen Teile nicht gleich stark sind – und das ist die Regel innerhalb eines Staates – so herrscht von Haus aus auf der einen Seite Geringschätzung, auf der anderen Furcht. Dem Anscheine nach ist der Stärkere der reißende Wolf, der Schwächere das unschuldige Lamm, wobei freilich nicht zu vergessen ist, dass der Schwächere der reißende Wolf sein wird, sobald er in Beziehungen zu einem noch Schwächeren tritt.

Mit Naturnotwendigkeit stellt sich ein sekundäres Gefühl, der *Hass*, bei der schwächeren und bei der weiteren Entwicklung auch bei der stärkeren Bevölkerungsgruppe ein. Darüber darf selbst eine sklavische Unterwürfigkeit der ersteren nicht hinwegtäuschen, ebenso wenig die fast nie fehlende Scheu, ja Ehrfurcht, der ungebildeteren und unkultivierteren Volksteile gegenüber den Gebildeten und Kultivierten.

Allerdings kann der Hass auf Augenblicke, ja auf ziemlich große Zeiträume zurücktreten. Ein vertraulicher Verkehr, ja selbst ein freundliches Wort, zu dem der Stärkere sich herablässt, entzückt den Schwächeren.

Fast stets wird der Schwächere bereit sein, Gastfreundschaft und manche andere Tugend gegen den Stärkeren wenigstens in dem Fall, dass derselbe auch der Gebildetere ist, zu üben, er wird sich sogar oftmals geehrt fühlen, wenn dieser Dienste von ihm anzunehmen geruht. Eine Wohltat, z.B. ein hochherziger Akt der Gesetzgebung, wird den Schwächeren vollends zur Begeisterung für den Herrschenden entflammen.

Aber derartige Stimmungen können selbstverständlich nur vereinzelt und vorübergehend sein. Unzählig sind die Beispiele in der Geschichte, dass ganz kurz vor den furchtbarsten Ausbrüchen der Volkswut, ja vor verheerenden Katastrophen, die Liebe und das Vertrauen der beherrschten Bevölkerungsschichten für immer besiegelt zu sein schien.

3. Dass die Verschiedenheit der *Rasse*, die Verschiedenheit der *Religion*, die Verschiedenheit der *Sprache* etc. die Quelle der feindlichen Gefühle ist, dessen pflegen sich die Menschen der Regel nach nicht oder nur sehr unvollkommen bewusst zu sein.

Nur instinktartig pflegt es die Masse zu fühlen. Körperliche, religiöse und sprachliche Eigentümlichkeiten anderer Volksschichten sind gewöhnlich höchstens das Objekt spöttischer Bemerkungen, aber nicht wohl der eingestandene Grund der Feindschaft. Zur Begründung und Erklärung der Feindschaft werden vielmehr solche – angebliche oder wirkliche – Eigenschaften der anderen Volksteile angeführt, welche an sich mit der Rasse, Sprache und Religion wenig oder nichts zu tun haben.

Die Juden in Europa, die Neger in Amerika usw., usw., sie alle, sagt man, werden wegen ihrer schlechten Eigenschaften gehasst und verachtet. Damit bekundet und beweist zugleich der stärkere Teil seine Duldsamkeit und Gerechtigkeit. Nur weil die Juden so schlecht sind, nicht weil sie Juden sind, werden sie gehasst. Für den Verfolgten scheint mir diese Duldsamkeit freilich ein schwacher Trost zu sein. Ob man einem Juden sagt: Weil du Jude bist, halten wir dich nicht für gleichwertig, oder: Weil die Juden schlecht sind, halten wir dich nicht für gleichwertig; ob man den Grundsatz aufstellt: Das europäische Völkerrecht gilt nur für die christlichen Völker oder (mit dem Völkerrechtslehrer

Martens[53]): Das europäische Völkerrecht gilt nur für die wahrhaft gesitteten Völker, wahrhaft gesittet sind aber nur die christlichen Völker – diese Unterscheidungen haben keine allzu große praktische Bedeutung.

Tatsächlich ist nicht zu verkennen, dass Völker und Volksteile, welche der Rasse, Sprache, Religion und Klasse nach voneinander geschieden sind, sich auch durch gewisse andere Charaktereigentümlichkeiten zu unterscheiden pflegen. Wie kein Mensch vollständig dem anderen gleicht, so auch kein Volk dem anderen, keine Bevölkerungsgruppe der anderen. Hierbei ist es selbstverständlich, dass der Schwächere stets auch der Schlechtere ist.

In Deutschland, wo die übergroße Sucht nach Gold eine schlechte Eigenschaft ist, bildet der erhöhte Erwerbssinn der Juden[54] eine der markantesten Untugenden dieser Religionsgesellschaft.

In Nordamerika dagegen, wo es zu den heiligsten Pflichten eines tugendhaften Staatsbürgers gehört, möglichst viel Geld zusammenzuscharren, entbehren die Neger dieser Tugend. Freilich kann dieselbe auch übertrieben oder falsch ausgeübt werden. Daher sind die Chinesen, welche allzu eifrig, und zwar durch unermüdliche, billige Arbeit Geld zu erwerben suchen, teilweise kraft dieser Eigenschaft minderwertig und schlechter als die weißen Amerikaner.

---

53 Hrsg.: Friedrich Fromhold Martens (1845–1909), russischer Diplomat, Jurist und Völkerrechtslehrer deutschbaltischer Herkunft. Bei allen Verdiensten um die Entwicklung des Völkerrechts, der Haager Landkriegsordnung und internationalen Gerichtsbarkeit, die sich Martens zweifellos erworben hat, hielt er es für gegeben, dass das Völkerrecht nur für die »zivilisierten Völker« gelte, zu denen er ausschließlich den christlich-europäischen Kulturkreis zählte.
54 Um jedem Missverständnis vorzubeugen, sei hier bemerkt, dass wir den Ausdruck »die Juden« etc. dem allgemeinen Sprachgebrauch und der Volkspsychologie entsprechend wählen, dass wir aber damit selbstverständlich nur sagen wollen: der größte Teil oder ein verhältnismäßig großer Teil der Juden.

Mit anderen Worten: Wer und was gut und schlecht ist, ist zum großen Teil eine *Machtfrage*. Daher sind auch die treuen, ehrlichen, gastfreundlichen, gesunden Indianer weit schlechter als die abgefeimten, durch Geldhunger und Neurasthenie degenerierten Yankees, wie das bekannte amerikanische Sprichwort, dass es wohl gute Indianer gebe, diese aber nur die toten Indianer seien, wohl zweifellos beweist.

Aber auch abgesehen von bestimmten, scharf begrenzten Charakterzügen pflegen sich die einzelnen durch Gegensätze voneinander getrennten Volksschichten durch gewisse schwer definierbare Eigenschaften, durch »ein gewisses Etwas« in ihrem ganzen Wesen, sogar in reinen Äußerlichkeiten, mehr oder weniger voneinander zu unterscheiden.

Alle diese Unterschiede, die zum Teil erst das Erzeugnis der Gegensätze und der durch dieselben hervorgerufenen Rechtsungleichheit sind, wie wir später erörtern werden, hält dann gewöhnlich die Volksmasse für die Ursache und die Wurzel der Feindschaft.

So kommt es, dass auch solche Individuen von der Feindschaft gegen die durch Gegensätze geschiedenen Volksschichten erfüllt sind, für welche der den Gegensätzen zu Grunde liegende Unterschied ganz bedeutungslos zu sein pflegt, ja sogar für welche dieser Unterschied gar nicht erkennbar ist.

Der Gegensatz zwischen christlichen und jüdischen Staatsangehörigen wird nicht völlig dadurch ausgeschlossen, dass die einen wie die anderen dieselben religiösen Überzeugungen haben (vielleicht alle Atheisten sind) und sich ihrer sämtlichen religiösen Formen entledigt haben.

In Nordamerika zieht sich die »Farbenlinie« (*the colour line*), d. i. der Rassengegensatz zwischen Weißen und Negern auch durch die *Blinden-Institute*.[55] Wenn ich nicht irre, fühlen auch Taubstumme in Böhmen, selbst wenn sie nicht lesen und schrei-

---

55 Vgl. Ratzel: Politische Geographie der Vereinigten Staaten, S. 282.

ben können, recht wohl den Gegensatz zwischen Deutschen und Tschechen und wissen sicher, welcher Nation sie angehören.

Dies alles ist eigentlich wohlbekannt und selbstverständlich. Aber in Europa weiß man hiervon nichts, sobald derartige Erscheinungen im Orient beobachtet werden.

Wenn z. B. die Türken von Abneigung und Hass gegen die Christen in ihrem Lande erfüllt sind, so vermag man sich in Europa dafür keinen anderen Grund zu denken, als dass der Koran unduldsam und inhuman sei, wozu selbstverständlich noch die Kulturunfähigkeit und Inhumanität der uralaltaischen Rasse und die Schlechtigkeit der türkischen Regierung komme.

Nicht immer freilich sind die Gegensätze rein subjektiver oder instinktiver Natur, sondern es kann auch, ja sogar in erster Linie, die Eigenschaft als solche, welche den Gegensatz bedingt, das Objekt der Feindschaft sein.

Hierbei sind sich die Gegner des Trennenden klar und deutlich bewusst; der Kampf verfolgt den eingestandenen Zweck, den Gegner zu zwingen, seine Eigentümlichkeiten aufzugeben und dafür die Eigentümlichkeiten des Siegers anzunehmen (den Gegner zu »bekehren«), oder wenn er nicht will, unter Umständen auch zu vernichten. Am deutlichsten ist dies vielleicht bei den *Partei*gegensätzen wahrnehmbar.

Von den größeren Gegensätzen kommen hier nur die Gegensätze der *Religion* und der *Sprache* in Betracht. Im christlichen Mittelalter waren die religiösen Gegensätze weit mehr als heute objektiver Natur (namentlich den Sektengegensätzen lag fast ausschließlich die Sucht, den Gegner zu bekehren, zu Grunde), wogegen heute die religiöse Bekehrungssucht, wie wir gesehen haben, sehr zurückgetreten ist.

Umgekehrt hatte man im christlichen Mittelalter für eine Sprachenbekehrungssucht wohl kein Verständnis, wogegen heutzutage die Sprachengegensätze nicht nur subjektiver, sondern in ganz beträchtlichem Maße auch objektiver Natur sind.

Dass subjektive Gegensätze unter Umständen auch einen objektiven Charakter annehmen können, hat man bei den letzten Kämpfen in Kleinasien sehen können. An sich war der christliche Glaube der Armenier der muselmanischen Bevölkerung dort sehr gleichgültig. Nur die unbewusste, instinktmäßige Feindschaft zwischen den Religionsgesellschaften herrschte vor. Erst als die Armenier zum offenen Kampf gegen die Türken schritten, wandte sich der Hass der letzteren auch gegen den christlichen Glauben, offenbar im richtigen Gefühl, dass ohne die Verschiedenheit des Glaubens für einen Bürgerkrieg gar kein Raum vorhanden gewesen wäre. Eine Masse Zwangsbekehrungen sollen die Folge dieser durch die englische Humanität geschürten Kämpfe gewesen sein.

Da nun im Allgemeinen die Volksmassen sich nicht klar dessen bewusst sind, dass die Verschiedenheiten der Rasse usw. der Grund der Feindschaft sind, da ferner die moderne Humanität nachdrücklichst betont, dass alle die besprochenen Verschiedenheiten nie und nimmer eine Rechtsverkürzung rechtfertigen dürfen, andererseits aber die menschliche Natur, auch der Europäer, sich um diese Theorien zu kümmern nicht immer geneigt ist, so ergibt sich für Europa die Notwendigkeit, die Theorie und Praxis miteinander in Einklang zu bringen.

Das Mittel ist das allbekannte: Die Brücke, die die weite Kluft zwischen Theorie und Praxis überwindet, ist – die Unwahrheit.

Die Unwahrheit in allen ihren Arten ist es, von der glänzendsten Dialektik oder auch der hohlen Phrase bis zur plumpsten Verdrehung, von der unrichtigen, aber im guten Glauben abgegebenen Behauptung bis zur frivolsten Lüge – den Witz, diesen oft zu sehenden Begleiter der Gewissenlosigkeit, nicht zu vergessen.

Die einfachste Form der Unwahrheit ist wohl die bereits im dritten Abschnitt erwähnte bewusste und absichtliche *Vertuschung* der Gräueltaten, durch die man sich am bequemsten jede peinliche Erörterung erspart.

Aus der Natur der Gegensätze selbst ergibt sich die in diesem Kapitel besprochene einseitige und tendenziöse Darstellung, die recht gut in manchen Fällen Theorie und Praxis versöhnt. Jedes Volk und jede Volksgruppe, so gut wie jedes Individuum, ist eben der geborene Pharisäer, der den Balken im eigenen Auge gegenüber dem Splitter im fremden Auge übersieht, der die eigenen Vergehen als Ausnahme, die des anderen als Regel betrachtet.

Indessen ergeben sich auch schwierigere Fälle, in denen es einer größeren Kunst bedarf, Theorie und Praxis miteinander in Einklang zu bringen.

Einzelne Beispiele haben wir schon bei anderer Gelegenheit erwähnt. Wir haben der humanen Hüllen um die Sklavenhaltung gedacht, des angeblichen Wohlwollens, durch das man die Sprachenvergewaltigung zu rechtfertigen sucht, der Vorwände, die man dem gerechten Verlangen orientalischer Völker nach Gleichberechtigung entgegenzusetzen pflegt etc., aber damit sind natürlich die Humanitätskünste der europäischen Völker bei Weitem nicht erschöpft.

Wir haben oben bemerkt, dass der Opiumkrieg sich einerseits durch den bedeutenden Geldgewinn aus dem Opiumhandel, andrerseits durch den Gegensatz der Rasse und Religion erklärt. Aber zur Rechtfertigung werden diese Umstände natürlich nicht oder doch wenigstens nicht in erster Reihe von den Engländern genannt. Man lässt vielmehr zur Gewissensberuhigung von Gelehrten nachweisen – was kann man nicht, wenn es sich um Hunderte von Millionen handelt, beweisen? –, dass das Opium gar kein so schlimmes Gift, ja dass es, vorsichtig gebraucht, unschädlich sei; ob man schon behauptet hat, dass das Opium zur Förderung des geistigen und leiblichen Wohles der ostasiatischen Völker notwendig sei, ist mir freilich nicht bekannt.

In einem europäischen Parlament äußerte im Jahre 1885 ein als Ehrenmann hochgeachteter Abgeordneter unter dem Beifall und der Heiterkeit eines Teiles seiner Genossen zur Rechtfertigung des *Branntweinhandels* in West-Afrika, der nach unparteiischen

Zeugnissen dortselbst furchtbare Verheerungen anrichtet, dass es für die Einführung der Kultur hier und da »eines scharfen Reizmittels« bedürfe.

Als die Schandtaten der italienischen Polizeibehörden in Massaua [in der ital. Kolonie Eritrea] im Jahre 1891 ruchbar wurden, suchte ein Teil der italienischen Presse die verübten Mordtaten durch die harmlose Bezeichnung »Eliminierung schlechter Elemente« zu beschönigen. »Schlechte Elemente zu eliminieren« kann doch kein Unrecht sein …

Eine besonders kunstvolle Art der Dialektik ist es, wenn eine feindselige Handlung als dem Nutzen und wahren Wohl des gehassten Gegners dienend dargestellt wird. Die neuere Geschichte ist, auch abgesehen von der bereits erwähnten Sprachenbekehrungssucht, keineswegs arm an Beispielen hierfür.

Vielleicht unübertroffen für alle Zeiten ist die schamlose Heuchelei der Spanier, die, nachdem sie das unglückliche Peru in Sklavenketten geschlagen hatten, behaupteten, die Inka seien Usurpatoren gewesen und sie, die Spanier, hätten das Land von seinen Tyrannen befreit.

In einem europäischen Kolonialreich sind seit geraumer Zeit bittere Klagen über ein Negervolk, welches von seinen Ländereien nichts abtreten will, laut geworden. In Zeitungen wurde die Meinung erfahrener Kolonisten ausgesprochen, man müsse diesem Volk in seinem eigenen Interesse Land abnehmen, damit es eine rationellere Methode der Viehzucht beginne. Vielleicht ist jenes Negervolk beim Erscheinen dieses Buches der Wohltat bereits teilhaftig geworden.

Die gleiche Erscheinung ist es, wenn europäische Mächte eigennützige Forderungen im Verkehr mit orientalischen u. a. Völkern in die Form wohlmeinender Ratschläge[56] zu kleiden pflegen.

---

56 Die Voraussetzung, von der hierbei die europäischen Mächte auszugehen behaupten, ist, dass die Verhältnisse in orientalischen Ländern ihnen

Vielleicht das beliebteste Entschuldigungsmittel der Europäer für das Unrecht, welches gegen unzivilisierte Eingeborene verübt wird, ist das Interesse der *Kultur. Ad maiorem culturae gloriam* [zur höchsten Ehre der Kultur] darf so ziemlich alles geschehen. Die größten Verbrechen gegen die Humanität (die doch gerade einen Bestandteil der Kultur bilden soll) deckt die Kultur. Mit einem Achselzucken tröstet man sich über das erschütternde Schicksal der Indianer Nordamerikas und so vieler anderer unglücklicher Völker. Die Kultur, sagt man, schreitet eben über die Leichen der dem Untergang geweihten Völker hinweg.[57]

In unseren Schlussbetrachtungen werden wir noch Veranlassung nehmen, die Frage zu berühren, ob die Kultur tatsächlich ein so hohes Gut ist, dass sie als Zweck die schlimmsten Mittel heiligen kann.

Ob man freilich diese Entschuldigung auch unparteiisch überall gelten lassen wird?

Man denke sich: Wenn ein jüdischer reicher Wucherer einen armen, unwissenden Bauern durch schnöde Künste von seinem Besitztum vertreibt und dort, wo früher ein erbärmliches Häuschen und reizlose Felder waren, ein prächtiges Schloss mit Parkanlagen errichten lässt, in dem gebildete Menschen ihre Wohnstätte aufschlagen, wird man dieses Verfahren wohl auch mit dem »Interesse der Kultur« rechtfertigen?

Verhältnismäßig selten kommt es vor, dass man sein eigenes Unrecht unverhohlen bekennt und es von der humoristischen

---

besser als den einheimischen Regierungen selbst bekannt seien. Wie es mit dieser Kenntnis in Wirklichkeit sich verhält, dafür könnten wir die sonderbarsten Beispiele anführen.

57 Übrigens entspricht diese Behauptung weit mehr den Tatsachen als die umgekehrte: Wir gründen Kolonien, um den Eingeborenen die Segnungen der Kultur zu bringen. Ob überhaupt durch Kolonisation schon Völker auf eine höhere Kulturstufe gehoben worden sind? Eher sollte ich meinen: trotz der Kolonisation. Die Germanen sind sicherlich nicht durch römische Kolonisation, die Slawen nicht durch germanische Kolonisation für »die Kultur« gewonnen worden.

Seite betrachtet. Man denke z. B. an die zynische Offenheit, mit der französische Blätter in unbewachten Augenblicken eingestehen, dass, solange Algerien in französischem Besitz sei, die dortigen Araber auf Gerechtigkeit und Billigkeit nicht hoffen dürften; Letzteres geschieht, wie schon erwähnt, nur in unbewachten Augenblicken. Denn so verderbt auch diese Vertreter der »Großen Nation« innerlich sein mögen, nach außen muss doch ein gewisses *decorum* gewahrt werden, zumal da man öfters Lust verspürt »zu Gunsten der Humanität« im türkischen Reich zu intervenieren.

4. Die Grade der Gegensätze

Wir haben im vorhergehenden Kapitel erwähnt, dass die Gefühle und Äußerungen der Feindschaft zwischen Bevölkerungsgruppen, die durch Gegensätze getrennt sind, die verschiedensten Grade aufweisen können. Das *Wesen* dieser Massenfeindschaft ist jedoch überall dasselbe.

Wie wenig Menschen vermögen sich darüber Rechenschaft zu geben, dass es im Grunde das Gleiche ist, wenn die Juden in europäischen Staaten durch Zeitungsartikel beschimpft, wie wenn die Eingeborenen in Australien erschossen oder vergiftet werden, dass der Unterschied *nur* graduell ist!

Schon von Natur aus ist der Grad und das Maß der Feindschaft ungleich, wenn auch die von der Natur gezogenen Grenzen unter dem Einfluss besonderer Umstände nach der einen oder anderen Seite überschritten werden können.

Die *Größe* der die Grundlage eines Gegensatzes bildenden *Verschiedenheit* ist das wichtigste der den Grad und das Maß der Feindschaft bestimmenden Momente. Je *größer* die Verschiedenheit der Rasse, der Sprache etc., desto geringer – ceteris paribus – die Humanität. Daher ist der Gegensatz zwischen zwei reinblütigen Rassen im Allgemeinen größer als zwischen einer reinblütigen und einer Mischlingsbevölkerung etc.

Je *mehr* Verschiedenheiten, welche Gegensätze zu erzeugen vermögen, auf beiden Seiten sich anhäufen, (mit Ausnahme der Klassenverschiedenheit, welche unter Umständen andere Gegensätze mildert), desto größer die Feindschaft. Daher ist der Gegensatz selbst zwischen ähnlichen Rassen ursprünglich außerordentlich schwerwiegend, weil sich zum Rassengegensatz noch die Gegensätze der Sprache und Religion gesellen.

Auch hiervon weiß man in Europa wenig oder nichts; sonst könnte man nicht so unrichtige Schlussfolgerungen hören wie etwa: Ob die Juden ihre Speisegesetze aufgeben oder nicht, ist gleichgültig, da der Grund des Gegensatzes zwischen Juden und Christen wirtschaftlicher Natur ist. Oder: Die Buren, die gegen die englischen Gefangenen so human verfuhren, können doch nicht die ihnen zur Last gelegten Gräueltaten gegen die Kaffern begangen haben.

Aber auch die Grade anderer geistiger Eigenschaften, die mit der Rasse, der Religion, der Sprache gar nicht im Zusammenhang stehen, üben ebenfalls einen bedeutenden Einfluss auf das Maß und den Grad der Gegensätze.

Rassen-, Religions- und Sprachengegensätze werden – abgesehen vom Einfluss der Arbeitsteilung auf das Verhältnis der betreffenden Bevölkerungsgruppen zueinander – durch die Gleichheit oder Nähe der Kulturstufe gemildert, durch die Ungleichheit der Kulturstufe verschärft. Daher ist der Gegensatz zwischen Europäern und Chinesen sicher geringer als etwa zwischen Europäern und australischen Eingeborenen.

Hierdurch erklärt sich, dass man wohl auch von Gegensätzen zwischen Kulturvölkern und Naturvölkern spricht. Diese Auffassung ist aber durchaus unrichtig. Der Kampf zwischen europäischen Kolonisatoren und Eingeborenen anderer Erdteile beruht nicht auf der Verschiedenheit der Kultur, sondern auf der Verschiedenheit der Rasse, der Religion und der Sprache. Beweis dafür ist, dass zwischen Weißen und Schwarzen gleichen Bildungsgrades der Rassengegensatz wohl gemildert, aber nicht aufgehoben ist, so zwischen weißen und schwarzen Geistlichen, Ärzten, Juristen in Nordamerika.

Stellen wir uns dagegen den unmöglichen Fall vor, dass zwei Völker ganz gleicher Rasse, ganz gleicher Religion, ganz gleicher Sprache, aber von verschiedener Kulturstufe miteinander in Berührung kämen, so würde sich allerdings ein Gegensatz ergeben, aber von einer Art, die wir bereits kennen: der Gegensatz der Klasse, und selbst dieser würde nicht eigentlich ein Gegensatz zwischen den beiden Völkern als solchem sein; vielmehr würde das unzivilisiertere Volk sich sofort mit den ungebildeteren Klassen des zivilisierteren Volkes völlig vermischen; vielleicht würde auch ein Teil der höheren Stände des unzivilisierteren Volkes von der höheren (aber nicht der höchsten) Gesellschaft des zivilisierteren in ihre Mitte aufgenommen werden.

Mehr noch als die *Kulturstufe* ist es die *Kulturart*, ja sogar die Kulturtünche, reine Äußerlichkeiten, Kleidung, Umgangsformen und dergleichen, welche regulierend auf das Maß der Feindschaft einwirken. Daher steht der demoralisierte »Küstenneger« und der vom Abschaum der Europäer verdorbene Indianer dem Europäer viel näher als der ursprüngliche, unverdorbene Neger und Indianer; der polnische Jude ist dem Deutschen ein größerer Gräuel als der französische oder englische Jude.

Ein charakteristisches Beispiel hierfür bietet namentlich das Verhalten Europas gegen Japan im Vergleich zu jenem gegen China. Obwohl die Gegensätze der Rasse, Sprache und Religion hier wie dort herrschen, haben sich die Japaner doch von Europa eine weit gerechtere Behandlung zu erringen gewusst und dies sicherlich nicht allein durch ihre militärischen Fortschritte, sondern auch durch die Annahme aller möglichen europäischen Einrichtungen, zu einem nicht unbedeutenden Teil durch die Nachahmung europäischer Kleidung und europäischer Umgangsformen.

Man hat oft über halb- oder noch weniger zivilisierte außereuropäische Völker gespottet, welche ohne jede Kritik von der

»europäischen Kultur« gerade die törichsten und lächerlichsten Äußerlichkeiten sich angeeignet haben. In dieser Form ist der Vorwurf sicherlich ungerechtfertigt. Jede Äußerlichkeit, jede europäische Gewohnheit, jedes europäische Kleidungsstück ist geeignet, derartige Völker einigermaßen den Europäern näher zu bringen und das Rechtsgefühl der Europäer gegen dieselben zu erhöhen.

Der Vorwurf müsste daher logischerweise dahin lauten, dass diese Völker Torheiten sich aneigneten, deren Schaden den eben angedeuteten Nutzen übersteigt, was namentlich bei solchen Torheiten der Fall ist, welche in Europa selbst als Torheiten erkannt werden und daher eine befreundende Kraft im geringeren Maße besitzen. Hierauf könnten freilich die also Getadelten mit Fug und Recht antworten: Wie können wir wissen, welche europäischen Torheiten in Europa als Torheiten erkannt werden und welche in Europa als gut und weise gelten?

Dass bei allen Gegensätzen die *Macht*verhältnisse schwer ins Gewicht fallen, liegt in der Natur der Sache.

Die Macht einer Volksmasse wird hauptsächlich bestimmt durch die *Zahl*, den *Kulturgrad* und durch die *kriegerische Tüchtigkeit*.

Zwei gleichstarke Gegner, mag die Feindschaft noch so tief eingewurzelt und heftig sein, müssen einander notwendig eine gewisse Schonung angedeihen lassen, sofern sie nicht einen ewigen, unaufhörlichen Kampf führen wollen, der dem beiderseitigen Interesse widerstreitet.

Ähnlich ist das Verhältnis bei annähernder Gleichheit der Kräfte. Auch hier wird der Stärkere Bedenken tragen, den Gegner zu vernichten, sich selbst aber zu erschöpfen.

Ein mächtiger Gegner pflegt glimpflicher behandelt zu werden als ein schwacher.

So haben starke Bündnisse von Indianer- oder Kaffernstämmen beispielsweise schon des Öfteren die Kolonialregierungen zu einem gerechteren Verhalten gegen die Ureinwohner zu bestimmen vermocht.

Ein gutes Beispiel bietet auch hier Japan. Sicherlich hatte der Japaner nicht ganz Unrecht, der nach der Vertragsrevision, durch die Japan die Abschaffung der Konsulargerichtsbarkeit erreicht hatte, meinte: Japan habe sich das Vertrauen in seine Rechtspflege nicht durch seine Justiz-, sondern durch seine – *militärischen* Reformen errungen.

Dasselbe gilt naturgemäß im Innern eines Staates.

Starke Unterworfene, volkszahlreiche Minoritäten, die nicht allzu sehr in Kultur und kriegerischer Begabung hinter den Herrschern zurückstehen oder sie hierin gar übertreffen, werden die Herrscher leichter, als es schwache, feige, ungebildete Unterworfene vermögen, dazu zwingen, gewisse Rücksichten zu üben.

Allein die Sache hat auch ihre Kehrseite.

Wie bereits aus unseren seitherigen Erörterungen hervorgeht und an anderer Stelle noch hervorgehoben werden wird, kann innerhalb eines Staates das Verhältnis zwischen den durch Gegensätze geschiedenen Volksschichten nur das der Über- und Unterordnung sein.

Je geringer nun der Kräfteunterschied, desto schwieriger gestaltet sich das erwähnte natürliche Verhältnis. Je stärker der Schwächere ist, desto weniger leicht beugt er sich, desto größer ist die Gefahr innerer Kämpfe mit allen Schrecknissen und Gräueln eines wirklichen (Bürger-)Krieges.

Schon in friedlichen Zeiten muss das Verhältnis der Herrscher zu einer starken Minderheit ungemütlicher sein als zu einer schwachen.

Je stärker die Minderheit, desto weniger wird sie sich scheuen, offen mit ihrer Eigentümlichkeit hervorzutreten, offen ihren Glauben, ihre Sprache zu bekennen, das Banner, das sie vereinigt, selbstbewusst und kühn emporzuhalten, und in dem Herrscher muss dies immer ein gewisses unangenehmes Gefühl erwecken; falls er unduldsam ist, empfindet er es geradezu als eine Herausforderung.

Hierzu kommt noch ein Anderes.

Je zahlreicher eine Minorität, desto weniger wahrscheinlich ist, dass sie in der Majorität aufgeht, dass sie ihre Eigentümlichkeiten, nicht nur die den Gegensatz bedingenden (Religion, Sprache), sondern auch die akzidentiellen aufgibt, dass sie in ihren äußeren Lebensgewohnheiten etc. sich der Majorität, anzugleichen strebt.

So wird die größere Duldsamkeit des Herrschers oft mehr als aufgewogen durch die größere Ungefügigkeit der Beherrschten, und hieraus können gerade für die letzteren so verhängnisvolle Folgen entstehen, dass sie wohl bisweilen wünschen mögen: Oh, dass wir schwach und ohnmächtig gewesen wären.

Unter Umständen kann es also für eine unterdrückte Bevölkerung viel vorteilhafter sein, wenn sie so gering an Zahl und an Macht ist, dass sie bedingungslos der Majorität sich fügen muss, da hierdurch akute Ausbrüche der Gegensätze, bei welchen der Schwächere ja doch unterliegen müsste, vermieden werden.

Von diesem Gesichtspunkt aus ist das Erstrebenswerteste für eine den Frieden um jeden Preis wünschende Minderheit, wenn sie so gering ist, dass sie fast gar nicht beachtet und infolgedessen auch nicht gehasst wird.

Eigene Stärke oder des *Gegners Gnade* vermag Sicherheit und Wohlfahrt – freilich in verschiedener Weise – zu gewähren. Von den Juden in Deutschland oder Russland kann man z. B. sagen, dass sie einerseits zu wenig zahlreich sind, um als Machtfaktor – etwa wie die Christen in manchen muselmanischen Ländern – in Betracht zu kommen und sich bis zu einem gewissen Grad durch eigene Macht gegen Unbilden schützen zu können, andererseits aber wieder zu zahlreich, um nicht aufzufallen und unbehelligt leben zu können.

Von den Christen in der Türkei dagegen kann man wohl sagen, dass sie einerseits zu wenig zahlreich sind, um der Gnade der Volksmehrheit gänzlich entbehren zu können, andererseits aber viel zu zahlreich, um der Versuchung, sich auf eigene Kraft zu verlassen, widerstehen zu können. Dass freilich europäische

Humanitätstheoretiker hiervon nichts wissen, ist eigentlich selbstverständlich. Bleiben wir bei dem eben berührten Beispiel.

Die Juden, eine Handvoll Menschen, die an einen Kampf mit Waffen ihrer Umgebung gegenüber nicht im Entferntesten denken können, zurückhaltend bis zur Charakterlosigkeit, wo es gilt, sich als Juden zu bekennen und ihre Gemeinsamkeit als Juden zu betonen; in neuerer Zeit sorgfältig bestrebt, in ihrem Äußern sich ihrer Umgebung anzupassen, wo nur irgend möglich, sogar die christlichsten und arischsten Namen zu wählen …

Die Christen in der Türkei dagegen zahlreich, in vielen Gegenden ihre Beherrscher sogar an Zahl übertreffend, infolgedessen überall offen als besondere Religionsgemeinschaften, ja sogar als besondere »Völker« hervortretend, in ihrem ganzen Äußern die ursprüngliche Eigenart bewahrend, meist die eigene Sprache, nur selten die türkische Sprache (in besonderem Jargon) sprechend, häufig sogar die Muselmanen herausfordernd …

Wenn nun die Juden verhältnismäßig gut behandelt werden, wenigstens ihres Lebens und ihres Eigentums sicher sind, dagegen christliche Bevölkerungen in der Türkei von Zeit zu Zeit mit Waffengewalt niedergezwungen und zum Teil getötet werden, so vermögen englische Philanthropen hierfür keinen anderen Grund sich zu erdenken als: christliche Duldsamkeit und muselmanischer Fanatismus.

Hierbei muss aber eines noch besonders in Betracht gezogen werden.

Es gibt ein Surrogat für die *eigene Kraft*: die Kraft des *Freundes*.

Freundschaft ist freilich im Leben der Völker ein relativer Begriff. Der Natur der Sache nach werden, wie wir schon an anderer Stelle erörtert haben, diejenigen Völker Freunde sein, welche durch geringere oder weniger Gegensätze voneinander geschieden sind, als von einem dritten, dem Gegner des einen oder aller.

Wenn also in einem christlichen Staat Muselmanen oder in einem muselmanischen Staat christliche Untertanen vorhanden sind und den erörterten Naturgesetzen zufolge in mannigfachen Beziehungen bedrückt werden, so liegt im ersteren Falle für die muselmanischen Staaten, im letzteren Falle für die christlichen Staaten die Versuchung nahe, wenn möglich den eigenen Glaubensgenossen Hilfe zu leisten, zu »intervenieren«.

Die Folge jeder Einmischung wird naturgemäß sein:

Auf Seite des Bedrückten Hoffnung, zugleich aber Neigung zu Widerspenstigkeit, auf Seiten des Bedrückers Furcht, mehr aber noch Misstrauen und erhöhter Hass.

Bedenkt man nun, dass von allen diesen Gefühlen nur die Furcht und selbst diese nur bedingungsweise ein Friede förderndes Moment darstellt, wogegen die anderen Gefühle die entgegengesetzte Tendenz haben; bedenkt man namentlich, dass den großen Volksmassen gerade durch die Einmischung von außen so recht zum Bewusstsein gebracht wird, dass die schwächeren Volksschichten ein innerer Feind sind, so kann es keinen Augenblick zweifelhaft sein, dass jede Einmischung von außen die Gegensätze in der bedenklichsten Weise verschärfen muss.

Der Regel nach wird also durch eine Einmischung von außen das Gegenteil von dem erreicht, was beabsichtigt war. Ja noch mehr: Gerade infolge der Einmischung oder sogar infolge der Erwartung der Einmischung nehmen die Gegensätze oft erst einen akuten Charakter an, wo der chronische Charakter einen, wenn auch nicht glücklichen, so doch erträglichen Zustand darstellte. Ich glaube, kein kluger Jude in Deutschland wird anders als mit Schrecken an den Fall denken können, dass östlich und westlich von Deutschland jüdische Staaten existierten und zu Gunsten der Juden in Deutschland intervenierten; den deutschen Juden würde kaum etwas anderes übrigbleiben als die Auswanderung.

Nur dann kann eine Intervention den Bedrückten helfen, wenn es gelingt, durch Waffengewalt das Verhältnis so umzugestalten, dass aus dem Beherrschten der Herrscher, aus dem Herrscher der Beherrschte wird.

Dass der Humanität als solcher damit genützt werde, wenn die Rollen des Hammers und Ambosses gewechselt werden, wird man nicht behaupten können. Im Gegenteil: Dann wird das Los des früheren Herrschers schlimmer als jenes des früher Beherrschten war, wogegen man allerdings die Genugtuung der siegreichen und »befreiten« Völker über den Rollenwechsel nur allzu gut begreifen kann. Aber eine derartige Möglichkeit ist – abgesehen von der Macht des Befreiers – naturgemäß an die Voraussetzung gebunden, dass das zu »befreiende« Volk der Zahl und kriegerischen Tüchtigkeit nach auch im Stande ist, die Rolle des Hammers zu übernehmen; andernfalls wird dem Befreier nichts anderes erübrigen, als selbst mit starker Hand das Land zu beherrschen (in welches sonach ein weiterer Gegensatz einzieht).

Die Nutzanwendung dieser einfachen und eigentlich selbstverständlichen Lehren auf die Ereignisse der letzten Jahre im Orient zu ziehen, können wir uns hier offenbar ersparen.

Mit Sicherheit darf man indessen annehmen, dass es genug Diplomaten und Humanitätstheoretiker, namentlich in England, zu allen Zeiten geben wird, welche niemals im Stande sein werden zu begreifen, dass eine fremde Intervention, welche über den Rahmen *freundlicher Bitten, Fürsprachen, Versprechungen* hinausgeht, stets den gefährlichen Weg, der zu Kämpfen und Gräueltaten führt, wandelt.

Niemals wird diese Klasse von Politikern und Humanitätstheoretikern zu begreifen vermögen, dass, wenn Blutbäder unter mohammedanischen Bevölkerungen seitens christlicher Regierungen nicht an der Tagesordnung sind, dies zum größten Teil darin seinen Grund hat, dass es keine starke muselmanische Macht gibt, welche eine Intervention zu Gunsten bedrückter muselmanischer Bevölkerungen wagen könnte.

Fast alle Gegensätze – abgesehen vielleicht von den schwersten, etwa zwischen unzivilisierten australischen Eingeborenen und europäischen Ansiedlern – sind den mannigfachsten *Nuancierungen* im Wechsel der Zeiten unterworfen.

Die schwerste Art der Feindschaft, der akute Charakter, wobei die verschiedenen Bevölkerungsschichten mit Feuer und Schwert einander bekämpfen, setzt in der Regel zweierlei voraus: reichlichen Zündstoff und einen Funken, d. h. eine hochgradige Spannung (einseitige oder zweiseitige Erbitterung) und einen äußeren Anlass.

Wodurch die Spannung erhöht werden kann, haben wir im Vorhergehenden bereits erörtert.

Als äußere Anlässe können die verschiedensten Vorfälle dienen.

Sehr häufig ist es bloß ein Verbrechen, das irgendein einzelnes Individuum gegen ein der anderen, gegensätzlichen Volksschicht angehörendes Individuum begangen hat, oder, was dasselbe ist, begangen zu haben von der letzteren Volksschicht beschuldigt wird. Wenn in irgendeinem Fall, so ist sicher unter dem Einfluss der Gegensätze der Grundsatz: »Volkes Stimme ist Gottes Stimme« ein närrischer Grundsatz.

Wir haben bereits im vorhergehenden Kapitel erwähnt, dass das Volksbewusstsein die ganzen durch einen Gegensatz geschiedenen Volksschichten für Fehler eines Teiles derselben verantwortlich zu machen pflegt. Bei hochgradiger Spannung nun genügt schon die Missetat eines einzelnen Individuums, um einen Ausbruch der Volkswut herbeizuführen. In solchen Zeiten blüht der Weizen der Volksaufwiegler.

Auch der geringfügigste Zufall, die lächerlichste Kleinigkeit kann genügen, um eine ungeheure Flamme zu entfachen, indem jede Volksschicht Partei für ihre Mitglieder ergreift.

In Europa weiß man hiervon nichts. Man denke sich z. B. folgenden Fall: In irgendeinem kleinen Nest Kleinasiens geraten zu einer Zeit, in der zwischen Muselmanen und Christen eine hochgradig erbitterte Stimmung herrscht, ein Muselman und ein Christ miteinander in Streit, etwa wegen des Lohnes für die Reparatur von ein Paar Schuhen oder wegen der Entschädigung, die gefordert wird, weil das Kamel des einen vom Heu des anderen genascht hat, oder – um einen wichtigeren Fall zu wählen – wegen eines unbescheidenen Blicks, mit dem der Eine das Weib des Anderen fixiert hat. Von sachlichen Erörterungen kommt es bald zu persönlichen Auseinandersetzungen, geradezu zu gegenseitigen Beschimpfungen, im Verlaufe deren sich der Eine zu einem Faustschlag fortreißen lässt. Unglücklicherweise ist der Andere sehr jähzornig, ergreift das Messer, das in seinem Gurt steckt, und verwundet seinen Gegner.

Bis hierher bietet die Sache nichts Auffallendes, nichts in Europa Unmögliches. Da indessen die Einwohnerzahl des Ortes gemischt ist und sich aus Christen und Muselmanen zusammensetzt, welche seit einiger Zeit in einer erbitterten Stimmung gegeneinander sind, wird die Sache jetzt kritisch.

Einige Glaubensgenossen des Verwundeten hören das Jammergeschrei, eilen herbei und helfen selbstverständlich ihrem eigenen Glaubensgenossen, von dessen Recht sie ohne Weiteres überzeugt sind, gegen den Anderen; die Glaubensgenossen des letzteren halten es hinwiederum ihrerseits für ihre Pflicht, dem Bedrängten (natürlich *ungerechter* Weise Bedrängten) Hilfe zu leisten; bald ist die ganze Einwohnerschaft in einem regelrechten Kampf begriffen, nur weil jede Glaubensgenossenschaft die Partei ihres Mitgliedes ergriffen hat. Bis das Militär von der nächstgelegenen Garnison herbeikommt, um die Streitenden zu trennen, zählt man bereits 10 Tote auf der einen, 50 Tote auf der anderen Seite. Der ursprüngliche Anlass des Streites ist, zumal die beiden Männer selbst tot oder schwer verwundet sind, gar nicht mehr genau bekannt. Sind die 50 Toten Muselmanen und die 10 Toten Christen, so wird niemand in Europa hieran besonderen Anstoß nehmen, im Gegenteil werden die Philanthropen darüber schmunzeln, dass 50 »wilde Türken« ins Gras beißen mussten; sind dagegen umgekehrt die 10 Toten Muselmanen und die 50 Toten Christen, so wird nach einigen Tagen der Telegraph der entrüsteten Welt die Kunde vorjammern, dass im kleinasiatischen Dorfe X am hellen, lichten Tage 50 Christen von den Türken ermordet worden sind. In England wird man hierfür kaum eine andere Erklärung finden können, als dass von Konstantinopel aus der Befehl in jenes Dorf ergangen ist, an einem bestimmten Tag 50 Christen zu ermorden. »Denn«, wird mancher Philanthrop in England sagen, »welche andere Erklärung wäre denn hierfür möglich, da doch die Einwohner dieses Dorfs, auch die Muselmanen, Menschen sind, der Natur des Menschen aber Humanität entspricht und der Humanität es doch offenbar widerstreitet, 50 Menschen zu ermorden?«

Alles deshalb, weil nach der Zusammensetzung der Bevölkerung Englands so scharfe Gegensätze dort wie in der Türkei unmöglich sind.

Im *chronischen* Zustand können die Gegensätze außerordentlich gemildert und abgeschwächt werden. Lange Zeit hindurch kann das Bewusstsein der vorhandenen Gegensätze so verringert sein, dass es kaum in Erscheinung tritt; in solchen Fällen pflegt der unerfahrene und oberflächliche Beobachter, der zwischen Tod und Schlaf nicht zu unterscheiden vermag, zu glauben, dass der Gegensatz (z.B. zwischen Christen und Juden) für immer »entschwunden«, »erloschen«, »begraben« sei.

Hierbei ist es keineswegs notwendige Voraussetzung, dass sich die verschiedenen Bevölkerungsschichten auch der vorhandenen *Unterschiede* nicht bewusst seien.

Im Gegenteil können trotz des Bewusstseins der Unterschiede die Beziehungen der verschiedenen Volksschichten dennoch ganz freundliche sein. Hierbei wird es oft als Gebot des Taktes und der Höflichkeit erachtet, was freilich nicht von großer Herzlichkeit zeugt, den allgemein gefühlten Unterschied nicht hervorzuheben oder doch wenigstens den im Sprachgebrauch gewöhnlichen Ausdruck in Gegenwart eines durch den Gegensatz Geschiedenen durch einen anderen Ausdruck zu ersetzen (z.B. für »Jude« in Westeuropa »Israelit«, in slawischen Ländern »Ebräer«, ähnlich in muselmanischen Ländern gegenüber den Christen). Die unerwachsene und halbreife Jugend, die mehr der Natur folgt, lässt sich durch ähnliche Rücksichten weniger beirren.

Zu anderen Zeiten aber können die Gegensätze wieder bedeutend schärfer, die Missstimmung der einen Volksschicht gegen die andere oder auch beider gegeneinander heftiger werden, um in akuten Kämpfen sich auszutoben oder auch ohne solche wieder nachzulassen.

Welche Ursachen hier wirken, ist oft, da die im Verstehenden aufgeführten Faktoren nicht immer zur Erklärung ausreichen, zum Teil ziemlich rätselhaft. Als sicher wird man annehmen dürfen, dass äußere Verhältnisse, namentlich wirtschaftlicher Natur, in vielen Fällen auch auf die Gesinnungen der durch Gegensätze geschiedenen Volksschichten, namentlich soweit zwischen denselben eine Arbeitsteilung herrscht, mildernd oder verschärfend zu wirken vermögen.

Auch die Macht der *Theorie*, die in Wort oder Schrift geäußerte Ansicht autoritärer Personen kann – wenigstens unter zivilisierten Völkern – einen sehr bedeutenden Einfluss gewinnen. Wesentlich diesem Einfluss ist es zuzuschreiben, dass die Verschiedenheit des Glaubensbekenntnisses in Europa zum großen Teil ihre rechtsverkürzende Wirkung hat aufgeben müssen. Freilich – *naturam expellas furca, tamen usque redibit* [Treibt die Natur mit der Mistgabel aus, sie wird zurückkehren].

Vielleicht dürfen wir durch ein viel gebrauchtes mathematisches Bild unser Naturgesetz veranschaulichen; durch das Parallelogramm der Kräfte. Die eine Seite des Parallelogramms ist die »Humanität«, die andere die »Inhumanität«; das sittliche Verhalten ist die Diagonale. Die Größe der dem Gegensatz zu Grunde liegenden *Verschiedenheit* ist der Winkel; die Länge der Seiten wird dargestellt durch die Stärke der kollidierenden Interessen, den Charakter der Individuen, die Strömungen der Zeit und sonstige äußere Verhältnisse.

Die Gesamtheit dieser Faktoren bestimmt die Richtung der Diagonale.

5.   Die Wirkungen der Gegensätze

Jedermann kennt die Fabel vom Eichstamm und Schilfrohr. Die Eiche, die vor dem Sturm sich nicht beugen will, wird zerschmettert, das Schilfrohr, das sich gefügig beugt, kann wohl ohne Schaden weiter existieren. Wenn ein Volk von einem anderen vollkommen besiegt und sein Land vom Sieger erobert wird, so gibt es für den Besiegten verschiedene Wege, sich mit den unabänderlichen Tatsachen abzufinden.

Der vornehmste, am meisten gerühmte ist Kampf bis zur Vernichtung, Tod oder Auswanderung. »Freiheit oder Tod.« »Lieber Haus und Hof, Grund und Boden verlassen und eine neue Heimat erwerben, als die Bande der Knechtschaft tragen.« Ein Volksstamm, welcher solche Grundsätze hegt, wird von Dichtern, vielleicht sogar von Geschichtsschreibern bewundert, seine Existenz steht jedoch auf unsicherem Grund, d. h. sie hängt im Wesentlichen davon ab, dass er niemals vollständig besiegt wird.

Ist es freilich dem Besiegten möglich, nach einem unbewohnten Land auszuwandern oder ein anderes Land – eines noch schwächeren Volkes – zu erobern, so kann die Existenz wohl fortgeführt werden bis zum nächsten Sturm, wenn auch eine wenigstens momentane Schwächung unvermeidlich sein wird. Dass indessen dieser Ausweg nicht immer dem Besiegten offen steht, bedarf keiner weiteren Ausführung.

Das traurigste Beispiel für dieses hochgespannte, unglückliche Freiheitsgefühl bieten die Indianer Nordamerikas, über deren Schicksal wir hier nichts weiter zu erwähnen brauchen.

Auch die osmanischen Türken dürfen wir hierher zählen. Wo der Islam zu herrschen aufgehört hat, da sind – bis in die neuere Zeit – die Osmanen ausgewandert, nicht zum Vorteil ihres Volkstums, welches dadurch immer mehr eingeengt und zurückgedrängt wurde.

Nicht immer freilich ist ein unterlegenes Volk, welches sich nicht unterwerfen will, gezwungen, mit allen seinen Angehörigen auszuwandern und die ganze Heimat dem Feind preiszugeben. Gebirgsländer – und wohl auch Steppenländer – bieten der unzugänglichen Schlupfwinkel genug, welche leicht zu verteidigen sind und daher auch von mächtigen Feinden, welche die Hauptplätze und Hauptverkehrsadern eines Landes im unbestrittenen Besitze haben, nicht eingenommen zu werden vermögen. Dorthin pflegen sich die besiegten Herren des Landes zurückzuziehen und, nachdem sie den großen Krieg verloren haben, den *kleinen* Krieg fortzusetzen. Mit Falkenaugen erspähen sie jede Gelegenheit, wo sie den verhassten Eindringling überfallen und schädigen können; die Beute, die sie dabei gewinnen, ergänzt in erwünschter Weise den kärglichen Erwerb aus Ackerbau, Viehzucht und Jagd. In ihren eigenen und ihrer Freunde Augen sind derartige Volkselemente (Heiducken, Klephten [Wegelagerer, Räuber] etc.) Vaterlandsfreunde, Freiheitskämpfer, in den Augen der Eroberer und Beherrscher des Landes: Räuber und Diebe.

Am zahlreichsten sind die Fälle, in denen ein Volkstamm der größeren Machtüberlegenheit des Feindes, sei es nach heldenmütigen oder schwachen Widerstands unterlegen, jeden Widerstand aufgibt und sich vollständig unterwirft. Besitzt dieses Volkselement eine gewisse Elastizität, so wird es die Hoffnung auf eine glücklichere Zukunft nicht aufgeben müssen. Die erste Voraussetzung ist freilich, dass die Unterdrückten sich den veränderten Verhältnissen anpassen und ihre Lebensweise den Umständen gemäß einrichten. Wenn ich lese, wie die Kaffernstämme Südafrikas, die vordem so tapfer ihre Heimat und ihre Freiheit gegen die weißen Eindringlinge verteidigt haben, nunmehr größtenteils so willig das Joch der Eroberer tragen, alle Unbilden und Grausamkeiten sich gefallen lassen und es sogar nicht verschmähen, im Dienst ihrer Peiniger – diesen dadurch das Faulenzen ermöglichend – zu arbeiten, so denke ich mir: Glückliche Völker, euch gehört die Zukunft Südafrikas …

In der gleichen Lage wie besiegte und unterworfene Völker sind naturgemäß einwandernde, fremde Volkselemente, ferner bis zu einem gewissen Grad oftmals die unteren Volksklassen, die von den oberen Volksklassen bedrückt und misshandelt werden.

Allen Bedrückten bleibt, insoweit sie mit Gewalt nichts auszurichten vermögen, sondern nur ihre Lage verschlimmern würden, nichts übrig, als sich ruhig in ihr Schicksal zu fügen. Das einzige friedliche Mittel, die vielgerühmte »Macht des Wortes«, vermag nur in den seltensten Fällen, am ersten wohl noch bei den Klassengegensätzen, der Stimme des Rechts Gehör zu verschaffen, und wohl nur dann, wenn eine reale Macht drohend im Hintergrunde sich erhebt.

Der freie, offene Charakter verschwindet unter dem Einfluss der Bedrückung. Entweder ein finsteres, verschlossenes Wesen, wie es z. B. die Indianer Zentral- und Südamerikas charakterisiert, oder – öfter noch – Schlauheit und Heimtücke bei äußerlicher Freundlichkeit und Fröhlichkeit sind mit Naturnotwendigkeit die Folgen der Rechtsverkürzung. Den »Luxus einer Ehre« dürfen sich die Bedrückten nicht erlauben. Das beste Kampfmittel gegen die überlegene Gewalt ist die *List*. Unterdrückte Volkselemente folgen eigentlich bloß einem Gebot der Natur, wenn sie ihre Unterdrücker durch Schlauheit zu übertreffen suchen. Die wahren Gedanken und Gefühle nicht zu äußern oder unwahre Gefühle zu heucheln, den Mächtigen nicht zu beleidigen oder ihm gar zu schmeicheln, dem Herrschenden sich nützlich zu erweisen, das sind wichtige Waffen des Schwachen im Kampfe ums Dasein. Der »Kampf ums Recht«, der ja doch aussichtslos wäre, tritt gegenüber dem Kampf ums Dasein zurück.

Nicht als ob in solchen bedrückten Volksschichten das Rechtsgefühl überhaupt erloschen wäre. Dies zu glauben, wäre ein grober Irrtum. Nur nach außen, nach der Seite, auf welcher sich das Recht keine Geltung zu verschaffen vermag, tritt der Verzicht auf den »Kampf ums Recht« ein. Im Innern, d. h. innerhalb der bedrückten Volksschichten selbst, kann das Rechtsgefühl sehr wohl stark entwickelt sein und sogar das in anderen Kreisen herrschende Rechtsgefühl übertreffen.

So entsteht leicht der Typus, der namentlich an Juden oder orientalischen Christen oft bemerkt werden kann: Herrschsucht und Rechthaberei nach innen, Unterwürfigkeit und Kriecherei nach außen. Ein wenig sympathischer Zug, der aber völlig natürlich ist: das Rechtsgefühl, das nach außen sich nicht genügend betätigen kann, tritt mit verstärkter Kraft innen auf.

Weit schlimmer als dieser Zug der Rechthaberei, Herrschsucht, Unverträglichkeit nach innen ist eine andere sich leicht einbürgernde Eigenschaft: die Unehrlichkeit *nach innen*. Wir haben schon anderwärts (Seite 96) darauf hingewiesen, dass eine Rechtsverletzung leicht einen Präzedenzfall bilden kann; das Gleiche gilt von Verstößen gegen die mit dem Recht inkongruente Moral. Da nun die Unehrlichkeit der gewöhnliche Fehler der unterdrückten Bevölkerungsschichten der Außenwelt gegenüber ist, so kann es nicht überraschen, dass auch im Verkehr der Unterdrückten untereinander die Treue und Zuverlässigkeit allmählich auf eine tiefere Stufe herabsinken. Bei den meisten lange Zeit unterdrückten *Völkern*, ja sogar bei den niederen *Klassen* gelten Treu und Glauben in der Regel weniger als bei den herrschenden Völkern, den höheren Klassen.

Man denke an die fast sprichwörtliche Ehrlichkeit unter den Türken oder Kurden, dagegen an die Betrügereien, welche die griechischen oder armenischen Städtebewohner auch unter sich verüben, wogegen etwa freie Gebirgsgriechen, wie die Sphakioten auf der Insel Kreta, unter sich wenigstens treu und ehrlich sein sollen.

Eine andere hässliche Erscheinung ist es, dass die Bedrückten oftmals die Achtung vor sich selbst verlieren. Man denke z. B. an indianische Bewohner Mexikos, die sich selbst »Volk ohne Verstand« nennen. Der deutsche Jude, der (vielleicht nur im Scherz) das Wort »Saujude« in den Mund nimmt, kann an Charakterlosigkeit getrost mit dem amerikanischen Neger, der seinen Rassegenossen das Schimpfwort »verdammter Nigger« an den Kopf wirft, in Wettbewerb treten.

Im Einzelnen ist die Charakterentwicklung, die sich bei unterdrückten Volkselementen vollzieht, so verschieden, dass wir unmöglich im Rahmen dieser Betrachtungen näher darauf eingehen können.

Wie verschieden sind die Zigeuner von den Juden (die ihrerseits wieder in den verschiedenen Ländern mannigfache Charakterverschiedenheiten aufweisen), die Juden von deutschen Bauern, welche jahrhundertelang unter dem Joch der Feudalherrschaft gestanden haben!

Als besonders wichtige Momente, welche auf die Charakteränderung einen bestimmenden Einfluss üben, kommen sicherlich in Betracht die *Härte* und *Zeitdauer* der Bedrückung, die größere oder geringere Menge der unterdrückten Volkselemente, die höhere oder niedrigere *Kultur*, die *Art des Gegensatzes* usw.

Im Zusammenhang mit der Charakterveränderung entwickelt sich oftmals ein bereits mehrfach von uns erwähnter Zustand, dessen Wichtigkeit nicht genug hervorgehoben werden kann: die Arbeitsteilung nach Volksgruppen.

Wenn die Gegensätze stark und der Kräfteunterschied (entweder der Unterschied der Zahl oder der Kultur) bedeutend ist, so ist eine Arbeitsteilung nach Bevölkerungsgruppen bis zu einem gewissen Grad unvermeidlich. Jede Rasse, jede Sprachgenossenschaft, jede Religionsgenossenschaft kultiviert mit Vorliebe gewisse Erwerbszweige, in denen sie dann Hervorragendes leistet. In welcher Richtung sich die Arbeitsteilung vollzieht, hängt hauptsächlich von den beiden erwähnten Faktoren ab: Zahl und Kultur.

a) Übertreffen die Bedrückten ihre Unterdrücker an Zahl und Kultur, so ist das Verhältnis am einfachsten. Die Unterdrückten übernehmen (beziehungsweise behalten) so ziemlich alle Funktionen des wirtschaftlichen Organismus mit Ausnahme des Kriegs- und Beamtendienstes. Gelingt es den Bedrückern nicht, die Bedrückten sich zu assimilieren (namentlich in Religion und

Sprache), in welchem Falle sogar eine, wenigstens scheinbare, Ausdehnung des Volkstums der ersteren erfolgt, so ist der Untergang desselben – sei es in friedlicher oder kriegerischer Weise – unvermeidlich. Wie Schnee vor der Frühlingssonne, schmelzen die Herrscher dahin. Was ist aus den germanischen Völkern auf den Trümmern des römischen Reiches geworden? Im Allgemeinen wird man ohne Übertreibung sagen können: Ein sehr zahlreiches, hochkultiviertes und dabei einheitliches Volk ist geradezu unausrottbar. Wenn das *deutsche* Reich heute von den Russen erobert und unterjocht würde, so wäre es nicht vernichtet, sondern nur suspendiert; das *türkische* Reich und Volk wären jedoch in einem solchen Fall wohl endgültig als verloren zu betrachten.

b) Übertreffen die Unterdrückten ihre Unterdrücker bedeutend an Zahl, werden sie aber von denselben an Kultur (Bildung) übertroffen, so übernehmen sie ohne weiteres so ziemlich alle körperliche Arbeit und damit auch die Rolle der *unteren* Klassen im Staat. Zum Gegensatz der Rasse, der Religion, der Sprache gesellt sich so der Gegensatz der Klasse, der aber, wie wir bereits an anderer Stelle angedeutet haben, die unterdrückte Bevölkerungsgruppe gerade vor der Vernichtung am wirksamsten schützt. Die Unterdrücker, die sich bei diesem Zustande der Dinge behaglich fühlen, ahnen nicht, dass dieses angenehme Verhältnis nach kurzer oder langer Zeit ihren Untergang herbeiführen kann.

c) Stehen die Unterdrückten an Zahl und Kultur hinter den Bedrückern zurück, so werden sie meist einzelne körperliche Arbeiten übernehmen (z. B. in Britisch-Canada, in manchen Teilen Sibiriens), wodurch ihre wirtschaftliche Existenz auf eine recht unsichere Grundlage gestellt wird.

d) Sind endlich die Unterdrückten gering an Zahl und werden sie von ihren Bedrückern an Bildung (Kultur) nicht übertroffen, so übernehmen sie mit Vorliebe solche Funktionen, welche zum Teil oder ausschließlich geistige Arbeit erfordern.

Gegen die Gefahren, welchen ihre Existenz ausgesetzt sein kann, suchen sie sich durch wirtschaftliche Vorsicht zu schützen. Das Vermögen, das sich in ihren Händen ansammelt, sind sie besonders geneigt, in *beweglichen* Gütern anzulegen; namentlich ist dies der Fall beim Mangel einer genügend guten Rechtspflege, da der Mobiliarbesitz sich leicht verbergen und im Falle der freiwilligen oder zwangsweisen Auswanderung mitnehmen oder doch verhältnismäßig leicht in Geld umsetzen lässt; bisweilen wird diese Erscheinung noch durch gesetzliche Verbote und Einschränkungen befördert. Bedenkt man nun noch, dass die Unterdrückung gewisse geistige Fähigkeiten, nämlich Unterwürfigkeit, List, Anpassungsvermögen, Voraussicht, Ausdauer, Geduld in höherem Grad zu entwickeln vermag, so kann es nicht überraschen, dass solche Volksgruppen, wenn sie eine einigermaßen höhere Bildung besitzen, in hervorragendem Maß einem Erwerbszweig sich zuwenden: dem *Handel*. Hier können sie so Hervorragendes leisten, dass sie ganze Zweige des Handels förmlich monopolisieren, zugleich aber auch oftmals die anderen Volksgruppen in der gewissenlosesten Weise betrügen und ausbeuten. Wir brauchen hier bloß an Juden, Griechen, Armenier, christliche Syrer, Kopten zu erinnern. (Man denke an die bekannten Sprichwörter: »Ein Grieche betrügt 10 Juden, ein Armenier betrügt 10 Griechen«; »kein Kopte ohne Hinterlist« usw.).

Außer dem Handel sind es andere Berufsarten, die weitaus mehr geistige als körperliche Kraftanstrengung erfordern, vielfach auch mit dem Handel in gewisser Beziehung und Verwandtschaft stehen, zum Teil wissenschaftliche Vorbildung erfordern, zum Teil ohne solche möglich sind.

Wir erinnern nur an: Agenturen, Geldwechselgeschäfte, die Presse[58], Rechtsanwaltschaft, Winkeladvokatie, Arzneiwissenschaft, Pharmazie. Auch manche Gewerbe anrüchigen und

---

58 Auch ein Teil der in *türkischer* Sprache geschriebenen Zeitungen befindet sich in armenischen Händen.

unreinlichen Charakters gehören hierher (Wucher, Kuppelei und dergleichen).

In Konstantinopel und in Kairo so gut wie in Berlin und Wien sind diese Erwerbszweige zum unverhältnismäßig großen Teil in den Händen der Volks- und Religionsgenossen, welche die Schule der Unterdrückung durchgemacht haben.

Die absonderlichsten Veränderungen in den Berufsarten weiter Volksschichten können so unter dem Einfluss der Unterdrückung im Laufe der Jahrhunderte eintreten.

Man denke z. B. an die Kaste der Vaiçya in Indien, welche, ursprünglich Ackerbauer, ähnlich wie die Juden den scheinbar unendlichen Weg zum Stand der Kaufleute und Bankiers zurückgelegt haben. Oder an die ehemals so kriegerischen Tataren Ost-Russlands; man trifft Tataren in St. Petersburg und anderen russischen Städten massenhaft in den verschiedensten Stellungen und Beschäftigungsarten, sogar als Geldwechsler und als Kleidertrödler im Wettbewerb mit Juden. Kann man sich wohl eine größere Veränderung im Volscharakter (»Erniedrigung« wird es der Poet, der Nationalökonom wohl eher »Fortschritt« nennen) denken als die von rosselenkenden Kriegern zu alte Hosen verkaufenden Trödlern!

Die Wirkungen der Gegensätze auf den herrschenden Teil der Bevölkerung sind natürlich die entgegengesetzten. »Ein Element, welches das Recht hat, seinen Empfindungen und Wünschen öffentlichen und rückhaltlosen Ausdruck zu geben« (wie ein moderner Reiseschriftsteller die Arnauten [Albaner] treffend nennt) wird der Regel nach ehrlich und wahrhaft, tapfer und freiheitsliebend sein, überhaupt die meisten Eigenschaften besitzen, die man als edel und vornehm zu bezeichnen pflegt; wer hätte wohl schon von Adelsschlauheit in der Weise wie von jüdischer oder Bauernschlauheit sprechen hören? Wer von kurdischer, arnautischer oder türkischer Schlauheit? Höchstens von der Schlauheit der türkischen Diplomatie, was mit unserer Regel, wonach die Schlauheit die Waffe des Schwachen ist, im Einklange steht.

Aber nur allzu leicht arten diese Eigenschaften im Verhältnis zu den niedriger stehenden Bevölkerungsschichten aus. Stolz und Hochmut oder Übermut, Gewalttätigkeit pflegen die Eigenschaften der Herrscher zu sein.

Die von den herrschenden Volksgruppen hauptsächlich bevorzugten Berufsarten sind: der Kriegs- und Beamtendienst, namentlich in der nächsten Umgebung des Staatsoberhauptes, und Ackerbau und Viehzucht, Großbetriebe (Großgrundbesitz). Wo die Unterdrückten Landbauer sind und bleiben, sind sie in unverhältnismäßig vielen Fällen entweder nur Pächter oder sie haben als Grundholden einen Teil der Bodenerzeugnisse an die Herrscher (als Zehnten usw.) abzuliefern.

Zum Handel und zu allen Berufstätigkeiten, die nicht nur im Allgemeinen starke geistige Tätigkeit, sondern im Besonderen Gewandtheit, Schlauheit, Anpassung an rasch wechselnde Verhältnisse erfordern, sind herrschende Bevölkerungen wenig geeignet; *Handelsvölker* können wohl *Herrscher, herrschende Völker* werden aber nicht wohl oder nur selten *Händler* werden.

Je geringer die Zahl der Herrscher, je größer der Abstand zu den Beherrschten, je weniger Recht und je mehr Gewalt im gegenseitigen Verkehr obwaltet, endlich je geringer die Bildung (Kultur) der Herrscher und je größer jene der Beherrschten, desto größer ist die Wahrscheinlichkeit, dass die Herrschaft bald ein Ende mit Schrecken nimmt, desto größer ist die Gefahr für die Herrscher, die nur allzu oft in blinder Verständnislosigkeit auf dem Vulkan umhertanzen, ohne die allernächste Gefahr, die von außen oder innen kommen mag, zu ahnen.

Eine andere Gefahr für die herrschenden Bevölkerungsschichten ist der *wirtschaftliche Ruin*. Es ist dies ganz natürlich. Der feste Boden, den sie unter sich fühlen, verleitet zur Genusssucht; namentlich gibt sich das oben erwähnte Recht, »den Empfindungen und Wünschen öffentlichen und rückhaltlosen Ausdruck zu geben«, am liebsten in prunkenden, öffentlichen Festen kund. Die rege, beständige Arbeit leidet darunter. Die wirtschaftliche

Einsicht fehlt nur allzu oft. Je leichter der Kampf ums Dasein, desto größer die Gefahr der Verdummung.

Vervielfältigt, ja oft erst ermöglicht werden diese Gefahren durch die Nähe der unterdrückten und desto schlaueren Bevölkerungsschichten. Wo die höher stehenden Klassen bei den niedriger stehenden zu borgen anfangen, da kann die weitere wirtschaftliche Entwicklung nicht zweifelhaft sein, mögen die Geschäfte von deutschen und polnischen Adeligen mit Juden oder von grusinischen Adeligen mit Armeniern geschlossen werden. Und da die wirtschaftliche Überlegenheit unter geordneten Rechtsverhältnissen eine ungeheure Macht gewährt, so werden die Unterdrückten in gewissem Sinne leicht zu Unterdrückern, über welche sich die herrschenden Volksgruppen ihrerseits zu beklagen pflegen.

Ein *circulus vitiosus*, an dem Satan seine helle Freude haben kann.

Auf die wirtschaftlichen Vorteile und Nachteile der im Vorstehenden angedeuteten Arbeitsteilung vermögen wir hier nicht näher einzugehen. Nur so viel sei erwähnt:

Wie durch die individuelle Arbeitsteilung, so wird auch durch die Arbeitsteilung nach Rassen-, Religions- und Sprachengemeinschaften ein besseres Arbeitsergebnis erzielt.

Dagegen machen sich die Nachteile der Einseitigkeit ebenfalls und zwar in ganz erhöhtem Masse geltend. Die ungestörten Funktionen des wirtschaftlichen Organismus hängen zum großen Teile davon ab, dass die verschiedenen Rassen-, Sprachen- und Religionsgemeinschaften miteinander im Frieden leben. Jede Regung des Rassen- und Religionshasses namentlich kann schwere Störungen im wirtschaftlichen Leben hervorrufen. Je einseitiger die Arbeitsleistung einer Volksgruppe, desto unsicherer ist die Grundlage ihrer Existenz. Daher könnten die Juden z. B. in absehbarer Zeit – selbst wenn alle politischen und anderen Voraussetzungen dafür gegeben wären – unmöglich daran denken, einen nationalen jüdischen Staat zu gründen. Hätten sie eine derartige Absicht, so müssten sie erst durch Generationen hindurch »umlernen«, d.h. Kenntnisse zu erwerben suchen, die in grauer Vorzeit ihre Voreltern besaßen, anderer Kenntnisse, die erst im Lauf der Jahrhunderte erworben wurden, sich zu entledigen versuchen.

In Europa weiß man von alledem wenig. Da man die Macht der Gegensätze nicht kennt, auch nicht berücksichtigt, dass die durch Gegensätze voneinander geschiedenen Bevölkerungsgruppen gleichsam in sich geschlossene Einheiten bilden, die je nach den äußeren Verhältnissen gewisse Fertigkeiten und Kenntnisse erwerben und sie ihren Nachkommen überliefern, so ahnt man z.B. nicht, dass die Türken nur insolange nicht imstande sind, eine Geschicklichkeit im Handel und in ähnlichen Erwerbsarten zu erlangen, als die von ihnen beherrschten Völkerschaften, welche diese Funktionen übernommen haben, im türkischen Reich wohnen werden, und spricht daher von einer mangelnden Fähigkeit der ural-altaischen Rasse oder der Kulturunfähigkeit des Islams, welche auf die geistige Tätigkeit der Türken hemmend einwirke.

6. Verhältnis der Gegensätze zueinander

Wo mehrere Gegensätze *derselben Art* zusammentreffen, ist im Allgemeinen der stärkere Gegensatz auch der einschneidendere. Von mehreren Bevölkerungsgruppen wird daher diejenige, welche die größten Verschiedenheiten zu den übrigen aufweist, am meisten isoliert und am meisten angefeindet sein.

Nehmen wir z.B. an: In irgendeinem außereuropäischen Land stehen sich zwei verschiedene Rassen gegenüber, die aber einander immerhin ähnlicher sind als den Europäern, so ist es offenbar das Natürlichste, dass sie sich miteinander gegen die eindringenden Europäer verbinden. Nicht minder natürlich ist es, dass Protestanten und Katholiken, die nur durch den Zwiespalt der Sekte voneinander geschieden sind, sich gegen die Juden verbinden oder dass Polen und Tschechen, welche beide Slawen sind, sich zusammen gegen die Deutschen verbinden.

Dieses natürliche Verhältnis ist freilich nicht immer tatsächlich wahrnehmbar. Im Gegenteil ist es eher als Regel anzunehmen, dass dem kolonisierenden Eindringling ein Teil der Eingeborenen, sogar nahe Verwandte der übrigen, sich anschließen und so dem Fremden zur Unterjochung der Verwandten Beistand leisten. Ebenso sehen wir zu den verschiedensten Zeiten, dass sich die verschiedenen Religionssekten auf das Heftigste befehden, aber die fremden Religionen in Frieden lassen; während der grausamsten Verfolgungen der Protestanten von Seiten der Katholiken oder umgekehrt blieben wohl von beiden Seiten die Juden, während der erbittertsten Kämpfe zwischen muselmanischen Sekten die Christen unbelästigt und ungefährdet.

Ein derartiger unnatürlicher Zustand ist aber nur im Fall eines akuten Kampfes wahrzunehmen, und selbst während eines solchen Kampfes stehen sich die Kämpfenden einander immerhin näher als den Fremden, mit welchen sie im Frieden leben. Streitende Brüder hören nicht auf Brüder zu sein und können niemals Brüder der Fremden werden, mit welchen sie augenblickliche Freundschaft verbindet.

In der Tat nimmt ein derartiges unnatürliches Verhältnis nach kurzer oder langer Zeit in der Regel sein Ende.

Schwieriger und verwickelter ist das Verhältnis, wenn Gegensätze *verschiedener Art* im Leben der Völker zusammentreffen.

Hier sind zwei Fälle möglich: 1. Die Häufung der Gegensätze; 2. die gegenseitige Durchkreuzung der Gegensätze.

Wenn dieselben Bevölkerungsschichten durch mehrere Gegensätze voneinander getrennt und geschieden sind, wenn also die eine derselben *einer* Rasse, *einer* Sprache, *einer* Religion usw. und ebenso die andere einer hiervon verschiedenen Rasse, Sprache, Religion usw. angehört, so ist die Lage verhältnismäßig einfach. Beide Bevölkerungsgruppen stehen sich im Zustand der schärfsten Trennung und demgemäß der unfreundlichsten

Gesinnung gegenüber. Welches Maß die Feindseligkeit erreicht, hängt wesentlich von den äußeren Verhältnissen ab.

Wir wollen bloß zwei der charakteristischsten Beispiele erwähnen: 1. Das Verhältnis der europäischen Ansiedler in Australien zu den »wilden« Eingeborenen (Häufung dreier Gegensätze: Rasse, Sprache, Religion). Da letztere die weitaus Schwächeren und Ungebildeteren sind, der Widerstreit der Interessen ein sehr bedeutender ist, insbesondere eine Arbeitsteilung zwischen beiden Rassen durch die klimatischen und sonstigen Verhältnisse nicht geboten erscheint, so herrscht, wie wir gesehen haben, der chronische Zustand des *Vernichtungskrieges* zwischen beiden.

2. Das Verhältnis europäischer Kolonisatoren in Tropenländern mit verhältnismäßig gebildeter zahlreicher eingeborener Bevölkerung. Hier herrschen von Haus aus ebenfalls drei Gegensätze: die der Rasse, Sprache und Religion. Da aber die klimatischen Verhältnisse den Europäern die körperliche Arbeit und sohin auch Massenansiedelung nicht erlauben, so ergibt sich ganz von selbst der 4. Gegensatz: der Gegensatz der Klasse. »Jeder Weiße ist ein Herr (Edelmann)« *(Todo blanco es cabalhero)*.

Die Eingeborenen müssen ihren neuen Herren sich unterordnen, oft schwer für dieselben arbeiten, sich alle möglichen Bedrückungen, Kränkungen, Gewalttaten aller Art gefallen lassen. Aber ein Kampf auf Leben und Tod wird in der Regel – abgesehen von akuten Ausbrüchen der Volkswut – nicht geführt. Gerade der Gegensatz der Klasse ist, wie wir bereits wiederholt bemerkt haben, bis zu einem gewissen Grad geeignet, die übrigen Gegensätze zu mildern, da durch die Arbeitsteilung die verschiedenen Rassen usw. die komplementären Teile eines Ganzen werden.

Höchst verwickelt sind die Verhältnisse, wenn die personalen Grenzen der verschiedenen Gegensätze nicht, wie im vorerwähnten Fall der Häufung (Kumulierung) zusammenfallen, sondern sich durchkreuzen. Hier entsteht ein kaleidoskopartiges Bild, in dem die Menge der Variationen ungeheuer groß sein kann.

Man denke sich nur den einfachsten Fall, dass zwei Gegensätze sich durchkreuzen. Die Religionsgesellschaften A und B gehören je zum Teil den Klassen X und Y an. Wenn wir das Verhältnis uns bildlich veranschaulichen und mit AX den Teil der Bevölkerung bezeichnen, der der Religionsgesellschaft A und der Klasse X angehört etc., also:

AX, AY;

BX, BY;

so können folgende Feindseligkeiten entstehen:

a) partielle: AX gegen AY, BX gegen BY, AX gegen BX, AY gegen BY;

b) allgemeine: AX und BX gegen AY und BY, AX und AY gegen BX und BY (dass sich AX und BY gegen AY und BX verbünden, ist ziemlich ausgeschlossen).

Nun vergegenwärtige man sich den Fall, dass nicht nur verschiedene Religionsgesellschaften (A, B, vielleicht auch noch C etc.) und Klassen (X, Y, vielleicht auch noch Z etc.), sondern auch noch verschiedene Rassen und Sprachgenossenschaften beieinander wohnen, welche sich sämtlich durchkreuzen!

In Zeiten, in welchen *eine* Idee die Gemüter beherrscht, wird die Sache noch verhältnismäßig einfach sein.

In dem vorerwähnten Fall wird man folgende Gruppierungen erwarten dürfen:

In Zeiten religiöser Begeisterung und Unduldsamkeit (so im Mittelalter): AX und AY gegen BX und BY, in Zeiten der Klassenfeindschaft: AX und BX gegen AY und BY.

Wenn dagegen verschiedene Ideen zu gleicher Zeit und mit annähernd gleicher Macht auf die Gemüter einwirken, so muss mit Naturnotwendigkeit die Kraft jeder Bewegung durch diese Durchkreuzung der Gegensätze geschwächt, unter Umständen sogar gelähmt werden.

Denken wir uns z. B. den Fall, dass in Böhmen neben den Sprachkämpfen zwischen Deutschen und Tschechen gleichzeitig noch religiöse Kämpfe zwischen Protestanten und Katholiken und Klassenkämpfe zwischen Fabrikarbeitern und Arbeitgebern stattfinden, welche Verwirrung, welches Durcheinander!

Ein solches Verhältnis kann man wohl einen »Kampf der Gegensätze miteinander« nennen.

Es ist klar, dass ein kluger Politiker sich ein solches Verhältnis wohl zu Nutze machen kann, um unbequeme Bewegungen zu bekämpfen und abzuschwächen, die Volksleidenschaften abzulenken und ihnen eine andere Richtung zu geben.

So hat vielleicht mancher Staatsmann die Entwicklung des Antisemitismus begünstigt, um die Sozialdemokratie zu lähmen.

Eine gewisse Ordnung und Gesetzmäßigkeit lassen sich aber auch im Verhältnis der Gegensätze zueinander, insoweit sich dieselben durchkreuzen, kaum in Abrede stellen. Dem Gegensatz der Rasse gegenüber pflegt im Allgemeinen jener der Religion, Sprache und Klasse bescheiden in den Hintergrund zu treten. So wird der gebildete, christliche, Englisch sprechende Neger in den Vereinigten Staaten von Nordamerika übler behandelt, als der Russisch oder Deutsch sprechende jüdische Handwerker oder Arbeiter.

In der Türkei, wo der muselmanische, Türkisch sprechende Neger nach seiner Religion und Sprache dem Herrscher näher, dagegen nach seiner Hautfarbe ferner steht als der christliche Grieche, betrachtet – dies darf man wohl annehmen – im Allgemeinen der Osmane den Griechen lieber als Freund als den Neger.

Wenn amerikanische Unternehmer lieber den billigen Chinesen als den teuren Weißen als Arbeiter annehmen, so beweist dies natürlich nichts gegen die aufgestellte Regel.

Der Gegensatz der Religion ist stärker als jener der Sprache, der der Sprache ist stärker als jener der Klasse.

Indessen muss dabei bedacht werden, dass die Kraft der Gegensätze zum Teil auch von der Sinnesrichtung und dem Gefühl des Individuums abhängt. Im politischen Parteikampf wird dies so oft übersehen! So begreift in Europa der antisemitische

Parteipolitiker, der keinen anderen Gegensatz kennt und versteht als den der Rasse, nicht, wie Sozialisten lediglich das Kapital, ohne Rücksicht auf die Abstammung des Kapitalisten, bekämpfen mögen, wohingegen diese – Fanatiker des Klassengegensatzes – es für unerklärlich finden, wie es Leute geben kann, die ein so undankbares Geschäft wie die Rassenschnüffelei betreiben mögen. Wieder andere, die man gewöhnlich als die »nationalen Männer« zu bezeichnen pflegt, kennen kein höheres Ziel, als möglichst viele Länder – sei es mit oder ohne Anschluss an ihr Vaterland – von ihrer Muttersprache beherrscht zu sehen. Es sind die Männer des Sprachengegensatzes.

Merkwürdig ist das Verhältnis, wenn durch den Klassengegensatz ein Zustand geschaffen wird, bei welchem eine Bevölkerungsgruppe oder wenigstens ein Teil derselben auf der einen Seite zu den Herrschenden, auf der anderen Seite zu den Unterdrückten gehört.

Wir haben gesehen, dass unterdrückte Rassen- oder Religionsgesellschaften, sofern sie nicht zu zahlreich sind und eine gewisse Kultur besitzen, die Neigung haben, durch geistige Arbeit und Vermögenserwerb sich aufzuschwingen und besonders *die* Funktionen des staatlichen Organismus zu übernehmen, welche geistige Fähigkeiten erfordern. So gelingt es denselben leicht, wenn die rechtlichen Schranken hinwegfallen und der freie Wettbewerb erlaubt ist, bis zu einem gewissen Grad und zu einem großen Teil in die oberen Klassen des Staates aufzusteigen. Dies gibt aber ihren Feinden hinwiederum Anlass und Gelegenheit, darüber zu klagen, dass diese unterdrückten Bevölkerungsteile eine *bevorzugte* Stellung im Staat einnehmen. Das beste Beispiel bieten hierfür die Juden.

Die *reichen gebildeten* Juden (die naturgemäß einen größeren Teil der Juden bilden als etwa die Reichen unter der übrigen Bevölkerung) gehören als Reiche und Gebildete den herrschenden, als *Juden* den bedrückten Bevölkerungsschichten an, ein Verhältnis, das unzählige Komplikationen in sich birgt, die einem sozialen Schriftsteller reichlich Stoff bieten könnten. Die Antisemiten benützen dieses Verhältnis in geschickter Weise, indem sie sagen: *Die Juden* beherrschen uns.

Wo mehrere Gegensätze – sei es im Verhältnis der Häufung oder der gegenseitigen Durchkreuzung – vorhanden sind, aber schlummern und sich nur wenig bemerkbar machen, ist es in den meisten Fällen bedenklicher, als die Volksaufwiegler ahnen, einen derselben zu erwecken oder aufzustacheln. Denn in der Regel kann nicht dafür gebürgt werden, dass nicht durch die Erschütterung des Rechtsbewusstseins auch die anderen Gegensätze rege werden.

7. Verhältnis der Gegensätze zu den individuellen Gefühlen

Da der Mensch einerseits Einzelwesen, andererseits Mitglied einer Gesamtheit ist, so können sich aus dieser Doppelnatur auch Komplikationen der Feindschaft ergeben. Gegensätze und persönliche Gefühle (Liebe und Hass) können ganz ähnlich, wie wir dies bei den Gegensätzen selbst wahrgenommen haben, sich gegenseitig im Wege der Häufung verstärken oder im Wege der Durchkreuzung abschwächen.

Jeder Gegensatz wird durch private Feindschaften, jede private Feindschaft durch Gegensätze gesteigert und verschärft.

Das Interesse des Einzelnen deckt sich bis zu einem gewissen Grad mit dem der Gesamtheit. Persönlicher Eigennutz kann, wie wir schon an anderer Stelle bemerkt haben, nicht immer scharf von der Anhänglichkeit an gemeinschaftliche Interessen geschieden werden. So ist es ganz erklärlich, dass – was so oft übersehen wird – irgendein Gegensatz Hand in Hand mit dem Brotneid geht.

Die ungeheure Bedeutung des reinen materiellen Eigennutzes wird bei der Beurteilung der Gegensätze nur allzu oft völlig verkannt. Wenn die christlichen Griechen auf der Insel Kreta

Verlangen nach den Besitzungen ihrer muselmanischen Mitbürger tragen und in der Hoffnung, diese erlangen zu können, zum Aufruhr und Bürgerkrieg schreiten, so kann man sich in Europa für die Unruhen keinen anderen Grund denken als den Allerweltssündenbock: »Die türkische Misswirtschaft«. Dass die letztere auf zahlreichen anderen griechischen Inseln und zwar gerade da, wo das muselmanische Element fast völlig fehlt, willig ertragen wird, stört die Politiker in ihrem Urteil nicht.

Dass die Gegensätze auch als *Deckmantel* für gemeine Verbrechen benützt werden können, haben wir bereits auf Seite 95 erwähnt.

Die Durchkreuzung der Gegensätze kann von zweierlei Art sein. Der eine Fall ist persönliche Liebe und Freundschaft zwischen Mitgliedern der durch den Gegensatz geschiedenen Volksgruppen. Derartige Fälle sind zwar, wie wir schon an anderer Stelle erörtert haben, selten, immerhin kommen sie vor und sind in ihrer Bedeutung nicht zu unterschätzen. Namentlich, wenn hervorragende Mitglieder der durch Gegensätze geschiedenen Bevölkerungsgruppen durch persönliche freundschaftliche Beziehungen miteinander verbunden sind, so kann dies auf längere Zeit die Beziehungen dieser Volksgruppen überhaupt in der günstigsten Weise beeinflussen. Eigentlich kann jedes Individuum für seinen Teil dazu beitragen, die Gegensätze zu mildern. Man denke sich z. B. den Fall, jeder Jude in Europa wäre ein Engel ohne Fehl und Makel, so wird sich kaum bestreiten lassen, dass die Abneigung gegen *die Juden* im Allgemeinen auf ein Minimum herabsinken würde. Man würde höchstens mit etwas Spott, aber kaum mit Hass auf sie blicken.

Der andere Fall ist der, dass persönlicher Hass den Sieg über die Pflicht gegen die eigene Volksgruppe davonträgt. Die Beispiele hierfür sind in der Geschichte sehr zahlreich; verletzte Eitelkeit, Rache etc. verleiten oftmals zum Verrat an der Sache einer Gemeinschaft.

Welches aber auch der Grund sein mag, im Allgemeinen wird man sagen dürfen: Das Los eines »Überläufers« ist das elendeste, das sich erdenken lässt. Glücklich ist der zu schätzen, der treu zu seinem Volk oder zu seiner Volksgruppe hält und in ihr eine geachtete Stellung einnimmt, mag nun seine Volksgruppe nach siegreichem Kampfe eine glänzende Herrschaft erlangen oder kämpfend untergehen oder besiegt sich dem Sklavenjoch beugen und Schmach erdulden; unglücklich der, der sich von seiner Gemeinschaft absondert. Dem Verräter winkt ein freudloses Schicksal.

Auf jeden Fall – das kann nicht oft genug betont werden – sind die auf Gegensätzen beruhenden Feindschaften nicht schlechthin mit demselben Maß wie private Feindschaften, wie gemeine Verbrechen zu messen.

In *einem* Fall gibt dies auch die Humanitätstheorie zu: in der – wenn wir so sagen dürfen – legitimen Form des körperlichen Kampfes ums Dasein, im Krieg. Ein Soldat kann im Krieg in die Lage kommen, einen Freund zu töten, und niemand wird ihn deshalb des Mordes oder Totschlages beschuldigen.

Soweit Feindschaften zwischen Völkern oder Volksgruppen in Frage stehen, wird man also die Handlungen der einzelnen Individuen unter gewissen Voraussetzungen und in beschränktem Maße als Handlungen der Gesamtheiten beurteilen müssen. Die Pflichten der einzelnen Gesamtheiten gegeneinander und auch gegen sich selbst zu lehren, wäre Aufgabe einer neuen Disziplin, der *Völkerethik*, welche sich zur Ethik ähnlich verhielte, wie die *Völkerpsychologie* zur Psychologie.

8.   Politische und andere Schlussfolgerungen

Folgende Sätze werden nach unseren bisherigen Ausführungen wohl nicht bestritten werden können.

1. Wo verschiedene Rassen zusammentreffen, entstehen mit Naturnotwendigkeit Kämpfe und Streitigkeiten, die umso grausamer zu sein pflegen, je größer die Verschiedenheit der Rassen ist. Kolonien, in denen nicht die schwersten Gräuel verübt

werden, sind daher undenkbar. Namentlich gilt dies von den Ackerbaukolonien.

Wenn ein Kolonialvolk die Absicht bekundet, in einer Kolonie seine Angehörigen als Ackerbauer anzusiedeln und gleichzeitig das Wohl der Eingeborenen zu fördern, so ist dies entweder Unverstand oder Heuchelei. Ein Drittes gibt es nicht. Blutige, grausame Kämpfe sind unausbleiblich und der schließliche Ausgang kann nur sein: entweder Untergang der Eingeborenen oder Untergang der Einwanderer oder – Vermischung mit Korruption.

2. Selbst beim Verkehr zwischen verschiedenen Völkern gleicher Rasse ist große Vorsicht nötig, damit aus dem Zusammentreffen ihrer Angehörigen keine Feindschaft entstehe. Durch einzelne Reisende freilich, namentlich soweit sie im fremden Lande nicht ihren Unterhalt erwerben wollen, z. B. Vergnügungsreisende, Gelehrte, werden wohl selten die Beziehungen zwischen verschiedenen Völkern und Staaten getrübt werden.

Anders dagegen, wenn große Massen des einen Volkes ins Gebiet des anderen kommen, um dort ihren vorübergehenden oder dauernden Lebensunterhalt zu finden.

Durch italienische Arbeiterscharen ist schon manche Feindschaft zwischen Italien und anderen Staaten hervorgerufen worden.

Die Deutschen Ungarns bilden mehr einen Keil als einen Kitt im Bund des Deutschen Reiches mit Österreich-Ungarn.

Wenn das Deutsche Reich und die Türkei die Absicht hegen sollten, miteinander in unversöhnliche Feindschaft zu geraten, so wüsste ich hierfür kein besseres Mittel als die Ansiedelung einiger Hunderttausend deutscher Ackerbauer in Kleinasien.

3. Innerhalb eines Staatswesens ist eine vollständige, tatsächliche Gleichberechtigung zwischen verschiedenen Rassen und Religionsgesellschaften (und wohl auch zwischen verschiedenen Sprachgemeinschaften) unmöglich. Wo mehrere Rassen und Religionsgesellschaften beieinander wohnen, kann das Verhältnis nur das der Über- und Unterordnung sein.

Wir sehen, dass überall, wo unter dem Einfluss humanitärer Theorien oder auswärtigen Zwanges eine Gleichberechtigung dekretiert wurde, diese Gleichberechtigung, wenigstens zum Teil, eine rechtliche, theoretische, papierene, kurz ein toter Buchstabe geblieben ist: so in der Türkei und in China bezüglich der Christen, in Bulgarien bezüglich der Muselmanen, in Europa bezüglich der Juden, in Amerika bezüglich der Neger. Diese Erscheinung ist in der menschlichen Natur begründet, aber nicht etwa in der vermeintlichen Unduldsamkeit einer herrschenden Rasse oder Religion, auch nicht in der Schlechtigkeit oder Inferiorität einer beherrschten Bevölkerungsgruppe. Wenn trotzdem von der »öffentlichen Meinung« Europas das Gegenteil behauptet, also z. B. für die Abneigung der Muselmanen gegen die Christen die Unduldsamkeit der ersteren, für die Abneigung der Christen gegen die Juden die üblen Eigenschaften der letzteren verantwortlich gemacht werden, so ist zu bedenken, dass diese »öffentliche Meinung« nicht Richterin, sondern – Partei ist.

Selbst mit dem besten Willen des Staatsoberhauptes lässt sich dieser in der menschlichen Natur begründete Zustand nicht beseitigen, wenigstens insolange nicht, als man keine Automaten erfunden hat, welche anstatt der Menschen die Funktionen der staatlichen Organe als Richter, Polizeibeamte, Soldaten usw. übernehmen und so dem Gesetz einen wirklich unparteiischen Vollzug sichern können.

Die bis jetzt gegen den Übelstand anwendbare Abhilfe, als staatliche Organe zum Vollzug der Gesetze Angehörige der verschiedenen verfeindeten Bevölkerungsgruppen aufzustellen, ist nur eine scheinbare; denn entweder wird hierdurch die Staatsgewalt selbst in feindliche Parteien gespalten, ein Zustand, der auf die Dauer nicht haltbar ist (chronische Anarchie à la Crétoise [wie auf Kreta]) oder die aus der schwächeren Bevölkerungsgruppe gewählten staatlichen Organe fühlen so sehr die Ohnmacht der letzteren, dass sie, statt die Interessen derselben wirksam zu vertreten, hauptsächlich bestrebt sind, das Wohlgefallen der herrschenden Volksteile zu erwerben.

Wenn man daher von der Türkei verlangt, dass sie *Reformen* einführe – und was für »Reformen«! –, um die Gegensätze zwischen Christen und Muselmanen zu beseitigen und Glaubenskämpfe unmöglich zu machen, so könnte dies auf den ersten Blick töricht, ja sogar wahnsinnig erscheinen, ist aber psychologisch vollkommen erklärlich, ja sogar ganz natürlich. Denn jedes Volk und jede Völkergesellschaft ist, wie jedes Individuum, der geborene Pharisäer. Dem lieben Nächsten spricht man die Willensfreiheit zu, sich selbst spricht man sie ab. »Wir stehen unter dem Einfluss eines Naturgesetzes, dem wir uns nicht entziehen können, wenn wir Völker anderer Rasse oder Religion ausrotten oder ausplündern; *es ist müßig*, weiter nachzuforschen, ob wir das Recht dazu haben oder nicht usw. Die Türken dagegen können wohl, da sie durch kein Naturgesetz gehindert sind, human sein.« Über den sittlichen Wert dieser Auffassung brauchen wir uns nicht näher zu äußern.

Wir wollen damit noch nicht sagen, dass es verfehlt sei, eine volle (auch staatsbürgerliche) Gleichberechtigung zwischen verschiedenen Rassen und Glaubensgesellschaften – die ja doch nur eine papierene bleiben muss – in einem Staat zu dekretieren.

Es lässt sich indessen nicht verkennen, dass eine solche Gleichberechtigung auch eine große Gefahr in sich birgt; nämlich die Gefahr, dass die theoretisch gleichgestellten schwächeren Volksgruppen sich der Illusion hingeben, dass sie auch tatsächlich gleichberechtigt sein müssen, wodurch in ihnen nur Unzufriedenheit und Missmut genährt wird. Denn je nach den Voraussetzungen, von denen man ausgeht, ist die Auffassung der Dinge eine ganz verschiedene.

Die schon öfters erwähnten Beispiele, die Judenfrage in europäischen Ländern und die Christenfrage in der Türkei, liegen auch hier wohl am nächsten. Da es eine »Lösung« derartiger Fragen insolange nicht gibt und nicht geben kann, als

Juden, Christen und Muselmanen existieren und miteinander in Berührung kommen, so ist es offenbar besser, die naturgesetzlichen Tatsachen zu nehmen, wie sie sind, statt dem *Phantom einer wirklichen Gleichberechtigung* nachzujagen. Den Juden würde ich daher einfach raten, von der Voraussetzung auszugehen, dass ihnen die christliche Bevölkerung nach Naturgesetzen von Anfang an bis zu einem gewissen Grad feindlich oder doch wenigstens unfreundlich gegenüberstehen muss. Mit Anerkennung, Dankbarkeit, ja sogar Bewunderung werden sie dann der Tatsache sich bewusst werden, der sie andernfalls wegen ihrer vermeintlichen Selbstverständlichkeit gar keine Beachtung schenken: Wie viel hochherzige Gerechtigkeit, ja sogar wie viel Liebe wird uns von christlicher Seite in zahllosen Fällen entgegen gebracht!

Es ist fast überflüssig zu bemerken, dass eine derartige Auffassung bei den Christen in der Türkei unmöglich ist. Niemals werden diese auf die Dauer zufrieden und ruhig bleiben können, weil europäische Humanitätstheoretiker niemals müde werden, ihnen vorzugaukeln, dass durch »Reformen« die Feindschaft zwischen verschiedenen Glaubensgesellschaften beseitigt werden kann.

4. Staaten, deren Bevölkerung nach Rasse und Religion einheitlich oder nahezu einheitlich ist, können kein Verständnis für die Schwierigkeiten solcher gemischtbevölkerten Staaten haben, in denen die Minoritäten zahlreich sind und hinter den Majoritäten nur wenig oder nicht in der Kultur zurückstehen. Erstere sind daher nicht als berufen zu erachten, den letzteren Ratschläge oder Ermahnungen in bevölkerungspolitischen Fragen zu erteilen, so wenig etwa, wie unzivilisierte Völker, welche keinen Klassenunterschied kennen, dazu berufen sind, den Kulturvölkern die Herbeiführung einer vollständigen Gleichheit ihrer Untertanen anzuraten. Der Grundsatz der Einmischung in fremde Angelegenheiten kann überdies für Kulturvölker bedenkliche Präzedenzfälle schaffen, da kein einigermaßen kultiviertes

Volk im Innern der Gegensätze vollständig entbehrt, vielmehr wenigstens der Gegensatz der Klasse bei allen zu finden ist und unter Umständen eine gefährliche Ausdehnung erlangen kann. Wie, wenn orientalische Staaten, um die Wohltaten des humanen Europa zu vergelten, englische Anarchisten oder russische Nihilisten unterstützen würden?

Welche Aussichten die Idee des »ewigen Weltfriedens« auf Verwirklichung hat, bedarf nach den bisherigen Ausführungen kaum einer weiteren Darlegung.

Versteht man, wie es gewöhnlich, vielleicht unbewussterweise, geschieht, unter »Menschheit« die europäischen Kulturvölker, so lässt sich wohl theoretisch ein Mittel denken, durch welches wenigstens für die Dauer der gegenwärtigen Anschauungen, wenn nicht alle, so doch die wichtigsten Ursachen zu Kriegen vermieden werden können. Dieses Mittel wäre in erster Linie nicht schiedsrichterliche Vereinbarung, wohl aber die strikte Verwirklichung des Nationalitäts-, richtiger Sprachenprinzips. Würde dasselbe vollkommen durchgeführt, würden also überall die Sprachgrenzen zu politischen Grenzen erhoben sein, so bliebe kaum ein wesentlicher Anlass zu Kriegen vorhanden.

Indessen sollte man, abgesehen von der Möglichkeit derartiger Grenzänderungen, unserer Ansicht nach hierbei doch zweierlei nicht außer Acht lassen.

Dass die Kriege zwischen europäischen Völkern selbst so sehr selten geworden sind, erklärt sich wohl zum großen Teil daraus, dass materielle Interessen zu derartigen Kriegen nicht drängen; dieses hinwiederum verdanken die europäischen Völker dem Umstand, dass sie ihre überschüssige Bevölkerung in Kolonien anderer Erdteile auf Kosten der dortigen Eingeborenen unterbringen können; es ist dies eine gewisse Ablenkung des Kampfes ums Dasein nach entlegenen Erdteilen. Dass diese Ablenkung ihre Grenze einmal erreichen wird, bedarf keiner weiteren Ausführung. Sobald die europäische Auswanderung nach anderen Erdteilen nicht mehr möglich sein wird, muss der Kampf ums Dasein in Europa selbst sicherlich ungleich schwieriger und heftiger werden.

Gesetzt nun, dieser Kampf träte nicht in Kriegen zwischen verschiedenen *Völkern* zu Tage, so wird – und hiermit kommen wir zum zweiten Punkte – die Möglichkeit nicht außer Acht gelassen werden können, dass dafür der Bürgerkrieg zwischen verschiedenen *Klassen* an die Stelle treten würde, und ob damit der sogenannten Humanität wesentlich genützt würde, darf doch wohl bezweifelt werden.

V. Betrachtungen und Ahnungen über die europäische Kultur

Wenn wir, an den Eingang des ersten Abschnittes unserer Betrachtungen anknüpfend, die Frage aufwerfen: »Ist die Kultur ein erstrebenswertes Gut? Bringt die Kultur mehr Vorteil als Nachteil für den Menschen?« so können wir seitens des modernen Kulturmenschen nur ein mitleidiges Lächeln und selbstverständlich unbedingte Bejahung erwarten. Der nordamerikanische Indianer oder der arabische Beduine – beide natürlich in ihrem Urtypus – werden die Frage, wenn man unter Kultur die gegenwärtige europäische versteht, der Regel nach verneinen. Nichts macht den frommen Muselmanen oder den unverfälschten nordamerikanischen Indianer in den Augen des Europäers so zum Gegenstand des Mitleides oder gar des Spottes wie die Gleichgültigkeit oder sogar Geringschätzung der modernen Kultur.

Der Kulturmensch wie der Naturmensch – richtiger ausgedrückt: der Mensch von hoher wie von niedriger Kultur – beide halten ihren Zustand in der Regel für den allein wünschens- und empfehlenswerten; keiner von beiden hat in der Regel ein Verständnis für die Sinnesrichtung des anderen.

Der Bewohner der modernen Großstadt dünkt sich unendlich erhaben über dem »Naturmenschen«, der alles dessen entbehrt, was jenem das Leben versüßt.

Und der »unzivilisierte« Mensch?

Man frage nur den frommen Bruder der Senussi[59], was er von der europäischen Kultur halte. Der Koran ist ihm der Inbegriff alles Wissens, aller geistigen Genüsse. Was braucht er mehr?

---

59 Hrsg.: Eine von Muhammad ibn Ali as-Senussi 1837 gegründete muslimische Ordensgemeinschaft, die vorwiegend in Libyen ansässig war. Beeinflusst von den streng orthodoxen Wahhabiten der arabischen Halbinsel strebten sie die Rückkehr zur reinen Lehre des Islam an und leisteten den europäischen Kolonialmächten in Nordafrika Widerstand.

Die tausendfachen geistigen Streitigkeiten und Gewissenskämpfe, wie sie die Kulturmenschheit erschüttern, beunruhigen ihn ebenso wenig, wie etwa den christlichen Mönch früherer Jahrhunderte.

Und die leiblichen Genüsse? Hat er deren nicht genug?

Hat er nicht seine Datteln, seine Kamelmilch, sein Durrahbrot, sein Quellwasser?

Oder der unverfälschte Indianer im fernen Westen? Solange es noch den Büffel gab, der ihm Nahrung gewährte, solange der Weiße in angemessener Ferne blieb und dem roten Mann noch nicht seine liebsten und teuersten Güter raubte, was mag ihm da zum Glücke gefehlt haben?

Man denke dagegen an die Kehrseite der europäischen Kultur, an das grauenhafte Elend, das in den großen Kulturzentren herrscht!

Ob das Glück durch die Kultur gefördert oder gemindert wird, ist bekanntlich ebenso bestritten wie die Frage, ob die *Sittlichkeit* durch die Kultur gefördert wird.

Dass man die Höhe des Glückes nicht nach der Menge der Mittel zur Befriedigung der Bedürfnisse und zur Erzeugung von Genüssen messen kann, ist ohne Weiteres klar.

Jede neue Entdeckung oder Erfindung, die das Leben angenehmer und bequemer zu gestalten geeignet ist, ruft zwar anfangs in den Massen Befriedigung und Freude hervor: Allein nur zu schnell wird das Neue zum Bedürfnis; der Mensch gewöhnt sich an den Gebrauch; für die *Wohltat*, die ihm das Neue anfangs war, ist er gleichgültig geworden.

So richtig es ist, dass höhere Bedürfnisse zu größeren Erfindungen und Entdeckungen anregen, so unbestreitbar ist es andrerseits, dass größere Erfindungen und Entdeckungen auch höhere Bedürfnisse *erzeugen*. Höhere Bedürfnisse eines Volkes sind der Regel nach, wenigstens soweit deren Befriedigung durch seine eigene Kraft erfolgen kann, ein Symptom der höheren Kultur.

Ob aber der Zustand, in dem mehr Bedürfnisse einerseits vorhanden sind, andrerseits auch befriedigt werden können, der glücklichere ist? Vielleicht wird man übrigens sagen können, dass das Glück des Kulturmenschen und jenes des Naturmenschen inkommensurabel sind. Ein Glück, welches mit einem Reiz der Nerven oder einem Verbrauch der Nervenkraft verbunden ist, ist anderer Art als ein ruhiges Glück ohne einen derartigen Reiz. Der vom »Glück« begünstigte Ehrgeizige, Börsenspekulant, Schürzenjäger genießt offenbar ein ganz anderes Glück als der in beschaulicher Ruhe zufrieden hinlebende Einsiedler.

Die erstere Art des Glückes wird wohl mehr dem Kulturmenschen, die letztere mehr dem Naturmenschen zu eigen sein. Welche Art die bessere ist?

Wenn man diejenigen Menschen miteinander vergleicht, welche beide Arten des Glückes in entgegengesetzter Reihenfolge miteinander vertauscht haben, etwa den Hirten, der sich Bildung angeeignet hat und in die Gesellschaft der Großstadt eingetreten ist, mit dem Kulturmenschen, der in die Wildnis geflüchtet ist und seine meisten Bedürfnisse über Bord geworfen hat, ich glaube, der Vergleich wird nicht zu Ungunsten des Glückes der Unzivilisierten ausfallen.

Die heutige Welt freilich hält jedenfalls die Kultur (richtiger: die heutige Kulturart) für unentbehrlich zum Glück. Wie man ohne diese »Kultur« seines Lebens froh sein kann, ist – glaube ich – dem modernen Europäer oder Amerikaner ein Rätsel. Nach seinen Begriffen müsste das Leben im »dunklen Mittelalter« entsetzlich gewesen sein. Man denke sich: Verkehrswege der schlechtesten Art, keine Dampfkraft und Elektrizität, eine Volksmenge, die nicht lesen und schreiben kann, eine Häuslichkeit ohne Luxus, eine Heilkunde ohne Anästhetika, ganz zu schweigen von der Inhumanität, dem Strafprozess mit der Folter, der Verfolgung der Ketzer etc. … Und dennoch waren diese Geschlechter vielleicht glücklicher als die heutigen.

Der Kulturdünkel, mit dem die modernen Kulturvölker stolz auf die übrige »in den Kinderschuhen steckende Menschheit« herabschauen, ist zweifellos nur allzu erklärlich, oder wenn man will, sogar gerechtfertigt, wie ja auch der große Gelehrte oder Künstler – der nicht zugleich ein großer Mensch ist – sich für ein höheres Wesen als den schlichten Bauern hält. Aber dieser Standpunkt, dass die Kultur das wahre und einzige Heil der Menschheit sei, ist eben einseitig und für den unbefangenen Beurteiler nicht maßgebend.

Sollten wir darum jeden Kulturfortschritt – und insonderheit die Kulturfortschritte der niedrig zivilisierten Völker – für gleichgültig oder schädlich halten?

Idealisten, Ästhetiker oder kulturmüde Kulturmenschen haben öfters dergleichen Anschauungen und sind geneigt, wehmütige Betrachtungen anzustellen oder gar Klagen zu erheben, wenn der indianische Jäger seine Waffen mit der Pflugschar vertauscht, oder wenn die Eisenbahn in arabischen Ländern die Arbeit der Kamelkarawanen übernimmt.

Aber gegen die Gesetze der Natur kann man sich nicht auflehnen. Der Fortschritt – nicht in sittlicher, aber in intellektueller Beziehung – ist für den Menschen eine Notwendigkeit. Im Kampf ums Dasein müssen notwendigerweise die Völker unterliegen, die bei sonst gleichen Kräften in der Kultur dem Gegner nachstehen. Der Trieb der Selbsterhaltung und der Freiheit muss namentlich die unzivilisierten Völker antreiben, so viel nützliche Kenntnisse als möglich von höher zivilisierten Völkern zu erlernen, um nicht unterzugehen oder für immer der Freiheit beraubt zu werden.

Aber hier taucht sofort eine weitere Frage auf:

Können alle Rassen, alle Völker eine höhere Kultur, namentlich die hohe moderne Kultur, erlangen?

Entsprechend der im I. Abschnitt erwähnten Anschauung, wonach die europäische Kultur die Kultur überhaupt ist, stellt man die Frage wohl auch so: »Sind alle Rassen und Völker *kulturfähig*?«

Richtiger sollte wohl die Frage, da ja »hohe Kultur« und »niedrige Kultur« relative Begriffe sind, dahingestellt werden, ob alle Rassen und alle Völker von Natur aus gleich oder wenigstens annähernd gleich gut begabt seien oder ob sich in der Begabung eben solche Unterschiede nachweisen lassen wie bei den Individuen.

Wohl in wenigen Fragen hat sich die Gedankenlosigkeit des großen Publikums mehr bemerkbar gemacht als in dieser. Reisende, die vielleicht nur ein paar Wochen bei einem Stamm verweilt hatten, gaben auf Grund der gewonnenen Eindrücke ihr Urteil ab auf »Kulturfähigkeit« oder »Kulturunfähigkeit« und fanden bei der gebildeten Menge Glauben.

Man wird nicht fehl gehen, wenn man annimmt, dass für das Urteil solcher Pioniere der Kultur die Art der gewährten Aufnahme in hohem Masse bestimmend ist. Ein Negerstamm, der einen weißen Reisenden durchgeprügelt hat, wird von diesem wohl nur selten als »kulturfähig« qualifiziert werden. Gibt ein Reisender dagegen sein Urteil auf »kulturfähig« ab, so hält er es nicht selten für nötig, das Begriffsvermögen des Lesers oder Zuhörers liebevoll unterstützend, zur Erklärung beizufügen, dass ein Volk, das in der Gegenwart unzivilisiert ist, nicht notwendig dazu verdammt sein müsse, für alle Zeit unzivilisiert zu bleiben, dass ja auch zivilisierte Völker (z. B. die Deutschen) einmal unzivilisiert gewesen seien oder dergleichen.

Ausgehen muss man, wenn man die Frage der »Kulturfähigkeit« zu beantworten versuchen will, offenbar von dem ganz einfachen Erfahrungssatz, dass jede geistige Bildung das Produkt zweier Faktoren, der Anlage (Begabung) und der Erziehung ist. Werden zwei Individuen in gleicher Weise erzogen und sind die geistigen Leistungen verschiedenwertig, so wird man sagen müssen: Die Anlagen sind verschieden.

Bei Menschenkomplexen, seien es Rassen oder nur Völker, ist der Vergleich bedeutend schwieriger. Die »Erziehung« erstreckt sich hier auf bedeutende Zeiträume; die Nachbarvölker, die mannigfach wechseln können, wirken selbstverständlich in hohem Maße auf die geistige Entwicklung ein, unter Umständen günstig infolge des lehrreichen Beispiels und der Anregung, unter Umständen ungünstig infolge der Arbeitsteilung; welches die Wirkung ist, wird zumeist von der Größe des Kulturunterschiedes abhängen. Auch die Natur macht ihren Einfluss geltend. Von einer gleichartigen Erziehung kann also bei verschiedenen Völkern und vollends bei verschiedenen Rassen niemals die Rede sein.

Gesetzt, die Hottentotten[60] hätten vor vielen Jahrtausenden als Teil der Ur-Indogermanen ihr Dasein begonnen, in der Urheimat die ersten Kenntnisse erworben, ihre Heimat nach den wundervollen hellenischen Landen verlegt, im Verkehr mit den vorderasiatischen und nordafrikanischen Völkern neue Anregung und Belehrung erhalten, aber sie wären nicht über einen niedrigen Kulturgrad hinaus, jedenfalls nicht auf die Kulturhöhe der alten Griechen gelangt, so dürfte man wohl unbedenklich sein Urteil dahin abgeben: Die Hottentotten sind eine geistig bei Weitem tiefer stehende Rasse als die Griechen. Nach der Ursache der verschiedenen Anlage, ob dieselbe in den Gehirnzellen oder in der chemischen Beschaffenheit des Blutes oder wo sonst ihren Sitz habe, brauchte man hierbei nicht eifrig zu suchen. Die Tatsache allein, dass trotz gleicher Erziehung die Leistungen geringer seien, würde wohl zu dem erwähnten Urteil über die geistige Anlage genügen.

Ähnlich würde natürlich die Sache liegen, wenn die Griechen aus Südafrika oder Mittelafrika stammten, jahrtausendelang in Süd- oder Mittelafrika in der Nachbarschaft anderer afrikanischer Völker gelebt hätten und – wenn auch nicht die Leistungen der Griechen – so doch weit höhere Leistungen als die

---

60 Hrsg.: Zuerst prägten holländische Siedler in Südafrika diese abwertend gemeinte Bezeichnung für alle einheimischen Ethnien, die keine Bantu waren. Wegen der Schnalzlaute in ihrer Sprache wurden sie Hottentotten (›Stotterer‹) genannt.

Hottentotten aufzuweisen hätten; auch in diesem Falle würden wir zu dem nämlichen Urteil gelangen.

Da aber keine dieser Voraussetzungen vorliegt, da eben die Griechen eine andere Geschichte als die Hottentotten hatten, so bleibt uns offenbar nur, das eine zu sagen: Ob die Griechen die Hottentotten an geistigen Anlagen, an »Kulturfähigkeit« übertreffen oder ob umgekehrt die Hottentotten hierin die Griechen übertreffen oder ob endlich beide Rassen von Natur gleich veranlagt sind – wir wissen es nicht. Im Zweifel liegt freilich das letztere Urteil – das der gleichen Begabung – am nächsten.

Einen Anhaltspunkt für unsere Frage könnte uns allenfalls das Urteil der Lehrer an den Schulen für »Farbige« oder »Wilde« bieten.

Man darf wohl sagen: In den meisten Fällen lautet das Urteil in ganz überraschender Übereinstimmung dahin, dass Negerkinder, Indianerkinder usw. eine sehr erfreuliche Befähigung an den Tag legen und den weißen Kindern in der Regel nicht nachstehen; und dieses Urteil ist umso bemerkenswerter, als man nicht übersehen darf, dass die Verschiedenheit der Muttersprache den Verkehr zwischen dem weißen Lehrer und den farbigen Schülern wohl häufig genug erschweren wird, dass ferner – was besonders hervorzuheben ist –, schon die intensive geistige Beschäftigung aller Generationen seit Jahrhunderten kraft der Vererbung das Individuum zu größeren geistigen Leistungen prädisponieren muss.

Indessen wäre es verfehlt, deshalb als festgestellt anzunehmen, dass die dunkelfarbigen Rassen der europäischen an geistigen Anlagen gleichstehen oder dieselbe gar übertreffen. Denn andrerseits ist es kaum zu bestreiten, dass, wenn der »Farbige« ein gewisses Alter überschritten hat, er auch bei gleicher Erziehung dem Weißen im Durchschnitt nachsteht. Auch hieraus dürfen wir keine voreiligen Schlüsse ziehen; das Gesetz der Vererbung dürfte allein zur Erklärung ausreichen; Kinder europäischer Bauern etc. dürften bei gleicher Erziehung wohl ein bedeutend niedrigeres Kontingent zu den Talenten und Genies stellen als die Kinder gesunder Gelehrter, Künstler etc.

Solange also die Anthropologie keine Tatsachen kennt, welche eine verschiedene Begabung der Rassen dartun, dürfen wir wohl alle diesbezüglichen Behauptungen als Vorurteile betrachten.

Außer der *Rasse* ist es vornehmlich die *Religion*, die man als Kulturgrundlage oder als Kulturhindernis bezeichnet.

Von den *Religionen* wird, nachdem die im Erlöschen begriffenen Religionen der Naturvölker ziemlich außer Betracht bleiben können, hauptsächlich der *Islam* als »kulturfeindlich« oder »kulturhindernd« bezeichnet. Kulturfeindlich ist aber noch nicht kulturhindernd. Eine Religion mag noch so sehr die Fortschritte der Kultur zu hindern suchen, so wird es ihr, wenn die übrigen Verhältnisse die Kultur begünstigen, nicht leicht gelingen. Denn die den Bedürfnissen und Wünschen der Menschen widersprechenden Lehren und Vorschriften der Religion lassen sich ohne allzu große Schwierigkeit umgehen oder im Wege der Interpretation beseitigen, wenigstens soweit der Geist und der Inhalt der Religion in Frage steht.

Die Form und das Wort sind ja freilich viel starrer und dauerhafter, aber für die Kulturentwickelung auch unschädlicher.

Um nur ein Beispiel anzuführen: Es werden wohl kaum kulturfeindlichere Worte jemals gesprochen worden sein als jene berühmten Worte Christi: »Sehet die Vögel unter dem Himmel an: Sie säen nicht, sie ernten nicht, sie sammeln nicht in die Scheunen; und euer himmlischer Vater nährt sie doch etc.« Hätte Mohammed diesen Ausspruch getan, wie oft würde man ihn als unwiderleglichen Beweis dafür anführen, dass die muselmanischen Völker nie und nimmermehr zu einer höheren Kulturstufe gelangen können!

Kann man sich wohl einen größeren Gegensatz zu jenen einfachen, rührend schönen Worten denken als die hohe, fast bis zur Fluchwürdigkeit entwickelte Kultur der Yankees, die ja übrigens trotzdem fromme Christen sind!

Dem Europäer freilich scheint es undenkbar, dass er jemals von muselmanischen oder anderen Völkern – ausgenommen etwa die Japaner, die man in den letzten Jahrzehnten als »kulturfähig« zu achten angefangen hat – auf dem aufwärtsstrebenden Wege der Kultur eingeholt oder gar überholt werden könnte, und man leitet aus dieser vermeintlichen Inferiorität der anderen Völker gerne die sittliche Berechtigung ab, mit denselben zu verfahren, wie es dem eigenen Vorteil entspricht.

Der amerikanische Farmer, der südafrikanische Boer, der australische Angelsachse, der nach »mehr Land« heult, sie alle bedürfen eben, wenn sie den Eingeborenen ihren Besitz rauben wollen, zur Rechtfertigung der »Kultur«, und da sie es haben wollen, müssen die Gesetzgeber diesem idealen Standpunkt Rechnung tragen.

Mit welcher Geringschätzung sieht Europa auf die muselmanische Welt herab, deren Kulturniedergang fast als Beweis der mangelnden Existenzfähigkeit gilt. Mit welchem Behagen, welcher Befriedigung registrieren die europäischen Blätter alle Verkehrtheiten und alle Torheiten, die ihnen aus der muselmanischen Welt bekannt werden, um die Minderwertigkeit derselben darzutun.

Und doch müsste das gebildete Publikum in Europa wissen, dass ein Kulturniedergang einen späteren Aufschwung keineswegs ausschließt.

Schon der oberflächlichste Blick in die Kulturgeschichte – wir möchten nur die Kapitel Tierprozesse[61] und Hexenprozesse empfehlen – müsste es zu einem milderen, duldsameren Urteil bestimmen, müsste darüber belehren, dass innerhalb 200 Jahren das geistige Leben eines Volkes und einer Völkergesellschaft gewaltige Umwälzungen erleiden kann. Und was sind zwei Jahrhunderte im Leben der Menschheit?

---

61 Hrsg.: Siehe: Julian Barnes: The Wars of Religion, in: A History of the World in 10 ½ Chapters, London 1989; dt.: Eine Geschichte der Welt in 10 ½ Kapiteln, Zürich 1990.

Aber freilich, Verständnis für das Leben anderer Völkergruppen besitzt der Europäer nicht – trotz aller Wissenschaft, trotz Völkerpsychologie, Anthropogeographie und Kulturgeschichte.

Wir haben im Vorstehenden vom Kulturniedergang gesprochen. Wird auch die moderne Kultur jemals diesem Schicksal verfallen? Oder werden wenigstens die Völker, die gegenwärtig beinahe das Kulturmonopol in Händen haben, in einen Zustand der »Halbkultur« oder »Unkultur« zurücksinken?

Dass ein Stehenbleiben auf der jetzigen Höhe nicht möglich ist, bedarf kaum einer Erörterung. Fortschritt oder Rückschritt, mag derselbe langsam oder rasch vor sich gehen; ein Drittes gibt es nicht. Dass die moderne Kultur ihren Kulminationspunkt noch bei Weitem nicht erreicht hat, sondern noch im Aufsteigen begriffen ist, bedarf ebenfalls keines Beweises. Die Frage aber, ob es nicht dereinst mit unserer Kultur – noch ehe die viel erörterte Erkaltung der Erde den Untergang des Menschengeschlechts einleitet – abwärts gehen kann, ist damit noch nicht entschieden. Ziehen wir die Geschichte zu Rate, so finden wir, dass noch jede Kultur – abgesehen etwa von der chinesischen, die bis auf die heutige Zeit nicht wesentlich zurückgegangen ist – zu Grunde gegangen oder wenigstens sehr tief gesunken und von anderen Kulturen überflügelt worden ist.

Was ist aus der babylonisch-assyrischen, ägyptischen, indischen, griechischen, arabischen Kultur, aus den altamerikanischen Kulturen geworden?

Am meisten Tränen hat man wohl über das Ende der griechischen Kultur geweint – unsinnigerweise; gerade die griechische Kultur ist des sanftesten, natürlichsten Todes – an Altersschwäche – gestorben, und über solche Tote weint man nicht; das jähe erschütternde Ende, das z. B. den altamerikanischen Kulturen von roher Hand bereitet wurde, ist den Griechen erspart geblieben.

Zugleich ungerecht aber ist es, den Griechen – wie es von Seiten klassischer Philologen und anderer unpraktischer Menschen wohl hin und wieder geschehen ist – daraus einen Vorwurf zu machen, dass sie im Laufe der Zeit so sehr verwilderten.

Nach der gewaltigen Anspannung der geistigen Kraft, nach der Abnutzung der Nerven, welche mit einer jahrtausendelangen hohen Kultur notwendig verbunden sein muss, dürfte ein Zeitraum der Ruhe für ein Volk wohl so notwendig und nützlich sein wie für ein geistig arbeitendes Individuum die Ferien.

Dem heutigen Kulturmenschen scheint es freilich undenkbar, und wenn denkbar, ein schreckliches Unglück, dass jemals eine Zeit kommen könnte, in welcher Lesen und Schreiben seltene, vielbewunderte Künste sein werden, die kühne freie Forschung vor einer öden Scholastik, die wissenschaftliche Methode vor einer rohen Empirie zurückweichen muss, in welcher die Riesenpaläste moderner Großstädte als Steinbrüche für die zwerghaften Bauten der Epigonen dienen, eine Zeit, in welcher das traute Volkslied, die heilige Legende, das anmutige Märchen, die schaurige Sage, der dumm-gesunde Aberglaube sich einen Platz im Herzen der Volksmenge zurückerobern, das Alter klüger als die Jugend sein, nicht mehr alle 20 Jahre ein neues philosophisches System die Gemüter in Spannung versetzen, der gottlose amerikanische Grundsatz »Zeit ist Geld« nicht mehr als höchste Weisheit gelten wird, eine Zeit, in der man eine Staatsverwaltung ohne Gebirge von Akten und Rechnungen wieder für möglich halten wird.

Gegen die Möglichkeit eines derartigen Unterganges der europäischen Kultur macht man besonders geltend, dass die Erdfläche, über die sie sich erstreckt, zu gewaltig sei, als dass sie überall erlöschen könnte; und bleibe in einer Gegend die Kultur bestehen, so werde sie siegreich wieder ihre früheren Länder zurückerobern.

Zugegeben; aber auch die römisch-griechische Kultur hatte sich zuletzt über ein gewaltiges Gebiet verschiedenartiger Länder erstreckt; der Unterschied in der Ausdehnung im Vergleich zur modernen Kultur ist doch nur ein gradueller, kein essentieller. Und man vergesse zwei Punkte nicht:

Der erste Punkt betrifft die ungeheure Abhängigkeit der Kultur, namentlich der hochentwickelten modernen Kultur, von den Schätzen der Natur.

Um nur das bekannteste Beispiel zu nennen: Welche ungeheure Bedeutung für die moderne Kultur hat die *Steinkohle*!

Vorausgesetzt, dass kein genügender dauernder Ersatz für dieselbe gefunden wird, muss die moderne Kultur nach Erschöpfung der Steinkohlenlager, also nach einem oder mehreren Jahrhunderten, sicher auf einen Zustand zurückgehen, bei dessen Gedanken die heutige Kulturmenschheit ein Grauen empfinden würde – wenn sie ernstlich daran dächte. Die einfachsten Gebote der Klugheit müssten den Europäern vorschreiben, solange, als kein Ersatz bekannt ist, haushälterisch und sparsam mit der Steinkohle zu wirtschaften. Allein die Geldgier, die die Kulturvölker der Gegenwart hauptsächlich charakterisiert, steht dem entgegen. Für Steinkohle löst man Geld, Geld trägt Zinsen: Folglich sucht man auf die billigste Weise – manchmal ein bisschen raubbauartig – möglichst viel Kohle zu »produzieren« und durch möglichst billige Abgabe möglichst viel zu verkaufen.

Ist es nicht vom universalökonomischen (weltwirtschaftlichen) Standpunkte aus überhaupt ein Unsinn, tierische und menschliche Arbeitskräfte auch da durch die Steinkohle zu ersetzen, wo dieser Ersatz lediglich eine Geldersparnis bedingt?

Der andere Punkt betrifft die *Kulturkrankheiten*, die Entartung der Kulturvölker, die wohl niemals einen so hohen Grad erreicht hat, wie bei den europäischen Völkern und deren Tochtervölkern der Gegenwart.

Denkt man an *Neurasthenie* und *Kurzsichtigkeit*, die vererblich sind und, da die erzeugenden Ursachen derselben gleich bleiben oder selbst stärker werden, in den kommenden Geschlechtern lawinenartig zunehmen müssen, so ist es schwer, die Möglichkeit zu verneinen, dass die Leistungsfähigkeit der heutigen

Kulturvölker sich einst erschöpfen wird, zumal da das einzige Mittel, von dem man die Abwendung dieser Gefahr erhofft, die stetige Auffrischung des Blutes der degenerierenden Städtebewohner durch die angeblich kerngesunde Landbevölkerung, doch recht problematisch ist.

Wohl spricht man viel von einer »Rückkehr zur Natur«; allein diese Rückkehr ist eben nicht Natur, wie wir bereits am Ende des ersten Abschnittes bemerkt haben. Alle Arten von Sport, die zudem vielfach nur zur Befriedigung der Eitelkeit und des Ehrgeizes kultiviert werden und so die Hast und Hetze des täglichen Lebens noch vermehren, vermögen nicht, das zu erreichen, was der viel verhöhnte *Kef* der Türken, die beschauliche Ruhe und Erholung gewährleistet: die Schonung und Erhaltung der Nervengesundheit.

Ob also nicht dereinst, wenn die Steinkohlenlager und – die Nervenkraft der europäischen Völker erschöpft sein werden, der Niedergang der heutigen Kultur herannahen wird?

Und ob nicht einmal die Kulturvölker selbst ein Überdruss und Ekel an der überreifen Kultur erfassen wird, ähnlich jenem, der die antike Welt zu dem scheinbar unbegreiflichen Übertritt zum Christentum bewog?

Ob nicht die Nachkommen der heutigen Kulturvölker einst lächeln werden über die Anschauung, dass nur Völker mit erschlafften Nerven, abgestumpften Sinnen, geschwächtem Gedächtnis die einzig würdigen Vertreter der Gattung *homo sapiens* seien?

Doch »das liegt im Schoß der Götter«.

Die heutige Kulturmenschheit hält jedenfalls eine derartige Möglichkeit für ausgeschlossen. Der Gedanke, dass einst Neger- oder malaiische Gelehrte die Trümmerstätten europäischer Riesenstädte ausgraben und tiefsinnige Betrachtungen über die Entwicklung und den Untergang der europäischen Kultur anstellen könnten, erscheint den heutigen Kulturvölkern sicherlich ebenso lächerlich, wie den alten Assyrern oder Griechen der Gedanke vorgekommen sein mag, es könnte jemals aus den nördlichen Barbarenländern eine Schar von Gelehrten kommen und ihre versunkenen Wohnstätten und Heiligtümer ans Tageslicht bringen. Ein fleißiges Schulkind lernt gewissenhaft die Tatsachen und Jahreszahlen aus seinem Geschichtsbuch, aber Schlüsse vermag es nicht daraus zu ziehen.

Wie dem vorkopernikanischen Menschen die Erde, so ist dem heutigen Menschen in anderer Hinsicht die Gegenwart der Kreis, über den sein Verständnis nicht weit hinausragt.

Wir sind damit schon an eine weitere Frage herangetreten: Wird, wenn die arische Rasse einmal in den Zustand der Halbkultur zurückgesunken sein sollte, eine andere Rasse an der Spitze der Kultur stehen können? Werden die jetzigen »Naturvölker« oder halbzivilisierten Völker diese Zeit *erleben*?

Wenn der Vernichtungskampf der arischen mit den übrigen Rassen weiterhin mit dem Erfolg wie bisher geführt wird, so ist man wohl berechtigt, diese Frage zu verneinen. Ein Volk nach dem andern stirbt aus oder macht wenigstens einem Mischlingsvolk Platz; um der Wahrheit die Ehre zu geben, nicht immer infolge der vorsätzlichen Verbrechen der Europäer, sondern großenteils »nach dem Naturgesetz« oder wenigstens nur durch die mittelbare Schuld der Europäer, durch die Laster und Krankheiten, die Europa ihnen gesandt hat.

Den dahingeschwundenen indianischen, australischen und anderen Stämmen werden leider noch viele Völkerschaften, von Europa unter dem gemeinen Ausdruck eines erheuchelten Mitgefühls beweint, ins Grab folgen.

Welch trostlose Aussicht für den, der noch etwas Sinn für Naturschönheiten, für die Mannigfaltigkeit der Formen, für die Reize der Verschiedenheit sich bewahrt hat! Auf der ganzen Erde fast nur arische Menschen, nur europäerartige Wohnstätten, Kleidungen, Speisen, überall das gleiche einförmig römisch-kanonisch-germanisch-napoleonische Recht; auf der ganzen Erde nur europäische Sprachen, das Spanische, Russische und hauptsächlich das Englische – es mag ja eine Sprache von köstlichem Wohllaut sein, aber wer wünschte, überall und jederzeit Nachtigallengesang zu hören?

Was wird in künftigen Jahrhunderten bei weiteren Fortschritten der modernen Kultur ein vielgereister Mann von den »Städten und der Sinnesart fremder Menschen« erzählen können? Gutes Beefsteak in Timbuktu gegessen, famose Café-chantants[62] in Samarkand; bequemer Expresszug zwischen Kapstadt und Alexandria …

Die *Vernichtung der Arten* ist eine der bemerkenswertesten Erscheinungen der Kultur, namentlich der modernen Kultur.

Welch niederdrückendes Gefühl, welchen Schmerz muss es kommenden Geschlechtern bereiten, die frühere wunderbare Mannigfaltigkeit (namentlich auch im Tierreich) nur aus Überlieferungen zu kennen.[63] Welch unersetzlichen Verlust bedeutet die Vernichtung der Arten für die Wissenschaft späterer Jahrhunderte!

Aber wie wenig Beachtung finden derlei Rücksichten!

Von jenen rohen Gesellen, die in den Kolonien keine höheren Ideale kennen als die Befriedigung ihrer Herrschsucht und ihres Geschlechtstriebes, kann man ja freilich einen Sinn und ein Interesse hierfür ebenso wenig voraussetzen, als bei den Barbaren früherer Jahrhunderte ein Verständnis für antike Kunstwerke zu finden war. Aber leider scheinen auch in den Kreisen ernster, hochgebildeter Männer ähnliche Gefühle fast unbekannte Dinge zu sein. Im hohen Grad betrübend ist es, wahrzunehmen, dass selbst ausgezeichnete Künstler und Gelehrte *für die Erhaltung der Arten*, namentlich der verschiedenen Menschenrassen, kaum ein größeres Interesse zeigen als der erste beste Kulturlümmel.

---

62 Hrsg.: Café mit Varieté und Gesangsdarbietungen.
63 Ein geistreiches Bild hiervon, in dem sich beißender Spott mit herber Klage mischen, entwirft der Ungar Madách [Imre Madách (1823–1864)] in seiner dramatischen Dichtung »Die Tragödie des Menschen« (12. Szene).

Die körperlichen Eigenschaften der »Naturvölker« nach dem heutigen Stand der Anthropologie untersucht, die Sprachen (oft von Männern, denen jede wissenschaftliche Vorbildung mangelt) nach kurzer Erlernung in Grammatiken beschrieben, die Sagen recht und schlecht aufgezeichnet, die Geräte und Werkzeuge in Museen zur Schau gestellt, – damit ist die Hauptsache getan, dann mögen diese Stämme ruhig ins Grab steigen! Gerade so dachten die Römer, natürlich vom Standpunkt der Bildung ihrer Zeit aus.

Was gäben wir darum, hätten uns die Römer nur stümperhafte Grammatiken, nur kurze Texte der keltischen, germanischen, skythischen Sprachen überliefert!

Ist es nicht wahrscheinlich, ja sogar fast gewiss, dass spätere Generationen manche Seite der Wissenschaft, an welcher unser geistiges Auge jetzt noch achtlos vorübergleitet, in vollem Umfange würdigen, dass sie entsetzt sein werden über den Verlust des wissenschaftlichen Materials, das mit der Vernichtung menschlicher Rassen zu Grunde ging, zu Grunde gehen musste, weil es gewinnsüchtige, jedes Idealismus' bare Völker im »Interesse der Kultur« für notwendig hielten?

Wie unglaublich einseitig und befangen sind doch die europäischen Völker!

Wenn anatolische oder nordafrikanische Bauern für antike griechische Marmorsäulen keine bessere Verwendung wissen, als sie in moderne Bauten einzumauern oder gar Kalk daraus zu brennen oder Getreidemörser daraus zu formen, welches Geschrei, welche Entrüstung!

Natürlich: ein Volk, dessen Bauern keine Kunstgeschichte studiert haben, ist doch nicht »kulturfähig«, kaum existenzberechtigt!

Wenn aber Angehörige der gebildeten Stände aus Europa ausziehen, um in Afrika als Kulturlümmel zu wirken und die eingeborenen Völker – sei es durch Massentötung oder durch Erzeugung von Mischlingsrassen – zu beseitigen, also die herrlichsten Schöpfungen der Natur zu vernichten, so findet man dies wenigstens vom wissenschaftlich-ästhetischen Standpunkte aus ganz in der Ordnung.

Man sagt, es sei ein Naturgesetz, dass die dunkleren Menschenrassen entweder gänzlich ausgerottet oder durch Rassenmischung teilweise beseitigt werden.

Aber können nicht die muselmanischen Bauern mit demselben Recht auf das Naturgesetz hinweisen, dass der »Lebende recht hat«, dass »aus den Ruinen neues Leben sprosst«, dass zu allen Zeiten noch die zerstörten Werke früherer Geschlechter von den gegenwärtigen für ihre Bedürfnisse in der möglichst zweckmäßigen Weise verwendet wurden?

Auch dürfte es schwer sein nachzuweisen, dass die Blutgier und der Geschlechtstrieb der weißen Kulturlümmel als edlere Beweggründe mehr Berücksichtigung verdienen als die wirtschaftlichen Bedürfnisse muselmanischer Bauern.

Sollte es so ganz und gar unmöglich sein, den besseren Gefühlen die Oberhand über die wüsten Leidenschaften zu verschaffen?

Sollte es die Kräfte der Kulturmenschheit übersteigen, die unglücklichen Reste so mancher einstmals mächtiger Völker, die den Launen weißer Unholde überliefert sind, vor der völligen Vernichtung zu bewahren?

Die europäischen Völker schaffen Gesetze und schließen Staatsverträge zum Schutz der armen Vögel; auch sonst sucht man manche Tiergattungen ohne Rücksicht auf Geldinteressen vor der Vernichtung zu bewahren, damit künftigen Geschlechtern der Anblick einer interessanten Schöpfung der Natur nicht entzogen werde.

Warum sollte die Erhaltung herrlicher Menschenrassen mit unverkümmerten Anlagen, frischen Sinnen und gesunden Nerven nicht ebenfalls aus ästhetischen Gründen erstrebenswert sein?

Nicht als ob sämtliche nichtarische Rassen unbedingt sich selbst überlassen werden, von den Europäern unbelästigt bleiben sollten. Die Erhaltung der Rassen könnte dadurch nicht vollständig erreicht werden. Die Vernichtungskriege unter den nichtarischen Völkern selbst würden mit verdoppelter Kraft wieder aufleben. Ein Vogelschutz, der in gleicher Weise den Habicht wie die Lerche respektiert, ist für den größten Teil der Vogelwelt eine zweifelhafte Begünstigung.

Im Schutz des Schwachen gegen den Starken könnten die Europäer als die stärkste Macht viel Gutes stiften. Eine mäßige Entlohnung für die Vormundschaft über andere Rassen würde den Europäern nach allen Gesetzen der Billigkeit wohl gebühren, wenn auch vielleicht in einer anderen Form als der jetzt üblichen.

Nur die rücksichtslos unter der Flagge »Kultur und Humanität« geübte Beraubung, Misshandlung und Ausrottung der Eingeborenen müsste einem gerechteren und wohlwollenderen Verfahren Platz machen.

Doch – zu welchen absurden und unerfüllbaren Wünschen haben wir uns in unseren Betrachtungen fortreißen lassen!

Von der weißen Rasse zu verlangen, dass sie sich selbst im Zaum halte und die anderen Rassen aus freiem Willen, der Humanität oder sonstiger idealer Gründe halber schone, heißt beinahe so viel, als von einem Löwen zu verlangen, dass er das Tierreich in Ruhe lasse und seine Nahrung auf andere Weise suche. In der Tat – das muss zur Entschuldigung, ja zur Rechtfertigung der weißen Rasse immer und immer wieder betont werden – vermag kein Volk, sich dem Einfluss der Gegensätze zu entziehen; ein Naturgesetz treibt die Völker zu desto größerer Rücksichtslosigkeit und Grausamkeit gegen andere Völker, je größere Unterschiede zwischen ihnen vorhanden sind und je mehr infolgedessen das Gefühl des »Mitmenschentums« abgeschwächt ist oder fehlt. Wir müssen wiederholt betonen, dass andere Rassen, soweit sie die Macht dazu hatten, mit ebenso viel Grausamkeit, wenn auch vielleicht mit etwas weniger Heuchelei, gegen Unterdrückte verfuhren wie die arische Rasse. Wohl wird in rühmlicher Weise von edelmütigen Europäern – wir erinnern an die »Gesellschaften zum Schutz der Eingeborenen« in

England, Amerika, Australien – die Ausrottung fremder Menschenrassen zu hindern gesucht, aber gegen die menschliche Natur vermögen derartige vereinzelte künstliche Bestrebungen wenig auszurichten.

Unsere Hoffnungen können wir daher nur auf die fremden Rassen selbst setzen.

Manche »farbigen« Rassen werden ja wohl zweifellos noch ausgerottet werden; aber sicherlich nicht alle. Denn es liegt noch eine gewaltige Kraft in manchem unscheinbaren und geringgeschätzten Volkstum. In Tropengegenden zumal, wo das Klima den eingeborenen Rassen unterstützend zur Seite steht, und die verschiedenen Tropenkrankheiten den Europäern nur in ganz beschränktem Maße zu leben gestatten, ist die Gefahr für die Eingeborenen nicht übermäßig groß; namentlich die Malaria räumt in einer für die eingeborenen Rassen höchst erwünschten Weise unter den Europäern auf, wobei freilich auch manch edles Menschenleben zum Opfer fällt, dessen Verlust gerade im Interesse der bedrängten Eingeborenen zu beklagen ist.

Überdies ist kaum zu verkennen, dass die Widerstandskraft vieler außerhalb des europäischen Völkerkreises stehender Völker entschieden im Zunehmen begriffen ist; denn gar manches haben sie den Europäern – namentlich auch in der Kriegskunst – abgelernt.

Unter allen diesen Völkern ragt durch hohe Regsamkeit namentlich eines hervor, welches die Vorzüge und Fehler der Europäer in erhöhtem Masse zu besitzen scheint: die Japaner.

Vielleicht geht von diesem altehrwürdigen und doch jugendfrischen Volk ein erfrischender Lebenshauch aus über die ostasiatische Völkergruppe und einen Teil der übrigen Menschheit, welche erstarrt und entmutigt, von der erdrückenden Macht Europas mit Vernichtung bedroht, zu Boden liegt.

Schon fängt der Gedanke an, nicht mehr für ganz unsinnig zu gelten, dass sich die ostasiatischen Völker dereinst mit den europäischen in die Herrschaft über die Welt teilen könnten.

Bei einem Ringkampf zwischen diesen beiden mächtigsten Völkergruppen würden aber auch die Kräfte anderer Völker, unter Umständen sogar der geringst geachteten Rassen, deren Bestimmung bisher lediglich darin zu bestehen scheint, von Europa ausgebeutet zu werden, schwer in die Waagschale fallen.

Was wird das 20. Jahrhundert bringen?

Wird Europa seine Allein-Weltherrschaft aufrechtzuerhalten vermögen?

Register

Ackerbaukolonien 195
Adel 117, 183
Afrika 60ff., 141ff., s.
    auch Neger in Afrika
Ahnenstolz, nationaler
    111
Almosengeben 38
    [Fn.3]
Amerika 50
Anarchisten 122
Antisemitismus 93, 97,
    111, 151, 190, s. auch
    Juden
Antisklavereibestrebun-
    gen 69ff.
Araber 72, 101
Arbeit 31ff., 117
Arbeitsteilung 33ff., 74,
    116, 120, 180ff., 188
Armenier 80, [94
    Fn.32], 104, [137,
    159], 182, 185
Armenpflege 38
    [Fn.32]
Arnauten 81, 183
Arten, Vernichtung,
    Erhaltung der 215ff.
Assimilation 103, 111,
    180f.
Australien 60, 153

Bedrückung 178ff.
Bedürfnisse 32, 34, 202
Bekehrungssucht 158
– religiöse 115, [158]
– sprachliche (Spra-
    chenbekehrungs-
    sucht) 108ff.
Bildung 32, 42ff., 117,
    vgl. auch Kultur

Blutrache 41
Branntweinhandel 73,
    160f.
Brotneid 192
Bürgerkrieg 41, 122f.,
    167, 200, [159, 193]
Bulgaren 64, 96
Buren [32], 59, [164]

Chinesen [71 Fn.21],
    164f.
– in den Vereinigten
    Staaten Nordame-
    rikas 59, [92f.] 135,
    156, 190
Christen im Orient (in
    der Türkei) 91ff.,
    114f., 168f., 179,
    197f.
Christentum 49f., 61

Degeneration 45, 212

Ehre 39, 66, 72, 126,
    178
Einwanderung [52],
    84f.
Eroberung 84
Europäer 29, 37, 48ff.,
    59ff., 164

Fanatismus [95], 116,
    [131, 136, 169]
Fetisch 44
Folter 41, 140, [203]
Franzosen 64, [127]
Frauen 43, [100], 127
Freihandel 36
Freiheit 39, [92], 126
Freundschaft 128, 193

Friede, ewiger 22, 199
Furcht 149, 170

Gefängniseinrichtun-
    gen 41, 44
Gegensätze Begriff 86ff.
– instinktive (subjek-
    tive) und objektive
    116, 158f.
– der Klasse 117ff.,
    188ff.
– der Rasse 98ff.
– eingebildete, der
    Rasse 102ff.
– der Religion 102ff.
– der Sekte 106
– der Sprache 106ff.
Genfer Konvention 42
Genüsse 32, 201f.
Gerichte 140
Geschichtsschreibung
    132
Gesellschaften zum
    Schutz der Eingebo-
    renen 218
Gesellschaftliche
    Ächtung [88, 93],
    128
Gesittung s. auch
    Kultur 30
Glaubensfanatismus
    113
Glaubensfreiheit 39
Glaubensspaltung 83
Gleichberechtigung
    195ff.
Glück 202ff.
Greise 43, 125
Griechen, alte 206,
    210f., 213f.

Griechen, neue 110,
126 [Fn.40], 179,
182, 192f.
Grundrechte der
Menschheit 39, 46

Handel 31, 33ff.
Handel als Beschäfti-
gung unterdrückter
Völker 181f.
Heiducken 177
Hexenprozesse 73, 209
Hinterland-Theorie 149
Hugenottenverfolgun-
gen 95
Humanität 37ff.
Hunnen 74f.

Indianer in Nordame-
rika 52ff., [55], 147,
152, 157, 176, [201f.]
Indianer in Zentral-
und Südamerika 66,
178f.
Interessensphären 149
Intervention 170f.
Islam 113f., 208

Japaner 165f., 209, 219
Juden 49, 91ff., 104f.,
111f., 151, 155f.,
[163], 168ff., 174,
179f., 182, 185,
191ff., 197ff.

Kaffern [30, 164f.], 177
Kampf ums Dasein
73f., 79ff., 116, [150],
178, [185, 194],
199f., 204
Kampf ums Recht 178
Kanaken 70f.

Kapitulationen 141ff.
Kaste 117, [183]
Kef 213
Ketzerverfolgungen 115
Kinder 43, 47, 127
Klasse 86, 116ff., 188ff.
Klima 74, 219
Kolonien 59ff., 130,
132ff., 148, 162
[Fn.57], 194f., 199
Kongostaat 62, 70
Konquistadoren 61
Kranke 124
Krankenpflege 38
[Fn.3]
Krieg 41, 80, 150, 194,
199
Kriegskunst 31, 219
Kulihandel 71 [Fn.27]
Kultur 29ff., 37, 47ff.,
60f., 76, 83, 9f., 115f.,
180f., 201ff.
Kultur, Begriff 29ff.
- gilt als höchstes Gut
29, 201ff.
- als Rechtfertigungs-
mittel für Verstöße
gegen die Humanität
29, 37, 162, 208f.
Kulturart 165, [203]
Kulturdünkel 123, 204
Kulturfähigkeit 128
[Fn.41], 205
Kulturfortschritt 36,
204
Kulturgeschichte 80,
209f.
Kulturgrad 33, 35, 166
Kulturgradmesser 30
Kulturkrankheiten 212
Kulturlümmel 66ff.,
122, 215ff.

Kulturmenschheit 49,
202
Kulturmission 149
Kulturniedergang 209
Kulturstaat 33, 48, 79
Kulturstufe 164 s. auch
Kulturgrad
Kulturtünche 32, 68,
165
Kulturvölker 45, 107,
113, 198, 204, 212f.
Kunst 31, 35
Kurden 81, 94, 179, 183

Leben 39, 45, 126
Leibeigenschaft 39
Lynchjustiz 41, 58, 138

Macht 80ff.
Magyaren 103
Malaien 64
Massaua 63, 161
Menschenfresserei 73
Menschenopfer 44,
48, 73
Menschenrassen s.
Rasse
Menschheit 43, 46f.,
49, 88f.
Menschlichkeit s.
Humanität
Mildtätigkeit 38 [Fn.3]
Miller, Joaquin 54
Mischehen 129
Mischlinge s.
Rassenmischung
Missionare 68
Misstrauen 129ff.
Mitleid [72], 79
Mittelalter 158, 203
Mongolen 74f., [135]
Mord 136f.

Mundarten 83, 124
Muttersprache s.
    Sprache

Nationalität s. Volk
Nationalitätsprinzip
    108, 199
Natur 36, 47f., 212f.
Naturvölker 43ff., [95],
    112f., 147, 201, 214 s.
    auch »Wilde Völker«
Naturwissenschaften 31
Neger in Afrika 66ff.,
    134, 136, 139f., 147ff.
– in den Vereinigten
    Staaten Nordameri-
    kas 58f., [99], 102,
    138, 156f., 179, 190
Nervenschwäche 45 s.
    auch Neurasthenie
Neurasthenie [157], 212
Nordamerika 51, [92,
    138], 147, 156f., 209

Öffentliche Meinung
    [35f.], 90, 137, 196
Opiumkrieg 146f., 160
Osmanen s. Türken
Ostindien 74, 130
    [Fn.42]

Parteigegensätze,
    Parteikämpfe 82,
    123, 158
Pioniere der Kultur 65
Präzedenzfälle 96
Proletariat, gebildetes
    33
Prügeln 46, 140 [Fn.48]

Räuber 86f., 136, 177
Rasse 82, 98ff., 204ff.

Rassenmischung 99ff.
Recht 79ff.
Religion 43, 82f., 112ff.,
    126, 208ff.
Revolution, französi-
    sche [37], 117, 152
Russland 64, 108

Schlauheit 178, 183f.
Schmerz, körperlicher
    39f., 41f.
Schutzzoll 36, 143
Schwarzenjagd 59, 94
Sekten, religiöse 84,
    113, 186f.,
Senussi 201
Sittlichkeit 30, 47ff.
Sklaverei 39, 44, 69ff.,
    84
Soziale Frage 120
Spanier 50f., 75f., 130
    [Fn.42], 161
Sportwesen 31, 213
Sprache 82, 106ff.
Staat 79ff.
Staatsverwaltung 31, 211
Stämme 83, 124
Stand (svw. Klasse) 86
Steinkohle 61, 212f.
Stierkämpfe 42
Strafen 40f.
Strafkolonien 65
Strafprozess 40f., 48,
    [81], 133, [139]

Tataren 64, [153], 183
Theorie, [Macht d.] 175
Tierkämpfe 48
Tierprozesse 209
Tierschutz 38f., 42,
    45 [Fn.9], 79, 126
    [Fn.40]

Todesstrafe 40f., 44
Tropenkoller 78, 91
Türkei [77], 80, 131,
    141ff., 158, 168f.
Türken 30, 76, 84, 103,
    176, 179, 183

Überläufer 152, 193
Unwahrheit 159ff.

Vaterland 107
Vaterlandsliebe 113
Verdachtstrafen 41
Verkehrswesen 31
Vernichtung der Arten
    215
Vertuschung 67ff., 159
Vivisektion 42
Völkerethik 194
Völkerpsychologie 210
Völkerrecht 89f., 141ff.,
    155f.
Volk 81ff.,106, 114
Volkes Stimme ist Got-
    tes Stimme 172

Weltkultur 33f., 62
»Wilde Völker« 29,
    37, 48
Willensfreiheit 197
Wissenschaft 31, 33,
    216f.

Zeit ist Geld 211
Zeugen 133ff.
Zigeuner 180
Zivilisation 29
Züchtigung (der Einge-
    borenen in Kolonien)
    65f., 131, 133
Zweck heiligt die Mittel
    37

Schriften Lichtenstaedters

Im Folgenden werden die von Lichtenstaedter jeweils gewählten Pseudonyme und Schreibungen seines Namens entsprechend den Innentiteln genannt. Dazu gehört auch der von Lichtenstaedter selbst recht häufig ausdrücklich gegebene Hinweis »Pseudonym«.

Dr. Mehemed Emin Efendi: Die armenischen Greuel und die englische Humanität. The Armenian Atrocities and the English Humanity, Offenes Schreiben an Herrn Gladstone, Würzburg 1895 (The National Library of Israel, Sig. 2010 C 21641.)

Dr. Mehemed Emin Efendi: Die armenischen Greuel und die englische Humanität, II. Offenes Schreiben an Herrn Gladstone, Würzburg 1896 (Universitätsbibliothek Bern, Sig. H. Varia 4206).

Dr. Mehemed Emin Efendi: Die Zukunft der Türkei. Ein Beitrag zur Lösung der orientalischen Frage, Berlin und Leipzig 1898.

Dr. Mehemed Emin Efendi: Das neue Weltreich (Ein Beitrag zur Geschichte des 20. Jahrhunderts), I. Theil: Vom chinesischen Kriege bis zur Eroberung Konstantinopels, München 1901. (Das Vorblatt enthält folgenden gedruckten Zusatz: »Psychologische und politische Phantasien mit erläuternden Anmerkungen versehen von Dr. Mehemed Emin Efendi [Pseudonym]«).

Dr. Mehemed Emin Efendi: Das neue Weltreich (Ein Beitrag zur Geschichte des 20. Jahrhunderts). II. Theil: Von der Eroberung Konstantinopels bis zum Ende Österreich-Ungarns, Leipzig 1903.

Emin: Noch einmal »Babel und Bibel«. Ein verspätetes, bescheidenes Laienwörtlein zu Delitzsch's gleichnamigen Broschüren, Leipzig 1903.

Dr. Mehemed Emin Efendi: The Future of Turkey. An Essay on the Eastern Question and a Suggested Solution, translated from the German, London 1907.

Ne'eman (נעמן)[1], Mah so cherut? (מה זאת חרות? [Freiheit – was ist das?]), in Achdut (אחדות [Zeitschr. der zionistisch-sozialistischen Poale Zion in Palästina]), Jerusalem 1908/9 (New York Public Library, Sign. SASB M1 – Dorot Jewish Division Rm 111, *ZP-343 [Microfilm]).

Siegfried Lichtenstädter (auf dem Umschlag des Sonderdrucks: Lichtenstaedter): Eduard Glaser, in: Jahrbuch für jüdische Geschichte und Literatur, 12 (1909), S. 135–179.

Dr. Mehemed Emin Efendi: Natur und Kultur. Ein psychologisch-ethischer Versuch, Leipzig 1909.

---

1 Dem Inhalt des Aufsatzes nach erscheint die Zuschreibung des Pseudonyms Ne'eman zu Lichtenstaedter wahrscheinlich; eine weitere Zuschreibung der NYPL von Ne'eman zu Lichtenstaedter ist jedoch irrig.

Siegfried Lichtenstädter: Nationalität, Religion und Berufsgliederung im Oriente, in: Beiträge zur Kenntnis des Orients, Bd. 8, Halle a.S. 1910, S. 42–70.

Dr. Mehemed Emin Efendi: Die Balkankrisis in völkerpsychologischer Beleuchtung, Leipzig 1912.

Dr. Mehemed Emin Efendi: Der Kampf um Tripolis. Ein Mahnruf an das türkische Volk, Leipzig 1912.

Dr. Mehemd Emin Efendi (Pseudonym): The Struggle over Tripoli. A warning to the Turkish nation, authorized translation by Mrs. Ellen Scott, London 1912.

Dr. Mehemed Emin Efendi (Pseudonym): Moralische Erzählungen. Zur Erbauung und Fortbildung für Politiker, Leipzig 1914.

Dr. Mehemed Emin Efendi (Pseudonym): Das Kriegsziel (Völkerpsychologische Ausblicke), Dresden (Juli) 1915.

Dr. Mehemed Emin Efendi (Pseudonym): Recht oder Unrecht? Ein Disput über den Völkerkrieg zwischen Edward und Mehemed, Dresden 1915.

Dr. Mehemed Emin Efendi (Pseudonym): Nationalitätenprinzip und Bevölkerungsaustausch. Eine Studie für den Friedensschluß, Dresden 1917.

Dr. Mehemed Emin Efendi (Pseudonym): Die Zukunft Palästinas. Ein Mahnruf an die zionistischen Juden und an die ganze Kulturwelt, Frankfurt a.M. 1918.

Dr. Mehemed Emin Efendi (Pseudonym): »Soll und Haben«. Versuch einer unparteiischen Recht- und Schuldbilanz für den Völkerkrieg, Bad Nassau (Lahn) und Winnenden 1919 (Zentralstelle zur Verbreitung guter deutscher Literatur).

Dr. Mehemed Emin Effendi: Civilisation et humanité. Études de mœurs politiques et de psychologie sociale, Préface de G. Ficker übersetzt von Maurice de La Rousselière, Paris 1920.

Dr. Mehemed Emin Efendi (Pseudonym): Die Zukunft der Juden. Ein Mahnruf an Zionisten und Assimilanten, Frankfurt a.M. 1920.

Ne'man: Die jüdische Religion in Gegenwart und Zukunft. Offene Worte an meine Religionsgenossen, Leipzig 1921.

Ne'man: »Die große Täuschung« in völkerpsychologischer Beleuchtung. Offenes Schreiben an Herrn Geheimrat Friedrich Delitzsch, Leipzig 1922. [Am Ende des 77 Druckseiten langen Offenen Briefs unterschrieb Lichtenstaedter mit »Ne'man, pseudonymer Schriftsteller«.]

Dr. Lichtenstaedter: Sparsamkeit als vaterländische Pflicht. Schlichte Gedanken, Neuhof, Kreis Teltow 1923 (= Brennende Zeitfragen, hrsg. v. Wilhelm Brepohl, H. 5, für die Zentralstelle zur Verbreitung guter deutscher Literatur).

Dr. S. Lichtenstaedter: Internationale Unvernunft und Unmoral. Betrachtungen, Warnungen, Anregungen. Eine Bearbeitung der Friedenspreisaufgabe E. Filenes: »Wie kann Friede und Gedeihen für Deutschland und Europa durch internationale Zusammenarbeit gesichert werden?«, Dießen vor München 1925.

Dr. Mehemed Emin Efendi: Antisemitica. Heiteres und Ernstes, Wahres und Erdichtetes, Leipzig 1926. (Das Offene Schreiben an Gustav Kahr, mit dem das Buch endet, ist unterschrieben mit »Ne'man, pseudonymer Schriftsteller«.)

U. R. Deutsch: Briefe an einen antisemitischen Freund, Leipzig 1926.

Ne'man (נאמן): Schächtfrage und jüdische Speisegesetze. Offene Worte an Schächtgegner und Juden, Leipzig 1927.

Dr. S. Lichtenstaedter: Süd-Tirol und Tessin. Zwei national-internationale Fragen mit einer gemeinsamen Lösung, Dießen vor München 1927.

Dr. S. Lichtenstaedter: Das Ausland-Deutschtum in Europa. Seine Kämpfe, seine Gefahren, seine Rettung, Dießen vor München 1928.

Siegfried Lichtenstaedter: Aus der bayerischen Finanzverwaltung. Ein winzig kleines, aber tieftrauriges Kapitel, o.O. (München) 1928 (Dt. Nationalbibliothek, Leipzig, Sig. 1934A7338, versehen mit dem Vermerk der Bibliothek: »Lt. bes. Wunsch des Verfassers im Schreiben vom 4. Juni 1934 für die nächsten 25 Jahre *nicht verleihbar!*«).

Ne'man: Schächtfrage und Tierschutz. Ein Appell an Wahrheit und Gerechtigkeit, Leipzig 1929.

Ne'man: Praktisches Judentum (Richtlinien), Leipzig 1931.

Ne'man: Schächtfrage und Schächtgegner. Ein Beitrag zur Sitten- und Kulturgeschichte des 20. Jahrhunderts, Leipzig 1931.

Dr. S. Lichtenstaedter: Naturschutz und Judentum. Ein vernachlässigtes Kapitel jüdischer Sittenlehre, Frankfurt a.M. 1932.

Ne'man: Geburtenregelung und Judentum, Leipzig 1933.

Ne'man: Jüdische Politik. Betrachtungen, Mahnworte, Scheltworte, Trostworte, Leipzig 1933.

»Dr. Mehemed Emin Efendi« (Dr. S. Lichtenstaedter): The Future of Palestine. An Appeal to Zionist Jews and the Civilised World, London 1934.

Dr. S. Lichtenstaedter: Die siebenbürgische Frage. Ein Beitrag zur Revisionsfrage. Ein Mahnruf an Magyaren und Deutsche, Winnenden 1934.

Ne'man: Jüdische Fragen (Judentum und Judenheit, Lehre und Leben), Leipzig 1935.

Dr. S. Lichtenstaedter: Jüdische Sorgen, Jüdische Irrungen, Jüdische Zukunft. Eindringliche Worte an meine Religions-Genossen zur Besinnung, Winnenden 1937.

Dr. S. Lichtenstaedter: Zionismus und andere Zukunftsmöglichkeiten. Herausforderung zu einer Diskussion, Leipzig 1937.

Dr. S. Lichtenstaedter: Perish or change? A memorandum about the Jewish distress by S. Lichtenstaedter, translated by R. Pope, Winnenden 1939.

Dr. S. Lichtenstaedter: Sprachenpolitik (Forschungen und Forderungen), Winnenden 1941.

Prophet der Vernichtung

Siegfried Lichtenstaedter (1865-1942).
Über Volksgeist und Judenhass

1923 hielt Siegfried Lichtenstaedter, bayerischer Beamter und Jude, den Schrecken für möglich, der 1933 tatsächlich begann: Dass die Juden in Deutschland »totgeschlagen und ihre Güter den ›Ariern‹ gegeben« würden.

»Lichtenstaedters Texte sind von einer manchmal Atem raubenden Aktualität. Götz Aly [wirbt für das] Werk dieses Autors, der nach der Vernichtung auch noch vergessen wurde.« *Arno Widmann in der Berliner Zeitung*

283 Seiten, gebunden

Weitere Informationen finden Sie auf
www.fischerverlage.de

Götz Aly

Das Prachtboot

Wie Deutsche die Kunstschätze der Südsee raubten

Koloniale Raubkunst in deutschen Museen: die Wahrheit über das Prachtboot von der Insel Luf

Nicht nur in Afrika, auch in der Südsee begingen deutsche Kolonialisten zahllose Gräueltaten. Götz Aly erzählt von den einst blühenden Kulturen – und ihrer Zerstörung durch die Eindringlinge. Für ihre Museen bemächtigten sich die Eroberer der von den Einheimischen geschaffenen handwerklichen und künstlerischen Zeugnisse. Es handelt sich, wie Götz Aly eindrücklich belegt, um koloniale Raubkunst: Es ist an der Zeit, dass Kuratoren und Museumsleiter dies anerkennen und entsprechend handeln.

240 Seiten, gebunden

Weitere Informationen finden Sie auf
www.fischerverlage.de

Der Held des Romans wehrt sich gegen rassistische Diskriminierung, was zu einem Aufstand schwarzer Sklaven gegen ihre weißen Herren führt.

»Auch mehr als 150 Jahre später liest er sich wie eine packende Abenteuergeschichte über das Unwesen rassistisch-kolonialer Ausbeutung.«
Cornelius Wüllenkemper
Deutschlandfunk

»… diese nur mit Trompetenschall und Posaunenjubel zu preisende Neuausgabe von ›Georges‹. Die Wiederentdeckung ist ein Dokument, das durch die kaum aufgefrischte deutsche Übersetzung von 1890 in ihrer Wortwahl sogar besonders authentisch wirkt.«
Willi Winkler
Süddeutsche Zeitung

Taschenbuch, 224 Seiten
Übersetzt von Friedrich Ramhorst und mit Erläuterungen versehen von Peter Hillebrand
ISBN 978-3-945831-28-1

George Orwell verarbeitete in diesem Buch – seinem ersten – seine Erlebnisse als Tellerwäscher und Vagabund und legte damit das Fundament für seine Karriere als politischer Schriftsteller. Er beschreibt das Überleben in Paris aus der Sicht eines arbeitslosen Ausländers, der in einer verdreckten Küche eines Luxus-Hotels schuftet und so wenigstens nicht mehr hungern muss und sich ein verlaustes Zimmer leisten kann. In London lernt er die Not der Bettler und Straßenkünstler kennen.

Taschenbuch, 274 Seiten
Neu übersetzt und mit Erläuterungen versehen von Peter Hillebrand
ISBN 978-3-945831-29-8

»… eine Sozialreportage aus dem Tagelöhner- und Hungermilieu der Moderne (dank Peter Hillebrand liegt sie jetzt erstmals überhaupt in einer zuverlässigen Übersetzung vor).«
Tobias Döring
Frankfurter Allgemeine Zeitung

Ähnlich wie Günter Wallraffs berühmte Sozialreportage *Ganz unten*, die 1985 eine sensationelle Verbreitung fand, stieß Hans Ostwald (1873–1940) im Jahr 1900 mit dem autobiographischen Roman *Vagabunden* auf ein großes Interesse. Der literarisch gestaltete Erlebnisbericht beruht auf dem Tagebuch, das er während seiner Zeit als vagabundierender Handwerksbursche führte. Er beschreibt die Welt der Landstreicher, Stromer, Sandler, um nur einige der vielen Synonyme für »mittellose Menschen ohne festen Wohnsitz« zu benutzen, und ihre ganz eigene Sprache, die schon so alt ist, dass Begriffe wie »Klinken putzen« und »Kohldampf schieben« in der allgemeinen Sprache Eingang gefunden haben.

Taschenbuch, 277 Seiten
ISBN 978-3-945831-15-1

Taschenbuch, 420 Seiten
Übersetzt von Paul Aretz
ISBN 978-3-945831-23-6

Joseph Fouché (1759–1820) gilt als Inbegriff für Opportunismus, weil er es schaffte, über Jahrzehnte den gegensätzlichsten Regierungen in Frankreich zu dienen. Stefan Zweigs Fouché-Roman ist allseits bekannt, aber die erstmals 1920 erschienene Übersetzung von Fouchés *Erinnerungen* geriet in Vergessenheit.

»… Allen französischen Geschichtsschreibern, ob royalistisch, republikanisch oder bonapartistisch, läuft sofort die Galle in die Feder, sobald sie nur seinen Namen hinschreiben. Geborener Verräter, armseliger Intrigant, glatte Reptiliennatur, gewerbsmäßiger Überläufer, niedrige Polizeiseele, erbärmlicher Immoralist – kein verächtliches Schimpfwort wird an ihm gespart.«
Stefan Zweig (1929)

Fritz Haber (1868–1934) erhielt 1919 den Chemie-Nobelpreis. Dass er auch chemische Waffen entwickelt hatte, die erstmals 1915 vom deutschen Militär im Krieg eingesetzt wurden, stand dem nicht im Weg. Haber rechtfertigte die militärische Nutzung seiner wissenschaftlichen Arbeit in viel zitierten Vorträgen, die 1924 als Buch erschienen. Nach fast 100 Jahren liegen diese Vorträge wieder gedruckt vor. Seine Argumentation wird erst deutlich, wenn man die Zitate in ihrem Zusammenhang liest. Dadurch erschreckt ihre kalte Rationalität kaum weniger, aber es drängen sich Parallelen auf zu aktuellen Debatten über die miltärische und zivile Nutzung wissenschaftlicher Erkenntisse.

Taschenbuch, 108 Seiten
ISBN 978-3-945831-26-7

Taschenbuch, 52 Seiten
ISBN 978-3-945831-09-0

Als im Sommer 1936 in Barcelona die Revolution ausbrach, lebte der englische Schriftsteller Ralph Bates dort bereits seit Jahren und war in der anarchistisch geprägten Arbeiterbewegung aktiv. Seiner Reportage vorangestellt ist ein Radiofeature aus dem Jahr 1996 über die Wiederentdeckung von Ralph Bates.

»Es überrascht nicht, dass Bates unter den Chronisten des vergangenen unruhigen Jahrzehnts in Spanien als der wahrscheinlich am besten informierte herausragt – noch nicht einmal André Malraux oder Ernest Hemingway ausgenommen. Er kennt das Land sehr genau, das Volk und die radikale Arbeiterbewegung.«
Twentieth Century Authors
New York (1942)

Felix Eberty (1808–1886) vermittelt durch die vielen gut erzählten Anekdoten aus der Zeit von 1812 bis 1840 so ganz nebenbei das Lebensgefühl des gehobenen Bürgertums in Preußen. Er beschreibt die Sprache, die kulturellen Ereignisse, die politischen Verhältnisse, seine Karriere in der Justiz und auch seine Familie, erwähnt aber mit keinem Wort, dass sein Vater aus der berühmten jüdischen Familie Ephraim stammte und zwecks Assimilierung den Namen Eberty angenommen hatte. Theodor Fontane prophezeite dem Buch in seiner Rezension von 1878, die in der Neuausgabe enthalten ist, dass es »nach abermals 50 Jahren ganz gewiss« eine »kulturhistorische Bedeutung« haben werde.

Taschenbuch, 387 Seiten
Mit Erläuterungen
und einem Nachwort von
Theodor Fontane
ISBN 978-3-945831-05-2

Taschenbuch, 483 Seiten
Mit Erläuterungen, zeitgenössischen Kritiken und Dokumenten
ISBN 978-3-945831-07-6

Das »übellaunigste Reisebuch aller Zeiten« (Dirk Schümer) entstand wohl aus Enttäuschung. Gustav Nicolai war positiv gestimmt, als er 1833 auf den Spuren Goethes mit seiner Kutsche nach Italien aufbrach, sah sich aber bald nur noch von allen übervorteilt, von Flöhen geplagt, von schlechter Kunst und hässlichen Frauen umgeben und von Bettlern verfolgt.

»Wer Italien so generell schmäht, kann nur ein Banause sein. Das ist heute immer noch richtig, doch bereitet heute die Lektüre von Nicolais pedantischen Mäkeleien ein Vergnügen zwischen Schadenfreude, Zustimmung und Ironie. Wer hat nicht Ähnliches erlebt?«
Dirk Schümer
Die Welt (2015)